卓越教师的进阶之路

——教育专长十二讲

李 健 黎裕明 原旭辉等 著

新 华 出 版 社

图书在版编目（CIP）数据

卓越教师的进阶之路：教育专长十二讲／李健等著
. —北京：新华出版社，2022.12
ISBN 978-7-5166-6610-4

Ⅰ.①卓… Ⅱ.①李… Ⅲ.①教师教育—研究 Ⅳ.
①G451.2

中国版本图书馆 CIP 数据核字（2022）第 232745 号

卓越教师的进阶之路：教育专长十二讲

作　　者：李　健　黎裕明　原旭辉　等

出 版 人：匡乐成　　　　　　　　选题策划：张　谦
责任编辑：樊文睿　　　　　　　　封面设计：中联华文

出版发行：新华出版社
地　　址：北京石景山区京原路 8 号　　邮　　编：100040
网　　址：http://www.xinhuapub.com
经　　销：新华书店
购书热线：010-63077122　　　中国新闻书店购书热线：010-63072012

照　　排：中联学林
印　　刷：三河市华东印刷有限公司

成品尺寸：170mm×240mm
印　　张：19.75　　　　　　　　字　　数：320 千字
版　　次：2023 年 6 月第 1 版　　印　　次：2023 年 6 月第 1 次印刷

书　　号：ISBN 978-7-5166-6610-4
定　　价：78.00 元

前　言

　　中华民族的复兴，其根本标志在于文化的复兴。文化系于教育，教育成于教师。从这个意义来讲，怎么强调教师的卓越都不为过。

　　问题是，在成为卓越教师这个命题上，教师群体并非集体有意识。考察教育实践场域：先知先觉的教师谋定而后动，后知后觉的教师闻风而动，不知不觉的教师按兵不动。从这个角度来说，太需要对成为卓越教师这一美好期待做出理性和实践两个方面的回应了。什么是卓越教师？不同认知取向者会有不同的答案，但卓越从何而来，恐怕很难三言两语表述清楚。从教育专长的结构来分析，或许可以窥斑见豹。从教师的工作实操角度，以及教育现场发生的工作类型来划分，一线教师们更容易接受教学、管理、研究、教育技术、教育交往等平实性话语。基于此，本书尝试从上述角度划分卓越教师的核心专长。

　　《卓越教师的进阶之路——教育专长十二讲》分为三个部分：第一部分是关于卓越及专长的基本认识，主要包括卓越教师及其规划向度（第一讲）、教育专长与卓越教师之关系（第二讲）；第二部分是迈向卓越的核心专长，主要包括教学专长（第三讲）、管理专长（第四讲）、研究专长（第五讲）、人际专长（第六讲）、技术专长（第七讲）；第三部分是以专长通达卓越的关键素养，包括教育理解（第八讲）、创新勇气（第九讲）、发展规划（第十讲）、时间管理（第十一讲）、成果意识（第十二讲）。就三者关系而言，第一部分是基础，是卓越教师与教育专长交集的起点；第二部分论及教师工作场域中常见的五种教育专长，这是卓越教师的核心素养结构；第三部分讨论五种教育专长何以可能生成，从五个视角为教师通达卓越提供支持与参考。

　　本书所言的教师，是广义上的教师，包括从事教学、管理、研究、技术开发工作的教师。当然，教师在实际工作中往往很难把这几类工作截然分类，教师更多时候是一个混合体。基于此，本书既可为教师形成全域专长提供借鉴，也可为教师形成独特专长提供支持。

　　本书可作为高等、中等师范院校职前教师教育教材使用，对未来教师描述发展性愿景并为其设计清晰的职业准备路线图。对于在职教师而言，本书亦能从实操角度分门别类地提供教育专长形成的支架，并从思想革新、顶层设计、技术支持等角度提供指导。名师工作室、名校长工作室、名园长工作室、教师教育培训机构也可将本书所涉主题作为核心培训课程。

目 录
CONTENTS

第三部分　以专长通达卓越的关键素养

第一部分 01

关于卓越及专长的基本认识

第一讲　卓越教师及其规划向度

一、什么是卓越

（一）卓越的定义

1. 词源本义

《词源》将"卓越"定义为"高超出众，卓越的成就"。① 从本义来讲，"卓"有高超独特之意，"越"有跨过、超出某种范围或常规之意，卓越的意思是超绝出众。进而可知，卓越教师指的是在教育领域超然出众且有一定地位的②教师。

2. 广义上的定义

卓越在广义上具有不断超越、不断进步、杰出等多重含义，可以认为是在对应基础的前提上不断追求更好的，超越当下自身的现状，挖掘自己的价值所在。广义的卓越的定义范围比较大，包含的内容比较广泛。

3. 狭义上的定义

卓越在狭义上常指非常优秀。其近义词是杰出、卓绝、优越，其反义词是平庸、平凡、低劣。卓越在狭义上表现出超然独立的状态，包括的范围比较小，包含的内容比较具体，比如评价某人的职业素养比较杰出。

---

① 百度百科. 卓越［DB/OL］. https：//baike. baidu. com/item/卓越/707？fr＝aladdin，2020-12-10.

② 辞海编辑委员会. 辞海［Z］. 上海：上海辞书出版社，2000：1467.

4. 卓越与优秀相比较

"优秀"意为优异，优于众人。"卓越"则有非常优秀之意，程度在优秀之上。

（1）指代不同

优秀是指品行、成绩、学问等方面非常突出，常用来形容一个学生的成绩在班级上遥遥领先，品行端正；卓越是指非常优秀，超出了一般水平，比如一个人在所处的行业中已经非常优秀了，却还在不停地探究、探索更好的发展，自身的素养得到提高，比绝大多数人的能力都强。

（2）侧重点不同

优秀侧重于人的学习、成绩等方面，比如一个人的成绩很优秀。卓越侧重于人的才能、行业地位等，比如一个人在教学方面的地位是卓越的。

（二）卓越教师的特点

1. 有别于普通教师

（1）就教育信念而言，卓越教师在把知识传授给学生的同时会激起学生多方面的兴趣，注重学生的全方面发展。有的普通教师照本宣科，导致学生并没有真正地掌握知识，并且在教学方法方面与卓越教师也有着区别。在教学过程中，卓越教师通过仔细分析学生的发展规律，创造既有效又有趣的教学方式，促进学生主动学习；而普通教师在教学过程中传递的知识是比较表面的，学生被灌输知识，因此不能完全掌握知识。

（2）就教育理想而言，卓越教师会带着崇高的教育理想不断地接受新的挑战。卓越教师不断地丰富自身的知识，提高专业技能水平，带领学生学习进步，获取更多的技能；在教育改革面前，卓越教师会把变革当作新的挑战、新的机遇。普通教师比较满足于当前安定的生活，他们认为做好一个教育者眼前该做的工作，尽到教育者的基本责任便已足够，并不关心外界的变革，甚至不会主动参与某些教育改革。

（3）就教育能力而言，卓越教师的能力明显比普通教师更加全面。卓越教师的教育方法在长期不断发展过程中会变得更加娴熟，他们会不断地挑战自我，对工作的各方面进行更深入地探索、研究，学生工作也会做得更好，而普通教师在自身的发展过程中不会有很大的变革，在教学方面往往侧重于部分活跃度较高的学生。对于普通教师来说，教学活动是否能正常进行取决于学生的活跃程度，在学生活跃度高的时候，普通教师的能力才可能完整地展现出来。

2. 具有领导力

（1）卓越教师的领导力能够影响课堂效率。卓越教师有着较强的领导力，能够很好地调控课堂，提高课堂效率。在课堂上，教师对学生承担的领导角色包括促进者、辅导者、反馈提供者和顾问。[①]卓越教师以其领导力引导学生在课堂教学中不断地学习，保持课堂的学习活力，让学生的主体意识不断增强，学生接受知识的意愿也会不断地提高。例如，低年级课堂纪律不太好，教师上课的效率不高，这就需要教师准确把握课堂，做到及时调控，运用低年级学生喜欢的方式吸引他们的注意，改变教学方式。

（2）卓越教师的领导力有利于促进良好班风的形成。对比一个卓越教师带领的普通班级与一个水平一般的教师带领的优秀班级，可以很容易看出教师之间的水平差异。就像一只绵羊不能带领狮群，但一头狮子却能带领一群羊，这就能够鲜明地体现出卓越教师领导力的魅力。卓越教师在班级管理及教书育人方面能够让学生信服，自觉地建设良好的班集体，即使卓越教师因为有其他的事情来不了教室，学生们也能自觉地维持好班级秩序。因此，卓越教师的领导力更能促进班集体的发展。

（3）卓越教师的领导力有利于促进团队组织的发展。在学校发生的一些重大变革中，卓越教师会积极参与，这与教师的领导力是分不开的。在参与领导的过程中，卓越教师更容易察觉到学校的改革，其主人翁的意识会增强。因此，卓越教师的领导力可能会围绕某一个方面的改革与其他教师联系在一起，寻找一种更适合的合作方式，来引领其他教师一起促进学校的发展。在卓越教师领导力的影响下，普通教师在保证教学顺利进行的同时会针对自身专业去探究、去钻研，愿意参与学校的改革决策。有效的领导力是实现学校变革的关键要素，而领导力的品质是构建学校共同体的关键因素，这样变革才很有可能发生。[②]

①　杜芳芳. 教师领导力：学校变革的重要力量 [J]. 教育发展研究，2010（18）：47-51.
②　杜芳芳. 教师领导力：学校变革的重要力量 [J]. 教育发展研究，2010（18）：47-51.

(三) 卓越的作用

1. 有利于实现自身目标

将卓越作为目标可以促进教师自身发展。作为一名教师，在自身发展过程中会遇到不同的、新的挑战，有来自教育发展的挑战，也有来自学生的挑战。面对不同的挑战，教师是选择视而不见、听而不闻，还是选择积极地应对这些挑战呢？其实这对于教师来说，无疑是一个能够提高自己能力的机会。教师把卓越当作自己的目标并为之去奋斗，有利于发挥自身的最大价值。

2. 有利于担当同行标杆

卓越有利于促进教师担当同行标杆。卓越教师需要不断地学习，掌握比普通教师更多的技能，在遇到不同挑战的时候，能够用科学的理论解决问题。面对同行的问题，其能够有效地提出解决方法，对于同行也能起到指导作用。并且卓越教师会不断地给学生营造良好的学习环境，调控出较佳的学习氛围，培养学生的学习兴趣，同时能激发其他教师不断学习的欲望，这样卓越教师也能起到带头作用。

3. 有利于成为社会典范

卓越有利于促进教师成为社会典范。在大多数人眼里，卓越教师在教育领域非常优秀，在科研领域也有着很大的成就，能够推进教育发展。面对新时代改革，教师教育有了全面的发展，卓越教师顺应发展趋势，有利于促进他们成为社会典范，因其在知识、能力、职业素养方面与普通教师有着很大的不同。在教育改革过程中，卓越教师应当抓住学习的机会，去提升自身能力，适应当下教育改革，不断学习专业技能，改变自己的教学方式。卓越教师有着不同于普通教师的洞察力，面对当下的教育情境提出自己的见解并寻找机会去实践自己的理论。良好的师德与积极的态度有利于推动教师不断向前发展，而卓越教师有着极高的师德水平，也有着极强的事业心和责任心，这能更好地推动他们追求成功。

二、卓越教师的社会化符号

（一）高尚的师德

1. 师德规则

师德规则是教师执行教学的过程中最低的强制性要求，是教师职业道德的要求中最基本且最核心的部分。师德规则对于教师有着更明确的要求，既更加具体，也更加规范。教师师德并不是空泛和抽象的概括，而是在一定的教育场景中的道德规范。当然，有理论却并不去实践，这无疑对提升教师职业道德是无效的。"没有规矩，不成方圆。"卓越教师在心里有着自己的戒尺，可以不断地规范自己的行为，对于自己的师德师风有着一定的标准。卓越教师的师德体系不同于普通教师，会高于普通教师，他们在坚持当下师德规则要求的同时，会逐步建立较高的师德观念，努力形成优秀的师德师风。

师德规则在规范教师行为的同时能够保障教师的发展。卓越教师的师德规则在整体上规范着教师的各种行为，能做什么、不能做什么都有行为标准。卓越教师应该树立终身学习的观念，学会观察教育教学中值得研究的师德表现，并予以实施。

2. 师德原则

师德原则是整个师德规范体系的核心和精髓，是教师在教育职业活动中正确处理各种利益关系所应遵循的最根本的行为准则，是师德的社会本质最集中的反映。[①] 卓越教师应当严格遵从师德原则的要求，严格约束自己的行为，明确自己在教学活动中的方向。卓越教师在教育教学的过程中要严格遵守师德原则的要求，不但要促进学生的发展，也要尊重学生。卓越教师也要紧跟时代发展的潮流，时刻关注教育发展重点，不断地学习新知识。

教书育人是师德的基本原则。当今教育发展目标是要"以人为本"，这对于卓越教师来说要求更高，不但要传递知识给学生，还要关注学生的心理健康发展，调整师生关系。我们知道，传统应试教育存在较大的弊端，就是教师以"应试教育"为准则去教书育人，学生自然也会被动地接受知识，而

---

① 秦敬民，秦东华. 师德原则论衡［J］. 山东教育：中学刊，2003（26）：5-6.

学校则非常看重升学率。这样一来学习成绩处于中下游的学生，就会因为教师的要求而感到较大的压力，有时师生双方甚至会出现对抗的现象。如今实施素质教育，卓越教师应该创造有利于学生发展的学习环境，让学生主动地学习，这样学生的主体性也能得到有效的发挥。为此，卓越教师在教育教学过程中，就必须坚持原则，不断提高课堂效率。在传统教育中，往往都是教师掌握着课堂的主导权，学生听教师讲授，学生的学习主动性不够强。卓越教师会让学生站在课堂中央，在课堂这个舞台上充分发挥自己的才能。卓越教师会与学生协同创新发展，在学习的过程中共同进步成长，其教书育人的使命得到进一步的实现。

人格示范是师德原则的主要特征。儿童发展史告诉我们，学生具有向师性。"向师性"是指学生尊重教师、崇敬教师、喜欢模仿教师的行为举止，与此同时希望得到教师的注意和重视，即学生的各种行为很容易受到教师的影响。因此，卓越教师必须按照规章制度，严格规范自己的行为，不但要提高教育教学技能水平，还要重视学生的心理健康，促进学生身心健康成长。

3. 卓越教师师德与普通教师师德的区别

对师德变革的适应程度不同。"师者，所以传道受业解惑也"，卓越教师在各方面都有较高的修养，普通教师只能传道，在岗位上满足基本的知识传递要求。如今科技与信息的发展突飞猛进，卓越教师需要紧跟时代发展的潮流，要有适应师德变革的能力，用批判性的思维看待事物，敢于质疑权威，敢于打破传统的条条框框。总的来说，我们不仅需要有魄力打破陈规的人，对传统教育进行批判，更需要务实的未来教育建设者。正如毛主席所说，"我们不但善于破坏一个旧世界，我们还将善于建设一个新世界"。[1] 普通教师面对时代的变革可能会漠不关心，只做好自己，把自己局限在一个"围栏"里面。

师德认识的不同。对于卓越教师来说，他们会明确自己的责任，明白自己的操守。卓越教师会根据变革的要求转变教学理念，用先进的教育思想去教导学生，同时学习现代教育技术，提高技术水平，进而工作效率也会提

---

① 高长武. 建设一个新世界 [EB/OL]. http://dangshi.people.com.cn/n1/2018/0103/c85037-29741687.html, 2020-12-18.

高。普通教师仅仅在自己的能力范围内做好本职工作，没有清醒地认识自己的教学理念，以至于停滞不前，并且普通教师对于教育改革的信念感不强，学习的新知识较少，因此课堂氛围会比较沉闷。学生的兴趣不高，自然普通教师的工作效率就会低，教学效果自然就不达标。

师德意志的不同。教师道德意志是教师在履行教师道德原则和规范时，对遇到的一切困难和挑战要自觉去克服，做出自己的抉择并且坚持不懈。[①]一名卓越的教师，对于自己教学职业的意志是坚定不移的，这样才可以更好地履行自己在教育教学中的职责。卓越教师会自觉抵制外界不良观念的冲击，淡泊名利，潜心问道。比如调查科研项目，卓越教师为了进一步地发展自己的理念，在实践中证明自己的观点，即使遇到了困难与挑战也会坚持不懈地去进行研究，做到终身学习。但有些教师只是为了取得功名利禄去进行科研，甚至还有些教师对于科研是非常不情愿的。因此，这可以说明卓越教师的师德意志与普通教师是有所不同的。

4. 卓越教师具有超越性的师德

卓越教师的师德具有超越性。超越性强调在主体的认识活动内的意向性的价值。卓越教师的师德能够促进对自身的认识，超越本身的存在价值，深刻挖掘自己的潜在价值。随着卓越教师视野的开阔，理论研究领域的扩展，其能够建立属于自己的教育课程体系，形成超越性的师德意识。

自我修养的加强有利于提高卓越教师的职业道德水平，即师德水平。卓越教师的自我修养是经过不断地、反复地学习，在教育教学反思中获得的。卓越教师在学习的基础上参加各种科研实践活动，遵守道德规范要求的同时将其转化为实际行动。卓越教师在提高自我修养中会注重反思自己的行为是否规范，通过反思能够让自己扬长避短，形成超越性的师德规范，逐步达到慎独的精神境界。

（二）独特的教学风格

1. 什么是教学风格

教学风格是指教师在教学活动过程中所展示出来的特色，结合了教师的

---

① 教师招聘网. 教师招聘考试教师职业道德十二：教师职业道德修养的任务 ［EB/OL］. http：//www. zgjsks. com/html/2014/zhiye_ 0820/69793. html，2020-12-18.

教育思想、个性特点、教育技巧进而在教育过程中用自己独特的方式表现出来。① 卓越教师会在长期的教学活动中形成相对稳定成熟的教学风格。不少教师都有着自己独特的教学风格，风格体现在教学活动中即与其他教师有所不同的教学方式。换句话说，教师会在教学中展现出自己的教学特色，学生在长期学习过程中会对教师形成一个固定的概念。教学风格多种多样，有理智型、艺术型、创新型、启发型、探索型等。

2. 卓越教师教学风格的特点

（1）独树一帜

卓越教师具有独树一帜的教学风格。在教学活动过程中，卓越教师形成的教学风格与普通教师形成的教学风格是不同的，卓越教师有着自己独创并且行之有效的教学风格。相对于传统教学，卓越教师会顺应时代发展潮流创新自己的教学风格。随着信息技术的发展，卓越教师会积极面对并把技术积极运用到教学中，比如开发微课等。如果信息技术能正确地运用到课堂中，再结合卓越教师的课堂调控，那么课堂效率就能提升很多。传统应试教育背景下，教师不管学生能不能接受知识而不断地灌输新知识给学生。卓越教师则会让学生积极地把握机会，掌握课堂的主动权，充分地调控好课堂，引导学生主动学习，掌握技能。

（2）具有稳定性

卓越教师的教学风格具有稳定性。卓越教师在常年的教学过程中积累了大量的教育教学经验，并且形成了属于自己独特的教学风格。不同类型的教师所展现出的教学风格是不一样的，并且逐步稳定。卓越教师的教学风格会得到大多数同行的认可，并作为榜样来学习借鉴。

3. 教学风格是卓越教师最核心的品质

教学风格是卓越教师最核心的品质。卓越教师独特的教学风格可以衡量教师的教学水平，良好的教学风格有利于促进卓越教师在教育领域取得属于自己的成就。对于卓越教师来说，形成自己的教学风格需要在不断地实践中检验这种教学风格是否适用。卓越教师的教学风格可以经得起时间的考验，

---

① 梁恕俭. 如何打造属于自己的教学风格［EB/OL］. http：//blog. sina. com. cn/s/blog_418002e60102ym98. html，2020-12-18.

并且可以适用于大部分教育教学实践。

其一，教学有创新。时代在发展，学生的思维比较跳跃，所以卓越教师需要对学生有进一步的了解。卓越教师会不断地进行自我反思，根据时代发展创新自己的教学方式。当下学生不会拘泥于传统的教学方式，对于学习有着自己独特的见解，这就更需要卓越教师不断地紧跟教育变革，时刻关注教育热点，观察学生，分析学情，创新教学方式。

其二，语言有特点。据观察发现，低年级学生的注意力只能维持5～10分钟，在这之后如果教师没有很好地调控课堂，那么课堂纪律就会变得很散漫，以致于教学活动进行不下去。因此，卓越教师会运用独特的语言来调控课堂氛围，吸引学生的注意力，利用自己独特的语言去督促学生。

其三，学生有启发。教师在上课的时候不仅要以课本为主要依据，更要结合时事热点，调动课堂气氛，在教学过程中穿插一些趣味性的教学活动，自如地调控课堂。作为教师要学会提问，在学生遇到难题时要积极引导学生学会思考。例如让学生们分组讨论，每个小组得出自己的结论，最后教师在这些结论的基础上做总结，并提出解决问题的方法，启发学生找到问题的答案。

（三）高超的育人艺术

1. 什么是育人艺术

育是教育、培养，对受教育者进行德、智、体、美、劳等各方面的发展培育，育人是指促进教育对象全方面地发展；育人艺术是指对受教育者的教育方式高效高超。不同于传统的育人方式，卓越教师在育人过程中会结合当下的教育情境言传身教。因为每个学生所处的社会环境是不一样的，并且家长的受教育程度也直接影响着学生在家庭中受到的教育程度，所以学生的差异性就会比较明显。卓越教师会根据每位学生的兴趣爱好及特长来让学生得到全面发展。关爱学生、成为学生的朋友是卓越教师与学生进行沟通交流的首要之事，卓越教师与学生的关系得到进一步的发展，这就提高了卓越教师的育人水平。

2. 高超的育人艺术的特点

（1）突出的个别教育能力

高超的育人艺术表现为卓越教师突出的个别教育能力。每个教师都会有自己独特的教育能力，如专业能力、专业理念、专业知识等，其中某一方面都可能成为卓越教师特别突出的教育能力。卓越教师会明确自身的发展方向，之后沿着这个方向不断促进自身的优势发展。比如卓越教师在专业知识方面特别突出，那么他会更加注重传递专业知识，提高学生个体的知识素养。

（2）娴熟的班级管理与发展能力

卓越教师在班级管理上是非常娴熟的，能够促进班级积极发展。卓越教师能够明确班级的发展方向，关爱每位学生，管理好班集体。卓越教师在管理班集体的时候会与学生们一起制定可行的班级公约，在让学生进行自我约束的同时，卓越教师也会以身作则地告诉学生要细心地去做好每件事。学生在学习的过程中也会有意识或者无意识地学习教师的一些行为，这说明教师也会对学生有着潜移默化的作用，因此教师在管理好班级的同时要自我约束。卓越教师会在开学的时候与学生一起制定班规，协同管理班级，让学生对班级管理有参与感及认同感。

3. 如何凸显高超的育人艺术

卓越教师可以通过管理及教学等方面凸显个人高超的育人艺术。就管理而言，卓越教师在处理学生犯错误、打闹等事件时，会让学生自我反省之后再进行教育，学生犯错误的概率就会大大减少。比如低年级学生的注意力不能保持在稳定状态，就会出现各种各样的小问题，因此就要求卓越教师根据低年级学生的实际情况，对学生进行适当的教育。这样既能对学生进行思想教育，又能让教师的课堂调控变得容易许多。在日常教育生活中，卓越教师会布置一些学生能力范围之内的任务督促学生主动地发现知识，积极调动学生主动参与课堂学习。卓越教师会关心每位学生，会跟学生们进行沟通交流，这样学生能感受到来自教师的关爱，便于教师顺利展开教学工作。除此之外，教师也可以鼓励家长成为孩子的好教师。现在很多家长因为工作的原因缺少与孩子的必要沟通，甚至对孩子的教育甚少关心。卓越教师在教育孩子的同时可与家长进行适当的沟通交流，及时向家长反映学生的情况，引起家长的重视。卓越教师会在交流过程中对家长进行鼓励，引导家长多参与学生的教育活动，促进家校教育的合作，凸显卓越教师高超的育人艺术。

（四）超前的教育研究能力

1. 洞见未来教育发展趋势

未来的教育发展趋势是可以分析洞见的。掌握当下的教育趋势，卓越教师才能把握机会、洞见未来教育发展的先机。对于卓越教师来说，他们不会满足于当下自身的教育水平，会不断地探索追寻未来的教育发展趋势。互联网教育在慢慢地渗入传统教学中，而卓越教师抓住了这一点，分析互联网的发展趋势，在教学中运用互联网技术，然后得出实验成果。随着信息技术的发展，教育的方式层出不穷，卓越教师又该如何去选择呢？这需要卓越教师去探索、去研究，寻找适合学生的教育方式，然后结合自己独有的教学方式，更好地促进师生共同进步。

教育是国家战略性事业，国家在培养创新型人才方面下了很大功夫，提供了有效的经济保障，培养出越来越多的人才。卓越教师会寻找时机，在激烈的竞争中有效地占据主动位置，去追求自己的理想，培养创新型人才。卓越教师认为在未来的教育发展中，学生的培养将会更加个性化。科学技术的进步促进了教育水平的提高，互联网技术在教育中的作用越来越重要，开发出一大批教育学习软件。卓越教师会结合自身的教学方式有所选择，为教育教学提供更多的支持。

2. 深刻认识当下教育现象

卓越教师对当下的教育现象有着深刻的认识。科学技术水平的提高推动着教育质量的发展，传统的教学方式面临着各种困难和挑战，卓越教师对于这些冲击和挑战能够找到不同的解决方法。在面对这些挑战与困难时，卓越教师能够清醒地认识到当下的教育现象，结合当下教育教学的发展，对自己的教学及时地进行调整和改善。

如今互联网信息技术迅速发展，互联网教育走进了大众的视野。卓越教师会结合当下的技术发展，去分析未来网络教育是否会冲击传统的教育方式，然后主动去了解网络体系，迎接新型教学模式。当前我国正在积极推进教育现代化、信息化发展，卓越教师应积极倡导、探索教育转型和课程整合的教学方式，掌握现代信息技术手段，鼓励学生敢于创新、敢于实践，让学生打破常规、推陈出新。

3. 系统掌握科学的教育研究方法

卓越教师能够系统掌握科学的教育研究方法。卓越教师在保证教学任务有质量地完成的情况下，积极参加科研项目，将理论运用于实践中，在实践中检验自己的观点或教育理论。例如，卓越教师应当努力学习信息技术理论，促进教学水平的提高，在教学活动中加入一些信息技术，动手制作一些比较生动的课件，这样也能增加教学的趣味性和科学性。

三、教师之卓越可以规划吗

（一）规划能分析卓越教师的核心专长

1. 卓越教师的核心专长有哪些

（1）教学专长

对于卓越教师来说，课堂是最主要的教育阵地。正所谓"师者，所以传道受业解惑也"，教师在课堂上将知识点当作一个个关卡，带领学生去闯关，登上知识的堡垒。一个好的老师会带着个人的风格给学生上课，学生在这种氛围下学习充满乐趣，教师也能感受到学生的学习热情，其传授知识的动机将大大增强。学生和教师是相互影响的，教师的上课状态能够影响到学生。卓越教师不会把个人负面情绪带入课堂中，他们会用积极的态度给学生带来正能量。

（2）管理专长

卓越教师的班级管理是民主化、多元化的。一群好学的学生和一位努力的老师会组成一个优秀的班级。卓越教师会觉得每个学生都有闪光点，并且会主动地去发现每个学生的闪光点。在卓越教师看来，每个学生都是好学生，不会将学生分为优等生与差等生。卓越教师在与学生长期相处的过程中，寻找每个学生的长处并鼓励学生发扬其长处，通过集体的力量让每个学生感到自信，鼓励班上不敢表现的学生敢于表现自己的长处。在卓越教师的班级里，顺应学生的天性，每个学生都有事情做，每个学生都有相对应的"职位"。这些职位不仅包括班干部，还有"擦黑板小能手""班主任助理"等不常见的职务。让学生主动地参与班级管理，这样学生就能够自行约束自己。学生精力充沛、活泼好动，教师们并不能以成人的角度去判断学生的心理。卓越教师在看到学生一些不尽如人意的行为的时候，并不是第一时间去责骂、处罚学生，而是通过不同的方式让学生自己认识到错误，或者在了解事情的原委之后再去处理。比如，陶行知先生在担任校长的时候，碰见一位男生用泥块砸自己班上的学生，他不仅制止了这个行为，还用四颗糖让学生认识到自己的错误行为。面对学生的错误，陶行知先生并没有批评与训斥，而是用平等亲切的态度跟学生谈话，让学生自己反省，这体现了陶行知先生平等的班级管理思想。

（3）研究专长

研究成就卓越。卓越教师在教书育人的同时把教育实践与研究活动结合起来，让实践提升理论的价值。每个教育细节都能够成为一个研究课题，都是值得研究的，要善于去发现并坚持去探究。卓越教师并不满足于只当一个教好课的老师，而是会利用自身的实践经历，在教学的同时善于发现问题，成为既能教好书又能做好研究的教师。随着社会的发展，不少教师对于科研逐渐重视起来。目前一些教师存在错误的观念，科研动机不够纯粹，卓越教师应当有正确的科研动机。

（4）技术专长

在信息技术快速发展的背景下，卓越教师与时俱进，他们学习现代教育技术，并且运用到课堂教学中，提高教学技术水平。不断发展的信息技术给卓越教师带来巨大的挑战，他们需要不断改进自身的教育技术。互联网给卓越教师带来更丰富、更多元的教育资源，也让他们在学习的过程中丰富自我，在不同的领域中展现出自己的教育技术素养。

2. 规划帮助教师分析发展起点

有效的规划能够帮助卓越教师分析其发展的起点。凡事都要有规划，卓越教师会分析当下形势，找好立足点，做好发展规划。卓越教师在多年的职业生涯中会不断分析自己的优势和劣势，结合当前教育现状，探索自身的发展方向。

反思是教师确立发展起点的常见方式。学会反思有利于促进教师专业成长，也能够帮助教师分析发展起点、做出规划。首先，教师可以通过增加阅读量来形成反思力，具备一定的阅读储备，在教育教学活动中遇到的难题也能迎刃而解。其次，教师可以通过请教形成反思力。教师不是无所不能的，遇到不懂的问题可以去询问同事或者专家。最后，结合教育教学实践形成反思力。教师在自身不断发展的过程中，要结合教育实际情况优化自己的教学方式、完善自己的教学结构、改善自己的教学方法，并不断做好规划。教师意识到自己的教学模式需要及时改进时，就会不断地学习新知识、构建新的教学模式，认真地对待每一节课，增添课堂教学的亮点，让学生能够更主动地接受知识，不断地发展学生的长处。

3. 规划帮助教师选定某种或几种专长

卓越教师的发展不会只限于一个方面，而会实现多方面的发展。面对多个发展方向，教师往往会做出相应规划，选定某种或者几种专长，以此来分配时间与精力。规划能够让教师找准自己的专长定位，确立明确的目标，然后形成自己独有的发展方向。

比如，有的教师选择管理专长作为发展方向。在班级管理中，卓越教师在做好教导工作的同时，兼顾班级的组织与协调。首先，教师要以身作则，树立好个人榜样，这样教师在班级管理中更具有信服力。其次，每个学生都可以成为管理者，也能协助教师管理班级，为班集体贡献自己的力量，教师应该给予每个学生管理班级的机会。比如魏书生老师管理班级一靠民主，二靠科学，在班级管理的过程中既民主地对待每位学生，也科学地运用管理方法。

再比如，有的教师选择研究专长作为发展方向。如果教师能够在认真教学的同时，在科研上也小有成就，那么对学生的影响就会更大。学生看到教师都这么努力、会不由自主地去思考、去学习，并且有可能与教师一起做研究。因此，教师要善于发现学习、工作中可以研究的课题，或者经常与学生合作学习，共同探讨有价值的课题，共同形成研究专长。

（二）规划能集成卓越教师的关键素养

1. 卓越教师的关键素养有哪些

（1）表达能力

卓越教师的表达能力是超群的。有些卓越教师在语言表达上能娓娓道来，与之交流会感觉如沐春风。有些卓越教师的语言表达内容清晰，用词得当，富有内涵，文化底蕴深厚。有些卓越教师的语言表达有条理，会根据场合来调整自己的音量，让别人听起来不疾不徐、恰到好处。卓越教师的教育教学工作需要良好的表达能力，表达得生动形象，能够引起学生的注意，能够启发学生的思维。

卓越教师需要调控课堂，活跃课堂氛围。如果教师在教学过程中拖泥带水、课堂沉闷，那么学生的注意力就会不集中，学生就无法思考；如果教师在教学过程中一直都很亢奋，那么学生在一开始的时候就会激情饱满，但学生的精神处于亢奋状态，头脑就会发胀，持续时间就不会太久。因此，卓越教师在语言表达方面需要通俗易懂，及时调控课堂。教材上的内容比较规范，表述严谨，学生在阅读的时候会觉得难以理解，那么这就需要教师把这些内容概括起来，用自己的语言表达得更直观具体，使内容更生动形象。

卓越教师的语言表达富有条理性，让人信服。学生在没有自主思考的情况下，会产生一些错误行为。卓越教师需要通过交流让学生明白道理，更加贴近学生，走进学生的内心世界。正所谓循循善诱，教师的语言表达能力直接影响学生的学习心理和思维活动。卓越教师的语言表达能力强，一方面能更好地调动学生的热情，激起学生学习的兴趣；另一方面能够引导学生积极地去思考，转变思维方式。

（2）逻辑思维能力

卓越教师的思维是有逻辑并且缜密的。逻辑是语言的基础，语言是逻辑的表现。语言要正确、通畅。逻辑思维对于语言的学习至关重要，同样，逻辑思维对于教学也至关重要。教师职业的专业化发展要求教师具有更强的逻辑能力，能够更好地运用逻辑思维开展教育工作及调控课堂教学。

（3）写作能力

写作是能够用来表达自身思想感情，传播思想观点的一种活动。卓越教师会明确自己的写作范围，注重教育工作方面的写作。遣词造句、写作规范的能力是在观察、模仿和创作实践中逐渐形成的，要多看、多写、多改。在写作时，标题特别重要，不仅要明确对象、概括内容、凸显价值，还要简明扼要。斟酌的重点是行文，段落间的关系应清晰，语句应简明、连贯、得体。引文、校对和排版都要规范。部分卓越教师写作之前会查阅大量的相关文献，这就增加了阅读量，有利于提高其写作能力。卓越教师具有较强的写作能力，在不断写作的过程中会创作出优秀论文或者书籍，这更增强了其写作信心。

（4）研究能力

随着教学专业化的发展，教师逐渐将自己的教育实践转化为研究项目，而教师的研究水平也成为评价教师专业能力发展的重要指标之一。一个好的研究课题能激发卓越教师对科研的热情。为此，卓越教师要开展课题研究，必须认真选题。对于卓越教师来说，日常教育工作中的每个细节都有可能成为一个值得研究的课题。卓越教师始终抱着满腔激情进行研究，因为这可以让卓越教师在研究的过程中获得更多技能，提升自身教育水平。

2. 规划为什么能集成卓越教师的关键素养

卓越教师是学校发展的核心力量。卓越教师在长期的教育教学中积累了丰富的经验，可以带动学校的整体发展，因此卓越教师做好规划对学校尤其重要。卓越教师可以协助其他教师做好规划，带领教师拓展专业知识，塑造自己独特的教学风格，提升教学管理能力，努力形成标志性成果。

先进、科学的教育思想与观念是卓越教师的关键素养之一。卓越教师不仅要有较高的教学水平，还要有较强的思想素养，并且要把先进、科学的教育思想与观念放在首要位置。俗话说："良好的开端是成功的一半。"卓越教师做好了提高教育思想与观念的规划，并按照自己的规划去努力、在执行的过程中就会逐步形成自己的教育思想与教育主张。

专业知识、教育能力也是卓越教师的关键素养。规划可以帮助卓越教师去学习更多的专业知识，完善自己的知识结构。卓越教师可以做出提高教育能力的规划，正确地审视自己的教育教学活动，提高自身的专业教学技能。比如课堂教学要添加亮点，改正不足，不仅给自己展示提高的机会，也为教育教学研究提供载体。

3. 规划能帮助关键素养形成合力

规划可以帮助卓越教师列出多种素养，促进卓越教师的关键素养形成合力。合力在物理上的定义是一个力对某物体的作用和另外几个力同时对该物体的作用的效果相同，这一个力是几个力的合力。在规划中可体现为卓越教师的多种素养形成合力，以提高卓越教师的关键素养，促进卓越教师技能的提高。可以说，卓越教师的素养不止一个，然而做好规划有利于促进卓越教师的关键素养形成合力。

（三）规划能探明卓越教师的成长路径

1. 规划列出成长路径的多种可能性

做出规划可以了解自身成长的多种可能性。在卓越教师的成长路径中，首先要做好规划，才能知晓这条路该怎么走，走到尽头会有什么结果。

首先，卓越教师可以选择在课堂中成长。对于大多数教师来说，课堂秩序通常会因为各种各样的小问题而被扰乱。可能因为教师上课技能不强或课堂调控能力不强，比如在上课过程中因为学生调皮捣蛋会中止课堂来讲纪律问题；可能因为教师上课设计能力不足，比如没有在平常的教学中多设计练习。但是卓越教师会不断地总结在课堂中出现的问题，然后经过反复实践得出比较好的上课方式。他们也会虚心向其他教师请教，努力提高教学技能水平。

其次，卓越教师可以选择在写作中成长。不是所有教师的写作能力都很好，也许有的教师课上得非常好，但写起文章来却比较困难；也许有些教师的课堂未必非常出众，但是他们会不断地学习新知识、积累阅读量，擅长写作并公开发表。因此，可以说写作也能促进卓越教师的成长。

最后，卓越教师可以在长期积累经验的过程中构建自己的教育体系。卓越教师有一定的阅读量，写作能力也较强，教育教学上也可以独当一面，对于教育理论也有着清醒的认识，可以逐步构建自己的教育体系。

总之，做规划可以列出卓越教师的多种成长路径，对于该如何进行规划及选择应该要有自己的思考，以此判断该路径成功的可能性。

2. 规划分析哪种成长路径的成功率较大并进行选择

做出规划可以分析成功率较大的成长路径，并从中进行选择。卓越教师在规划的时候可以分析自己的专业成长路径中哪种成功率较大，将规划进行对比，判断自己选择某种路径后会产生什么结果。总之，卓越教师的规划发展有利于促进卓越教师实现自身价值，并且可以充分认识教育现状，提高自己的教育水平，增强师德责任感，顺应教育发展，洞见未来教育趋势。

3. 规划预判成为卓越教师路上遇到的困难与挑战

卓越教师在发展的路上遇到的困难与挑战是可以预判的。首先是树立全新的教育理念。教育在新时代发生变革，而课堂仍然是学生获取知识和技能的主阵地。卓越教师更应认真学习专业知识，提高专业技能水平，把握课堂调控能力。其次是应对人的发展带来的挑战。卓越教师在人的管理方面所面临的挑战还是很多的，比如在上课的时候学生的注意力不够集中，教师在管理班级的时候很吃力等。这就需要卓越教师注意调控课堂，创造活跃的课堂氛围，让学生在紧张的学习中也能感受到乐趣。最后是应对教育智能化带来的挑战。随着互联网信息技术的全面发展，教育中将会多方面运用信息技术，这就要求卓越教师在学好专业知识的同时，去提高自身的信息技术能力。经观察发现，仍然有不少教师不懂得充分运用现代信息技术开展教育工作，比如乡村等偏远地方微课教学的普及率还不太高。因此，卓越教师应当注重信息技术的运用，运用信息技术改变教育方式，以便更好地进行教育活动。

（四）规划能明确卓越教师的保障条件

1. 物质保障

规划能明确卓越教师的物质保障。物质保障，通俗地讲就是能够做到人们有饭吃、有衣穿、有房住、有钱花。卓越教师在明确职业发展规划重要性的基础上，清楚自身的价值，规划未来发展方向，为其发展提供基本的物质所需，对于不同类型的卓越教师都有相对应的保障。其一，国家或教育部通过系统的规划，提供基础生活保障，改善卓越教师的生活条件，尤其是扎根乡村教育的卓越教师，为其提供良好的生活物质保障及医疗设施保障。其二，规划可以针对卓越教师的未来长期性、整体性发展进行考量。不管是乡村卓越教师，还是城镇卓越教师，都可以为他们提供额外的交通补贴、住房补贴，提高工资待遇。其三，针对某方面的未来愿景和发展需要，规划还可推动相关政策的出台，如乡村型卓越教师子女就学优惠政策、多能型人才政策等，使普通教师更加坚定成为卓越教师的信念。在物质保障的基础上，教师不需要为这些无关教育发展、自身技能发展的事情忧思、苦恼，而是更加专注于自身的全面发展计划。

2. 人力保障

规划能明确卓越教师的人力保障。人力保障即人力资源保障，又称人事保障。人力资源指一个国家或地区中，仍具有劳动能力的各阶段年龄层劳动人数的总和，狭义上也指事业单位团体所需人员具备的资源。① 人力资源是一种特殊的资源，其由劳动者的人数组合而成，因此具有一定的特征。规划可以保障卓越教师适合自己的未来工作单位，获得更多的就业机会；工作单位可以清晰地发现卓越教师的优势和劣势，整体评估教师能力，并根据特点将卓越教师安排在适合的岗位上就职，确保工作单位拥有一定的教育劳动力。规划还可以保障卓越教师具有充足的人手来协助教育管理工作。专家型卓越教师在工作中也会出现人力不足的问题，有些时候不得不依靠其他教师的力量来推进工作的开展。在规划的作用下，可以有序地调配一些教育人员共同解决工作上的困难。总之，规划可以更加明确卓越教师的人力资源保障，使其能处理好人力保障上的问题，促进其职业发展。

3. 社会支持保障

规划能明确卓越教师的社会支持保障。社会支持保障可分为社会保障和支持保障，二者之间有一定的区别，但又彼此联系。社会保障是国家或政府利用法律的手段，建立法律条规用于保证一定贫困群众的基本生活需要，它是一种社会制度，需要国家、政府或社会遵守的规章条例。支持保障是在一定的网络支持下，给社会弱势群体提供物质与精神上的帮助，是一种无偿性的社会选择性行为，不做强制性要求。② 社会保障也是一种社会支持，二者相辅相成，具有相似性但在本质上的确也存在差异。规划可以在实践中促进二者有机结合，形成一种较为完善的保障制度，即社会支持保障。一方面，规划可以改善教师管理制度体系和学校硬件设施，保证教师享有基础的社会保障；另一方面，经过系统规划，可以给予卓越教师更多的学习交流机会和平台，多样化的激励政策的出台，使教师获得支持保障。发展规划可以在很大程度上帮助教师明确发展方向，全力落实好社会保障制度，构建创新型的教师培养制度。

---

① 佚名. 人力资源开发与管理章节习题 [EB/OL]. https：//www. mzhiyin. cn/thinkphp/ 718. html，2020-12-18.

② 陈成文，喻名峰. 论社会保障与社会支持 [J]. 湖南轻工业高等专科学校学报， 2000（1）：71-77.

第二讲 教育专长与卓越教师之关系

一、教学专长、教育专长、教育素养辨析

（一）教学专长与教育专长的区别与联系

1. 概念不同

（1）教学专长的内涵

教学专长是教师基于个人专业知识以及教学经验，在教育教学中经过反复验证能够有效解决教学问题的个人能力特征的综合体现。① 教学专长主要体现在教师的教学方法、教学策略、课堂行为处理等方面。教学专长能够使教师更进一步融入课堂教学，让教师在面对教育过程中各种突发的状况时，能有效地进行应对并及时处理好，保证课堂教学的顺利进行。一位教师的教学专长越突出，往往教学水平就越高，教学效果也更佳。教学专长是教师在日常的教学工作实践中，经过不断深入总结反思所形成的，具有一定的可操作性。卓越教师的教学专长为普通教师们提供了宝贵的教学经验，使教师的教学能力不断提高。

（2）教育专长的内涵

教育专长是指教师在一定知识理论的基础上，探索教育教学活动，能够

---

① 蔡永红，申晓月. 教师的教学专长——研究缘起、争议与整合 [J]. 北京师范大学学报（社会科学版），2014（2）：15-23.

主动设计教学活动，并解决教育教学问题的能力特征。① 教育专长包括教师教学专长、管理专长、研究专长、人际专长、技术专长等各方面。教育专长是教师丰厚的学识积累的有效体现。教师在形成教育专长过程中从不同方面锻炼了自身能力，并在不同维度上得到了进一步的发展，以保证教育工作能够顺利地开展。教育专长是促进教师教育能力提升的关键因素，使教师在教育过程中持续发展。

2. 目的不同

（1）教学专长目的在于培养教师成为学科教学专家

一个学科教学专家就一定具备多样的教学专长，并集中体现在课堂教学中。成为一名学科教学专家，就必须具备各种专业的教学专长，能在课堂中有效发挥自己的教学专长，并取得优质的教学成果。教学专长是教师在教学过程中经过刻意训练而形成的，最终目的是使教师能够有效地把控好课堂。我们可以看到一名优秀的教学专家具备较高的教学专长水平，同样一节课同样一个知识点，教学专家可以将这节课讲得绘声绘色，娴熟地将教学专长在课堂上完美地演绎出来。他在课堂教学中，无论是管理、组织、交流、互动等都会给人一种恰到好处的感觉，他的课堂生动有趣，并且使人受益匪浅，这就是教学专长的现实写照。拥有精湛的教学专长能帮助教师适应不同的教学情境，有效应对课堂的突发状况，使教师的教学经验更加成熟。教学专长是使普通教师成为学科教学专家的基石。

（2）教育专长目的在于培养教师像教育家那样思考与工作

教育专长的发展可以使教师对自己有更深的认识，对教育工作能更理性地思考。每一位教育家对教育发展都有着自己独特的见解，他们会更注重教师教育各方面的发展。谈到教育家，我们最熟悉的是中国历史上伟大的孔子，他所提倡的"因材合理施教、有教无类"的教育发展思想对中国的教育教学活动产生了深远的影响，也对中国的教育和文化的各个方面产生了重大影响，使中国文化教育事业得到进一步发展。他的弟子根据他的教育思想和言行整理出的经典著作《论语》对后世的教育理念影响重大，有效地完善了

---

① 周森泉，罗显克. 探讨高校教师"教育专长"及其对新课改的影响 [J]. 教育与职业，2007（12）：89-90.

社会教育思想。孔子之所以能成为在中国教育界具有影响力的教育家，是因为孔子对教育有着独特的主张，能站在教育的高度去审视教育，剖析教育的核心理念和思想。而培养教育专长的目的就在于使教育者能够像教育家那样思考，使教育者可以更深入地融入教育事业。

3. 侧重点不同

（1）教学专长侧重于学科教学水平

教学专长更倾向于学科教学水平的发展，教学专长的发展能促使教师学科教学水平的提高。教学专长既能有效地将课堂进行衔接，也能调节传统乏味的课堂氛围，使教师能更灵活地带动课堂，让学生更多地参与课堂，提高他们的课堂参与度。教学专长的形成能使教师在教学过程中游刃有余地去调控课堂，并将课堂知识以更灵活的方式融入课堂，从而让学生能更积极地投入课堂，提高学生的听课效率，从而提升教师的教学水平。教学专长是教学能力的凸显，教学专长的形成需要教师对学科知识有深刻的了解，对教学知识并不只是浮于表面的理解，而是应不断去探索学科规律，分析学科特点，把握学科的整体脉络，最终实现有效的教学。

（2）教育专长侧重于综合教育素养

教育专长涉及教师进行教育各方面的学习能力，是教师综合素养的体现。教师的教育素养包含多方面：首先，教育信念是教师从事教育事业并能够坚定走下去的持续动力。当教师有了对教育的执着信念，就会在教育路上更坚定，不会随波逐流，在教育受挫时，不会轻易放弃，会始终坚定执教的初心。其次，教育理念是教育素养的重要组成部分。作为一名教师，必须具备与时俱进的教育理念。先进的教育理念引导教师不断成长，并推进学校的进一步发展。教育理念要求教师对教育目的、教育过程、教育方法等都有深入的了解，从而使教师能够在教育教学过程中有效把握教育教学活动规律。最后，教育技能也是教育素养的关键组成部分。如果教师只是掌握了一系列的教育理论知识，而不进行实践应用，那么就如同纸上谈兵一样虚谈圣论，而教育技能恰恰是将教育理论有效应用到实践的关键因素。教育素养还涵盖教育的众多方面，教育专长的形成也更侧使教师从多方面不断提升自己的教育素养，诠释自己的教育真谛。

4. 对教师的影响不同

（1）教学专长使教师娴熟地驾驭学科教学

教师想要娴熟地驾驭整个学科的教学，就必须具备多样的教学专长。教学专长的发展促进教师教学水平的提高，教学专长不仅能辅助教师进行课堂教学，还能不断优化教师的教学思维，使教师的教学工作能力可以得到进一步的提升。教学专长的形成能使教师突破传统的一味"灌输式"的教学，使课堂更加灵活，学生也会更容易被教师带入课堂学习中，激发学生课堂学习的主动性，使教师的授课能够更加容易。同时，教学专长能帮助教师在学科教学时灵活地应对课堂的突发状况，最终使课堂教学能够顺利地完成，在一定的时间内为学生讲授更多的知识，同时学生能够对课堂知识有效地吸收，使课堂效率更高。教学专长的形成意味着教师对学生的性格特点、兴趣爱好等有全方面的了解，可以满足不同年龄阶段的学生教学。教学专长的形成能使教师更容易聚焦于学科教学，使教师不断改进教学方法，最终将教学专长灵活地运用到学科教学上，使教学更加轻松。

（2）教育专长使教师整体地理解与从事教育工作

作为一位教师，既然选择从事教育事业，就应该对教育工作有全面地了解，而教育专长的发展能使教师更深入地理解教育工作，并积极投身于教育工作中。现代有不少教师将教育事业视为维系自己生存的工作，对教育工作并没有热情，也并不能深刻体会教育工作赋予他们的神圣使命，而只是迫于对现实的无奈去履行教育义务，最终这些教师只会在自己的岗位上碌碌无为、不思进取，以至于对自己从事大半辈子的教育工作产生厌倦。这是社会上的一种隐性病态，会阻碍教育的发展。教师一旦对教育事业产生了厌烦情绪，那么最终显现的教育成果一定是不理想的，也会影响受教育者的发展。因此，教师在刚开始步入教育行业时，就应该首先对教育工作有深入的理解，只有这样才能投入更多的精力和热情到教育工作中，在教育事业中寻找到属于自己的价值。而教育专长的形成能帮助教师更好地去理解教育事业，教育专长是教师在教育工作中的产物，教育专长也会使教师更好地从事教育事业。

5. 教学专长与教育专长的联系

（1）教学专长是教育专长的组成部分

教学专长是教育专长的分支，教育专长的发展影响教学专长的形成。教学专长是教师在不断发展教育专长中所衍生的体系。教育专长与教学专长密不可分，两者相互发展相互融合。教育专长的形成过程中不断的积累使教师将教学专长更有效地融入教育教学实践中，促进教师教学水平的提升。教学专长的发展使教师的教育专长能在各方面有更大的提升，教学专长不仅是教师在教学过程中形成的教学技能，还是教师在教学路上自我摸索探寻到的宝贵财富。教学专长不是通过简单的自我训练就能形成的，教学专长形成的前提是教师必须掌握一定的理论基础，而教育专长的形成正是给教学专长的形成输入有机营养，使教学专长能够健康地发展。教学只是教育的一部分，教师不仅要为学生传道更要为学生解惑。正所谓"教师是人类灵魂的工程师"，这句话指出了教师不能仅局限于对学生进行教学，更要在日常教学过程中以身作则，全方位教育和影响学生，对他们的行为、思想、心灵发展产生一种积极的影响，让他们在受教育阶段能够得到全面的发展。

（2）教学专长体现教育专长承载的思想、观念、方法等

教育专长是教师教育思想抽象化的体现，教学专长是教师抽象化的思想转变为具体的实践行为的体现。教育专长中教书育人的思想可以通过教学专长很好地凸显出来，教师将自己的教学专长不断融入教学过程中，培养全面发展的受教育者。教育专长中立德树人的观念对于一名教师来说是至关重要的，它是教育理念的核心部分，影响着教师执教的教育思想。教学专长是教师教育品德的有效锤炼，教师正因为有了崇高的师德，才会更专注于教育，更明白自己在教育方面的责任，并不断去发展自己的教学专长，使自己能够更好地履行传道授业的职责。教学专长是教育专长凝练的方法，教师通过发展自己的教育专长，不断地去探索先进的教育理念，吸收优良的教育思想，最终形成自己的教学专长。

（二）教育素养与教育专长的关系

1. 良好的教育素养促进教育专长的发展

（1）先有教育素养，后有教育专长

教育专长是教育素养达到一定高度之后的产物。教育素养是指教师对自己所涉教育领域有深刻的了解，不仅要了解自己学科的知识，还要不断扩充更丰富的文化知识，提升自己在教育各方面的专业素养；对教育问题有自己

理智的思考，有更高的思辨能力。假如一位老师对自己所处的领域都意识淡薄，那何谈教育，又怎会形成教育专长呢！教师的教育素养累积到一定的高度，将教育素养内化为自身的专业基础，才能更深入地去了解教育所需的专长，才能有意识、有方向地去培养教育专长。只有对教育素养有更透彻的理解，教师才能在教育实践过程中有效地利用教育专长，提高其在教育管理、教育研究、教育交流等方面的能力，对教育有更深入的思考，促进教育专长的形成。

（2）增进教育素养是厚积

教育素养为教师工作提供精神食粮。成为一名卓越的教师，首先必须具备深厚的文化根基，只有在日常生活中不断涉猎各方面的文化知识，同时吸收消化并转化为自身能力，才能增进自身教育素养。教育素养在教育领域的方方面面都有所涉及，教师只有不断提高自身教育素养并将教育素养有效地融入教育过程中，才会有开阔的教育视野，才能更深入地展开教育教学工作，从而使学生更深入地认识这个世界，使学生建立更有意义的人生观和价值观。教育素养的积淀会使教师全面发展，也会使教师从内而外发生质的改变。当教育素养累积到一定的高度时，教师在语言表达、书写、逻辑思维、思想观念等方面都会迈向一个新的高度，从而能够更好地进行教育工作，最终逐步成为一名卓越的教师。

（3）形成教育专长是薄发

教育专长的形成是卓越教师形成教育特质与教育主张的体现。教育专长的形成有助于教师更好地开展教育工作。具有教育专长的教师能更好地理解学科与学科之间的相互联系，更容易投入教育领域中。普通教师与卓越教师最突出的区别就在于教育专长的形成，教育专长是教师教育教学素养进一步发展的阶梯。教育专长的形成要求教师具有一定的创新性思维、先进的教育理念、丰厚的文化底蕴。唯有这样，教师才能不断去发展自己、去突破自己、去完善自己，提高自己的教育能力，不断深入教育核心领域，提高在教育领域的影响力，并得到可持续发展，最终取得突出的教育成果。

2. 提高教育素养有利于优化教育专长

（1）教育专长的形成是一个渐进过程

教育专长并不是短时间内就能形成的，教育专长的形成要求教师必须具备较高的教育素养，并不断地去领悟、去感受教育素养，对教育素养有自己的理性思考，并逐步形成自己的教育思想。教师在教育工作中不断地积累教育素养，并将这些素养不断内化为自己的教育理念，久而久之就会将那些教育素养凝聚成自己的教育专长，并在教育教学实践中凸显出来。教育专长的形成是一个循序渐进的过程，并非短时间内可以训练而成，也不是有了广博的教育素养就一定能形成教育专长。如果不深入理解钻研教育素养，而只是将教育素养简单地堆砌，在脑海里形成死板僵硬的知识链条，就会适得其反。最终这些教育素养只会成为你的思想累赘，对你形成教育专长毫无作用。正所谓"冰冻三尺，非一日之寒"，教育专长的形成是一个较为缓慢的过程，需要教师具备足够的耐心和毅力，平时不断地积累，在实践中不断总结自己的教育经验和反思自己在教育过程中的不足，使自己的教育能力能够进一步提升。① 作为卓越的教师，一定要有"不忘初心，方得始终"的信念，在教育之路上不断打磨自己，逐步去培养自己的教育专长。

（2）教育素养的提升过程就是教育专长的形成过程

教育素养是教育专长形成的有机养料，教师只有不断从教育环境中积累自己的教育素养，教育专长才能得到较快发展。② 教育素养体现了一个教师的综合素质，教育素养是一名普通教师成为一名卓越教师的重要理论基础。教育素养的提升能使教师更积极地投入教育教学中，不断地在教育实践中成长，得到更全面的发展，从而形成一定的教育专长。教育素养的提升，不仅会潜移默化地影响教师的教育能力，还会对教师的教育生涯产生重要影响。③教育素养的提升可以使教师不断地提高各方面的教育能力，在教育领域得到全面的发展，并加深教师对教育的理解，最终形成稳定的教育专长。

3. 教育专长是教育素养积累的突出体现

（1）教育素养是从事一切教育工作的基础

教师职业工作具有一定的特殊性，它要求教师必须具备一定的教育素养。教师的工作区别于社会上的其他工作，教师面对的工作对象是学生，教

---

① 白雪杰. 从隐匿到彰显 [D]. 南京：南京师范大学，2007：4.
② 潘继芳. 反思性教学与历史思维能力的培养 [D]. 曲阜：曲阜师范大学，2008：9-16.
③ 夏玲. 加强小学数学教学的有效性 [J]. 科教导刊，2009（14）：69.

师与学生接触的时间较多，教师日常教学的言行都会不断感染到学生，因此教师必须具有厚实的教育素养，让自己的学识更加渊博，让自己各方面的能力更加出众，对教育工作投入更多的热情。唯有如此，学生才能更加尊重老师、信任老师，教师才能将教育工作真正地做好。教师从事教育工作首先就是要获得学生的信任，唯有这样他们才能真正投入教师的教育工作中，这是一名教师迈向教育工作至关重要的一步，所以教师应更重视教育素养的累积。教育素养是教师执行教育工作的重要支点，正所谓"师者，所以传道受业解惑也"，教师只有具备一定高度的教育素养、渊博的学识，才能为学生"解惑"，才能在教育事业上立足发展。

（2）教育素养积累到一定程度，自然升级为教育专长

教育素养包括教师的语言表达能力、书写能力、研究能力、交流能力、创新思维等，这些都是教师做好教育工作必备的能力。① 教育专长是能够将这些能力有机融入自身，并转化为教师自身的一种特殊的能力。因此，教师应从各方面去不断完善自己的教育素养，最终实现优质的教育教学，进而促进自己教育专长的形成。教育素养是渐渐对教育专长产生影响，它在短时间内可能看不出什么效果，但在日常生活的积累中，它能不断丰富教师的教育思想，使教师的思维更加灵活，使教师在教育领域各方面的能力得到提升，当这些能力提升到一定高度时就会形成教育专长。目前各个领域的专家，他们并不是一开始就在那个领域里享有"专家"这个称号的。他们也是在其所在领域不断摸索、不断积累、不断钻研，将自己的能力不断提升，最终拥有区别于一般人的能力，成为实至名归的"专家"。而教育专长的形成也如此，只有将自己的教育素养累积到一定的高度，将这些素养不断地转化为驱动力，教育专长才会在教育素养的积累中自然而然地形成 。

4. 教育素养决定教育专长的水平

（1）教育素养越广博，教育专长的范围就越广

教育素养涵盖的面越广，教育专长能够发展的方面就越多。正所谓"资之深，则取之左右逢其原"，教师应不断汲取各方面的教育素养，这样才能

---

① 许鉴魁. 教师素养与课堂教学效果 [J]. 闽西职业技术学院学报，2011，13（1）：
79-81.

将教育专长得心应手地运用到教育实践中。教育素养贯穿学校、家庭、社会等各领域，成为一位卓越的教师，想要拥有广博的教育专长，就应不断地从生活各方面蕴蓄。在学校方面，教师应具备职业素养，对本身的教育工作有明晰的认识，能全身心投入工作中，能从心底产生对教育工作的热爱之情，能清楚认识到教育发展事业对中国社会的重要性。同时，教师应发展自己各方面的才能，在教育过程中不断提高自身的语言表达能力、管理能力、研究能力等。① 只有将自己的教育视野不断扩大，从而获取更广博的教育素养，才能使教育专长在各方面有所涉及，这将促使普通教师向卓越教师进一步迈进。

（2）教育素养越精深，教育专长的水平就越高

教育素养的深浅决定了一名教师教育专长的水平。教师的教育素养越精深，意味着教师对教育素养的理解越有深度，从而能养成更高水平的教育专长。现如今，大部分教师都具备了教育素养，然而大多数教师却并不是特别重视教育素养对自身发展的作用。他们更看重的是教学水平的提升，然而现实是如果他们忽略了教育素养的重要性，只是片面地去吸收教育素养，对教育素养的理解含糊，更愿意去从其他方面不断努力，那么他们最终取得的教学效果甚微。只有对教育素养不断去深入钻研，并最终内化为自身的能力，才能辅助教师其他方面能力的提升，使教师更善于运用这些能力，并把这些能力有效融入教育工作中，教师的教育专长水平才能得到进一步的提升。

二、教育专长的一般结构

（一）娴熟的教学专长

1. 形成教学专长表明该教师教学知识丰富

一个拥有娴熟的教学专长的教师，他的课堂是丰富多彩的，他可以把一些深奥难懂的知识用很通俗易懂的语言讲授给学生，课堂中会进行很多延伸，不断扩充学生的知识库，使学生的思维更加灵活，思考更加全面。这样

---

① 何绍波，王秀杰. 教师有效阅读的实践策略探究［J］. 教师教育论坛，2016，29（8）：37-40.

优质的课堂源于教师深厚的教学知识，教师的教学知识越丰富，在教学中展现出来的教学水平就越高。教师能在教学生涯中形成自己的教学专长，那么教师积累的教学知识就越丰富。教学知识是教师所必须具备的理论基础，而教学专长是教师在教学中体现出来的实践能力，当教学知识累积到一定程度时，教师的教学专长就会自然而然地在教学中凸显。

2. 形成教学专长表明该教师教学技能突出

随着教师的教学专长的不断形成，我们可以看到教师的教学技能也会日益提升。教学技能是一个教师实现有效教学的重要因素，教学技能可以有效地协助教师进行有效的教学。要想提高课堂教学的效率，教师就应不断提高教学技能。而教学专长的培养恰恰是促进教学技能形成的关键要素。当一个教师逐渐形成了自己特有的教学专长时，我们可以看到他在课堂导入、课堂管理、课堂组织、教学板书等方面都会有异于其他教师教学时特别突出的亮点；我们可以看到他在教学各个环节都会有自己出色的教学技能，可以使整个教学环节环环相扣，无缝衔接；我们可以看到他能全身心地投入课堂，完美地将教学技能融入课堂，使整个课堂流畅地进行，并且区别于死板的教学，使课堂有种特别的吸引力，使整个课堂效益得到提升。由此可见，教学技能使教学知识与课堂教学完美对接。随着一名教师教学专长的逐渐形成，他会取得更好的教学效果，教学技能自然也就越突出。

3. 形成教学专长表明该教师开始形成教学思想

现在很多新手教师刚开始进入教学岗位时，在陌生的教学环境中会有很多不适应之处，对从事教学工作依然感到迷茫。这是大多数教师事业的初始阶段的正常现象，慢慢地教师就会在日常教学中不断适应教学环境，慢慢成长，并逐渐形成自己成熟的教学手段。而在这个过渡期教师也会逐渐形成理性的教学思想、坚定的教学信念，而不再像初期那样面对多变的教学环境不知所措，从而慢慢形成自己的教学专长。教师有了自己的教学思想后，就会对教育活动有更深入的了解，教师在教学过程中就会充满理智地去实施教学过程，并最终在教学课堂上实现更好的教学效果。

（二）高超的管理专长

1. 形成管理专长表明该教师善于识人

教师是一个特殊的群体，在教学环境中会接触到很多不同的群体，学生、同事、家长、领导等都是不可回避的群体。而教师想拥有一个良好的教育环境，就必须处理好和这些群体的关系，这在很大程度上考验了教师的管理能力。首先，教师接触最多的群体是学生，一个教师会面对很多不同性格类型、不同兴趣爱好的学生，面对这些学生，教师不能一味地实施一种管理方法，应对每个人进行有针对性的管理。而要具备这种多样化的管理专长，就要求教师有善于了解他们的能力，这样能帮助教师对学生进行有效的管理。其次，家长是学生的附属群体，教师就难免会接触到对孩子有不同教育心态的家长，教师需要处理好与家长的关系，才能更深入地去了解学生。面对拥有不同的家庭教育观念的家长，教师如果善于去了解他们，那么这些家长就会协助教师对学生进行管理，有利于优化教师的管理能力。最后，教师日常工作中会接触到不同的同事和领导，教师只有善于发现并了解他们对工作的管理能力，不断吸收并形成自己独特的管理方法，最终才能形成自己的管理专长。因此，教师形成了管理专长表明他善于去了解、去认识周围的群体。

2. 形成管理专长表明该教师善于用人

教师在日常教学中，会有不同的教学任务，学生和教师一起协同去完成一些特别的教学任务，这样不但能使学生得到锻炼，而且能使教师的教学更为轻松。在教学各个阶段，从小学到大学，我们都会看到班级出现一些学生群体协助教师一起完成教学任务，他们就是班委成员，尤其是在大学，班委是班级的重要支柱。因为大学很大一部分班级的工作都是班委全权负责，所以教师在学生上学初期就应该合理调动班级的学生来协助自己进行教育工作，这样不仅能锻炼他们的工作能力，也能增强他们的自信心，提高他们的处事能力。要想在庞大的班级群体中挑选出合适的人选，并合理地给他们分配任务，让他们能够顺利地完成任务，这考验了教师的管理能力。教师的管理能力越强，就会对他们的能力有更加深入的了解，然后对他们实施有效的管理，最终师生共同完成教学任务。教学任务能够在师生互助的情况下完成，体现了一个教师高超的管理能力，表明教师善于洞察学生的能力，善于用人。

3. 形成管理专长表明该教师善于助人

管理专长的形成对教师进行教育教学活动有着重要的作用，管理专长的形成表明教师具有突出的管理能力。教师能对学生实施有效的管理，能帮助学生有效地规范自己的行为，并养成良好的学习习惯；教师在学生可塑性阶段实施有效的管理，能帮助学生更全面地发展自我、实现自我，形成良好的自律性。教师对自己的教学过程、教学计划、教学目标进行管理，能提高教师的教学质量，会有更好的教学成果。教师卓越的管理专长也会不断地影响其他教师，帮助其他教师更好地对教育教学进行管理，并成为一个合格的教育家。

（三）敏锐的研究专长

1. 形成研究专长表明该教师有研究兴趣

科研能力对于教师的发展十分重要，研究能力是使教师不断渗入教育领域的内驱力。① 目前大多数教师对于教育的研究并不感兴趣，一方面，教师每天忙于对班级的管理；另一方面，教师每天需要进行课程设计，还有教师家庭等方面的影响，这些因素致使教师很难有精力投入教育研究中。长此以往，教师就会丧失对研究的兴趣，一辈子碌碌无为地从事教学工作，最终对日复一日的教学产生厌倦，这将会严重阻碍教育的进一步发展。研究能力是推动一个学校不断发展的重要因素，教师应对教育进行不断的研究，探究教育存在的隐形弊病，并研究改善教育问题的方法。这样不但会提高教学质量，提升学校的教学水平，而且会让教师在教育之路上找到自身的价值，在教育之路上找到成就感，使教师投入更多的热情到教育教学工作中。一位具有研究专长的卓越教师，对教育研究往往是十分感兴趣的，他不仅善于教学，还会深入探究教育问题，以此来辅助教学。教师深入研究课堂目标，会使教师设置的教学课程计划更加周密；对课堂教学进行深入研究，会使教师的教学工作能力得到进一步的提升；对教学对象进一步研究，这将使教师更

---

① 戈冉舟. 学校发展的依托　教师成长的摇篮 [J]. 教育界：综合教育研究（上），2016（9）：30.

好地了解他们的学生，拉近师生间的距离，使教师更容易对学生进行授课。教师在研究过程中，会不断找到特别的价值，使教师在教学中获得乐趣，在教学中获得体验，以至于对教育研究兴趣更加浓厚。因此，如果教师形成了研究专长，那么该教师对教学研究的兴趣一定十分浓厚。

2. 形成研究专长表明该教师掌握研究方法

随着现代教育的不断发展，教育研究也越来越重要，教育研究是推动现代教育发展的动力。现代教师不仅要具备一定的教学能力，还应不断进行研究，为教育的发展奉献出自己的一份心力。然而目前很大一部分中小学教师对如何进行研究倍感迷茫，一方面，他们没有研究方向，研究意识薄弱；另一方面，他们没有专业的研究指导，致使他们对教育研究倍感迷惘。因此掌握研究方法是十分重要的，一位具有专业的研究能力的教师，往往对教育问题有十分敏锐的洞察力，其教育思考也更理性，并且能够合理分配自己的教学时间和科研时间。当教师形成了教育专长，会对教育科研表现出极大的兴趣和热情，在不断进行教育研究的实践过程中，研究方法也会日益成熟。

3. 形成研究专长表明该教师有研究成果

目前，教师的研究成果是学校衡量教师发展的关键因素。学校会给新手教师安排很多教育教学比赛，并让他们参与很多课题研究，目的就是让这些新手教师能为教育事业注入新鲜血液，推动教育事业进一步发展。在教师持续参与这些教育活动的过程中，会不断去感知教育规律和教育思想，并且不断提升自己的研究能力。① 教师能够在教育研究路上慢慢地去磨炼自己，突破自我，追求更高的教育境界，在不断的教育实践活动中累积经验，最终在教育领域会有更出色的表现，有自己的研究成果。当教师有了自己一定的研究成果时，他的研究能力会得到进一步的发展和提升，通过不断的实践与打磨最终形成教师特有的研究专长。研究专长的形成就表明教师在教育领域有了自己丰硕的研究成果。

（四）创新的技术专长

1. 形成技术专长表明该教师技术基础扎实

随着现代化教育技术不断渗入教学领域，现代化教育技术使信息化教学

_____

① 胡瑞峰. 教师校本培训网上行 [J]. 上海教育科研，2011（6）：58-60.

成为可能，深入贯彻到教育系统中，使教学质量不断提升。教学技术专长主要指教师可以利用现代化教学信息网络技术的能力。随着现代化多媒体的普及，教师的教学方式发生了很大的变化，从过去在黑板上手写板书到利用课件投影仪再到如今智能化的希沃白板。时代的不断跃进也对教师的教育技术提出了新的考验。教师必须具备使用这些软件的技术，只有这样才能实现更好的教学效果，用一种更好的方式给学生授课。随着日常教学不断接触这些教学软件，教师会不断熟悉这些软件的使用，并不断提高自己的使用技术。通过不断的学习，教师自身的技术不断精湛。当教师形成自己的技术专长时，就会更加灵活地使用这些教学软件，自我的技术专长也将不断深化。当教师能够利用自己的技术专长不断改进教学方法时，我们可以看到该教师的技术基础知识越加丰厚。

2. 形成技术专长表明该教师能将技术与教育完美结合

现代化教学的进一步提升，源于现代化教学技术不断融入教育领域中，不断革新教学系统。教学技术与教育的完美契合突破了传统"灌输式"教学模式，使教学课堂更生动灵活；教育技术与教育的完美融合，使教育模式更加多样化，教学课堂也更新颖，从而有效地改善了传统教学课堂教师一味地用语言进行苍白的概述的情况，使教学课堂别具一格，也使教师备课更加投入，对教学理论知识有更加全面深入的理解，从而有效地对学生进行授课。当教师能够将这些现代化教学技术与教育进行完美的融合，并能够对课堂不断地进行创新时，那么教师也具备了一定的技术专长。

3. 形成技术专长表明该教师能通过技术提高教育效率

教师教育效率的提升可以从多个方面进行不断突破，但从教育技术方面进行突破是目前提高教育效率最为快速的方式。它不仅可以为教师提供一些辅助工具，还可以为学生提供有趣的学习课堂，并为师生创造有趣的互动方式。教师仅仅掌握教育技术往往是不够的，将那些生硬的教学技术硬搬到教学课堂，并不能帮助教师进行有效的教学。教师在教学技术的基础上，一定要用创新的思维方式将这些技术合理地应用到课堂中，使课堂教学更加丰富多彩，使学生能更加积极主动地投入课堂中，进而提高教师的教学效率，也进一步推动教育的发展。教师能够开辟新的课堂授课方式，善于在日常教学中通过不断应用教育技术，并进行相关总结，当长期反复运用有了一定的应用经验时，就会形成成熟的技术专长。教师把这些技术与教学课堂有机融合得更加紧密，将会使教育教学更顺利地进行，从而提高教育效率。

此外，人际专长也是教育专长的组成部分。人际专长可能在教学专长、管理专长、研究专长、技术专长中融合呈现，并推动相关工作及教师专业发展。作为一种融合的教育专长，此处没有对人际专长进行单独阐释，而将其置于后文，与其他专长一样单独成讲，讨论其内涵、表现及培育策略。

三、教育专长与卓越教师的关系

（一）形成教育专长是成为卓越教师的基础

1. 具备教育专长是成为卓越教师的标志

教育专长是衡量一名教师是普通教师还是卓越教师的重要标准。普通教师的教学观念僵化，缺乏创新意识，对教育的本质内涵并没有进行深入的理解，对教学生涯也倍感迷茫，在教育领域也很难找到自身存在的价值，对教育工作更多的是应付了事。对于他们来说，教育只是向学生传授知识而已，教育工作只是无限循环的机械工作而已。这样的思想致使他们对教育工作越来越麻木。因此，他们很难形成教育专长。对于卓越教师来说，他们尤为看重教育专长，教育专长是他们立足教育事业的根本，教育专长是驱使他们在教育之路上不断前行的动力。他们对教育有着更为理性的思考，在各方面都有较高的修养，对教育事业会投入更多的心血，他们深知教育对于自身的重要性和对社会的重要性。教育不仅能提高他们自身的素质，也深刻影响着整个社会的思想观念，使社会的思想凝聚力更强。卓越教师会更愿意投身于教育工作中，他们从未把它当成一种求生存的工作，而是一种生活的体验。他们有极高的创新能力，不会被传统教育的条条款款所禁锢，他们对于从事的教育事业更多的是将其看成一种生活享受，可以看到他们异于普通教师的对教育的热爱之心。他们涉猎面更加广泛，学识更加渊博，对学生的影响也更为深刻。一位具备教育专长的卓越教师，往往具备坚定的教育信念和务实的教育教学态度，具有较高的综合素质和丰厚的知识储备，会为学生创造更优良的教育土壤。卓越教师形成了教育专长，能有效洞察教育活动，掌握教育教学规律，对教育有自己的独特见解，能创造性地开展教育教学活动。①

2. 卓越教师一定在教育的某一方面或几个方面有专长

如果一个教师想成为卓越教师，就必须具备一定的教育专长，卓越教师之所以有异于普通教师的能力就在于他在某些方面具备独特的教育专长，有突出的教书育人能力。教师想要管理好一个班级，并保证教学过程的顺利进行，应不断从教育领域各个方面去努力培养自己的专长。教师在教育实践中首先就应在教学方面有一定的专长，这是教师可以实施教育的关键因素。对于很多新手教师来说，初入教育领域，教学专长是他们所缺乏的，他们对学生进行的教育会使学生一时间难以接受，而对于他们自己来说，他们也在教学过程中感到无所适从。当他们能够在教学过程中不断探求规律，并不断丰富自己的教学经验，从而在教学方面有了自己的教学专长时，那么教学会轻松很多，学生的学习效率也相应提高。教师从事教育事业，在交流方面也需要养成一定的专长，教师与学生能够进行有效的沟通与交流，会使教师与学生搭建和谐融洽的师生关系，拉近师生之间的沟通距离，从而使教师在教育过程中能更有效地组织学生进行学习。② 除此之外，教师与家长的沟通交流也是至关重要的，教师平常能注意与家长之间的沟通，会使教师更快地了解整个班的学习状态，能及时掌握学生在家的学习状况，有利于教师对学生作更深入的学情分析。③ 一位卓越的教师，在教育的各个方面一定都有所涉猎，并在教育某些方面形成自己的专长，在教育实践中能以更先进的教育理念去推进教育过程。

（二）教育专长的强弱决定教师的卓越程度

1. 教育专长越明显，教师卓越程度越高

一个教师的卓越程度往往受教育专长的影响，教育专长越突出表明教师越卓越。如果一个教师在教育实践中不断打磨自己，充实自己的教育学识，并不断进行反思总结，弥补自己在教育方面的短板，完善自己的教育专长，

---

① 佚名. 什么样的教师是卓越教师 [DB/OL]. https：//wenku. baidu. com/view/92f56674 b04e852458fb770bf78a6529647d3596. html，2020-11-28.

② 韩笑. 浅议情景剧在初中历史教学中的应用 [J]. 知识文库，2016（13）：87，99.

③ 杜万平. 初中语文中如何让学生在自主中学习探索构架 [J]. 文渊（中学版），2019（3）：327.

就能更好地从事教育事业。而一名卓越的教师要想不断提高自己在教育界的影响力度，使自己能够更加卓越，就一定要有自己突出的教育专长，教育专长是每位卓越教师身上特有的闪光点，教师要想在教育平台进一步发展就应不断去挖掘自己的教育专长。教师一旦形成了教育专长，表明教师在教育的各个领域都有所涉猎，教育眼界也更加开阔，教育能力也更强。教师的综合素质也体现在教育专长中，当该教师有明显的教育专长时，他的教育理念会不断感染同行的其他教师，他的教育思想也会被各界所采纳，提升自己在教育界的高度，成为一个有权威的教育专家。

2. 教育专长消退或消失表明教师从卓越走向平庸

教育专长影响教师的发展。教师的职业具有稳定性，教学是一个长期的过程，教师一旦选择了执教这条道路，就意味着要在三尺讲台上度过自己的余生，这是对教师的考验。现代教师随着教龄的增加，觉得自己的执教经验丰富，就不再注重教育专长的发展，现在很多老教师在教育理念上与新教师相形见绌，很大一部分原因是老教师因从事了数十年的教育事业，没有革新的教育思想，机械化地工作，按部就班。长期下来，他们就会渐渐失去对教育事业的兴趣，找不到对教育事业的新鲜感，自己的教育专长也会慢慢消退，在教育领域中越来越平庸，直至结束自己的教育生涯。而这种教师会严重影响教育事业的发展，也会使自己在教育事业中消沉，并迷失自我。反观那些在教育界比较有影响力的卓越教师，他们更愿意为教育事业奉献一生，他们对教育有着不懈的追求，教育专长是他们执教道路上不断前行的动力，他们深知教育专长对提升自我价值的重要性，正是由于他们对教育事业的执着，才使他们不断引领教育事业的发展。

（三）卓越教师能够将教育专长凝练为教育风格

1. 什么是教育风格

教育风格，也称为教学风格。教育风格主要指教师在进行教学工作实践中逐步形成的，具有中国一贯的教学研究观点、教学方法技巧和教学作风的有机融合和体现，是教学环境艺术个性化的稳定运行状态的重要标志。[①] 教育风格是教师在形成教育专长的基础上形成的，并体现在教育各个环节上。

---

① 李如密. 教学风格的内涵及载体［J］. 上海教育科研, 2002（4）: 41-44.

当教师有了一定的教育专长时，教师在教育过程中就会更得心应手，在教育过程中能够更好地表达自我，实现自我。教师在长期教育过程中会有明显的教育性格特点，使教师能够更好体验教育，在教育中体会快乐，能更好地引导学生进行学习。

2. 卓越教师都具有明显的教育风格

每位卓越教师都会有自己的教育风格，并影响着他们对学生的教育。尽管每个教师都做着相同的教育工作，但每个教师都有自己独特的教学风格。卓越教师在教育教学过程中随着自己的学识不断增加和周围教育环境的影响会逐渐形成有个性的教育风格。一个卓越的教师会有终身学习的教育思想，随着教师不断地博览群书，自己的修养道德不断提高，教育思想不断丰富，教师的教学气质会在教育教学中凸显，并不断地去感染学生。教育环境是影响教师教育风格形成的关键因素，卓越教师在教育工作中，会不断接触与自己同行的教师，在日常交流沟通过程中，其他教师优良的教育风格会潜移默化地影响到教师自身的教育风格。在日常教学中，教师也会接触各种性格的学生，会不断去改进教育发展思想和教育教学理念，最后，在不断积累教育经验和完善个人能力的过程中，形成自己独特的教育风格，呈现别具一格的教育风貌。

3. 从教育专长中提炼出独特性、个体性的品质，教育风格就形成了

教育专长是每位教师都应具备的，但每位教师的教育专长在同一教育领域又略显不同。例如，在教学领域，每位教师因阅历不同、知识经验的不同对于教学的态度也迥然相异。教学手段、教学技能也在不同教育环境中有所差异。在教育管理领域，不同教师的管理方法也不尽相同，对于学生的管理，有的教师趋于严厉，有的教师则能够做到松弛有度，他们都在长期的教育教学中慢慢形成自己特有的管理方法。教师在形成教育专长的过程中，受到不同方面的影响。他们开始从事教育工作时会不断地去模仿其他优秀教师的教育专长，并将他们宝贵的教育经验融于自己的教育中，内化为自己特有的教育专长，最终在自己不断进行教育实践的过程中，形成独特的教育风格。

（四）卓越教师善于将教育专长升华为教育艺术

1. 什么是教育艺术

教育艺术是指教师善于运用综合的教学技能技巧，按照教育教学规律和美的规律而进行的有独创性教学实践活动。[①] 教育艺术具有抽象性，是教师在不断教育教学过程中形成的特有的艺术风格。教育艺术具有情感性，教育艺术的形成表明教师对教育倾注的情感之深，只有真正对教育有了热爱之情，教师才能对教育工作更上心，并不断完善自我。教育艺术具有创造性，教师之所以能将教育变成一门艺术，是因为教师的创新教育思想、革新的教育理念，使教育能够以更美的方式呈现在教育视野中。

2. 卓越教师的最高境界是形成教育艺术

卓越教师之所以比普通教师更加优秀，原因就在于他们敢于不断地去超越自我、超越极限。在一位普通教师进阶成为一名卓越的教师的过程中，需要不断地进取、突破，最终形成完善的自我，但他们真正想要成为卓越教师时的那颗追求之心、进取之心却依然炽热，不会有了一定教育成果后就沾沾自喜、不思进取，也不会随着执教年限而慢慢消退。成为一名卓越教师后，他们会对教育有更深入地钻研，也会不断在教学路上取长补短，使他们能够更进一步发展自己。卓越教师不断改进自己在教育方面的不足和完善自身的教育能力的过程，不仅仅停留在知识传播时，更多的是通过教育去净化学生的心灵，激发他们的潜能，激起学生对学习的热情，最终形成独特的教育艺术。

3. 将教育专长融会贯通、育人无痕，教育艺术就成熟了

教育之所以会成为一门艺术，是因为教育会对人的思想观念等产生潜移默化的影响，对人的心灵的成长有积极的作用。当教师能将教育专长与教育过程融会贯通，使教育工作能够更深入地进行，并能很娴熟地将教育专长应用到教育过程中时，其教育思想就能够有效地感化学生，学生能够发自内心地去接纳教师所传授的教育知识，并在长期的受教育的过程中建立正确的人生观、价值观等，不断提高自己，全面发展自己。若教师能够像春雨一般对学生产生潜移默化的积极影响，促使他们更快地成长，那么教师的教育艺术也会日趋成熟。

---

① 李如密. 教学艺术的内涵及四个"一点"追求［J］. 上海教育科研, 2011 (7)：1.

第二部分

02

| 迈向卓越的核心专长 |

第三讲　教学专长

一、什么是教学专长

（一）教学专长的含义

1. 专长释义

《辞海》对"专长"的解释是"独到的学识和技艺、专业知识本领和特殊才能"。[①] 在早期研究中，观念不同的学者对专长的概念秉持不同的态度。一方面，采取状态观的学者认为，专长是扎实的、深广的知识基础和精准的、可回溯的知识网络，并且专长的获取需要经历长时间的训练，以形成高超的记忆力、敏捷的反应力、强大的自我监控力和过人的语言组织力；另一方面，采取反理性主义观的学者认为，专长的关键在于"知道如何做"，即通过下意识的行为反映出自身知识基础，这需要长时间的训练和积累才能取得。二者差异在于：前者认为，专长是行为之外的，不需要通过行为表现出来，但是可被检索、运用和表达的命题性知识；而后者认为，专长与行为是密不可分的，专长是在现实情境中通过行为反映出来的知识状态。总之，专长是专家经过多年实践形成的一种状态，刻意训练和实践经验是专长生成的核心要素。[②]

[①]　辞海编辑委员会. 辞海 [Z]. 上海：上海辞书出版社，2000：34，80.
[②]　颜奕，杨鲁新. 教师教学专长研究：概念、方法及启示 [J]. 外语教学理论与实践，2016（3）：18-25.

2. 教学专长的含义

发展到一定阶段，学界提出了教师专长的原型观，从知识、效率和洞察力三个方面整合了专家教师的相像性，构造了教学专长的特征分析模型。其观点主要包括：第一，在某一特定的领域内，专家比新手更具高效性、快捷性，他们能在短时间内完成更多任务。第二，专家比新手更能发挥自身高效运用知识的能力，将学科理论知识和实践知识结合到一起。第三，专家的反应力远高于新手，他们能够在问题出现后，运用专业知识和已有经验，快速地找到解决问题的方案。对于从未出现过的问题，新手会用储存的知识经验，快速检索解决问题的方法，而专家不仅追求解决问题的方法，而且对新问题进行更深层次的思考，从解决问题方法的深度和广度来扩建自我知识网络，追求更深远的发展。总之，教学专长是一个基于专家教师整体相像性的类属，而非用以判断某人是否为专家型教师的一套命题。获取教学专长的过程也是一个追求卓越的发展提升过程。①

3. 教学专长的功能

（1）知识技能层面

培养教学专长有利于开阔教师知识视野，提升教师技能水平，促使教师成长为一名有扎实知识技能基础的卓越教师。现今，部分教师群体存在概念不清晰、表达能力不强、逻辑思维不缜密等知识技能基础不扎实的问题。这部分教师需要建立广泛而有深度的知识网络，并能够在实际教学情境中检索、运用和呈现所储存的知识。

此外，由于不同的教学对象的认知发展水平存在较大差异，因此对于不同的教学对象，教师要采取不同的教学态度和教学措施。教学专长能使教师在教学课堂上思路清晰、思维敏捷，针对不同教学对象的不同表现实施不同的处理机制。拥有教学专长的卓越教师有深厚的知识基础和高超的技能水平，能处理好不同的教学活动情况，提高教学活动的质量。

（2）动机态度层面

培养教师教学专长有利于端正教师教学态度，规范教师行为，促使教师

---

① 颜奕，杨鲁新. 教师教学专长研究：概念、方法及启示［J］. 外语教学理论与实践，2016（3）：18-25.

发展为一名有崇高理想信念的卓越教师。教师教学的远期实践成果与其教学动机态度有很大关系。教育具有广泛性，教育现象不仅存在于学校领域，也存在于我们日常学习和生活环境中。走出校园的课堂，教师要面对的是一个更宽广的、面向不同阶层教学对象的"课堂"，他们会接触到不同层面的思想文化，感受不同的思维方式，感悟不同的人生经历，并从中学习理论知识以外的实践经验。这些实践知识和实践经验，可能会在思想观念、行为表现等方面影响教师的教学动机态度，甚至会影响其思维方式和职业道德。

所以，拥有教学专长的教师，应该是一名心胸开阔、视野开阔的教师。一个人的磁场与其内在涵养有很大关系，人生阅历丰富的教师，在经历诸多磨炼后，仍能坚守自我心中底线，如此在处理问题的过程中，才能做到处乱不惊、心平气和、坚定自我的教学动机态度。见识浅薄、心胸狭隘的教师是不能够全身心投入课堂教学中的，更不可能全身心为学生服务。因此，拥有教学专长的卓越教师能更好地端正教学动机态度，坚守心中底线，正确对待教育教学活动。

（3）情绪管理层面

培养教师教学专长有利于管理教师的课堂情绪，活跃课堂氛围，促使教师发展为一名有良好精神风貌的卓越教师。随着社会文化的多元发展，一方面，人们接触到的信息越来越多，对不同社会文化的认识也更加广泛和深入，而这些社会文化可能会影响教师的某些认知心理；另一方面，教师可能在人生的发展道路上遭遇某些坎坷，发生思维方式上的转变，对周围某些事物的认知也发生了改变，进而在人生价值观上发生某些变化。因此，教师的教学情绪逐渐迈向低沉，并产生散播不良言论、传授不良思想、教授不良行为等一系列不良教学现象，对小学生身心健康的良性发展造成极大阻碍。

广大教师要在时代洪潮中站稳脚跟、坚定自我，不能被虚假信息所迷惑，也不要在挫折磨难中一蹶不振，而是树立正确的教学观，向着"成为一名有理想、有责任、有担当的卓越教师"的目标前行，培养自我良好的精神风貌、向上的人生态度、强烈的责任意识，从而在学生人生价值观的可塑性方面起到积极的影响。因此，拥有教学专长的卓越教师能更好地进行自我情绪管理，在教育教学实践活动中适应环境、把控自我。

（4）实践智慧层面

培养教学专长有利于开发教师实践智慧，在教学中不断总结经验，促使教师发展为有实践经验的卓越教师。实践智慧指的是，教师在教学技术、教学方式、教学管理等活动过程中积累的智慧。在当今数据化发展的时代，教育信息技术是教学中必不可少的教学工具之一。一线教师在课堂上可以合理地运用信息技术，提高学生对课程内容的关注度，从而把新课标教学理念贯彻到教学展示课件和课堂教学活动中，为学生进行更好的学习活动提供力量源泉。教师在教学活动过程中，可以凭借自己以往教学活动中积累的经验，进行教学方式、方法上的创新。教师在进行教学管理活动时，要善于观察学生的课堂行为，运用先前课堂管理上的实践智慧，有序完成该项教学活动。

同时，教师还要积极地进行自我反思和自我评价，秉持"在岗位上发光发热"的奋斗理念，保持对专业发展的热情，尽可能避免产生职业懈怠感，而是将教学变为热爱，不断从反思中获得进步，实现自我成长。因此，拥有教学专长的卓越教师能更好地运用个人实践智慧，顺利完成教学工作。

4. 研究教学专长的意义

时代变化日新月异，人类素质文明也应紧追而上。提升公民素质，培养有教学专长的卓越教师，已成为促使教育事业蓬勃发展的必然选择。在教师的职业生涯中，其专业能力和自我素质的发展是非定向的，所以研究教学专长无疑为广大教师提供了一个自我规划、自我反思、自我提升的正确方向。培养卓越教师，发展其教学专长成为必不可少的考量因素。因此，研究教学专长这项工作对新时代社会文明建设的发展有重大意义。

研究教学专长有利于完善教师的知识结构，促进其自身知识体系丰富化。当今教育教学体制内，仍存在部分教师对某些知识概念的本质理解不清的现象。这部分教师以教学实绩为最终目的，采用传统刻板的教学方式，一味地照搬课本上的理论知识，进行"教书匠"式的机械教学，为了教而教，对知识概念的来源、发展认知不够清晰，只是简单地进行课本知识内容的传授，是为适应学业考试而生成的一种教学模式。研究教学专长，有利于激励教师在思想和知识体系层面的自我提升。教师拥有持续学习的发展概念，在职业生涯发展中，不断丰富自我知识体系，积累达到一定量时，其脑海能够自动对已有知识进行分类总结，并在实践教学中运用自如，从而形成一套相对完整的知识体系和语言表达系统。

研究教学专长有利于提升专业发展能动性，这是研究教学专长的基本动力来源。部分教师在自身专长训练的进程中，可能会受到某些不良因素的影响，出现思想教育上的偏差，甚至会将这样的错误思想带入课堂，影响学生学习生涯的发展。教师的教学专长，不仅是从知识经验的积累中获得，更是在主动与他人交流、学习、反思中，不断获得思想道德上的变化。研究教学专长，可以提升教师专业发展水平，激励教师对自我专业能力要求趋于正规化，有利于构筑卓越教师教学专长的成长阶梯。

研究教学专长有助于教师在专业成长过程中趋于创新化。教学模式普遍僵化是当下教育的一个常见问题。枯燥乏味的课堂不仅大大降低教学效率，影响学生的学习效果，而且不利于学生思维的拓展。因此，教师的教学不应仅仅停留在模仿、改误层面，而应在此基础上不断进行提炼、凝结，并在这一基础上进行教育教学活动形式的创新，进而在自我专业成长过程中实现个人在专业发展水平上的质的飞跃。

（二）教学专长的构成要素

1. 基础人文知识

《辞海》上记载：人文旧指诗歌、书籍、礼仪和音乐等，现指人类社会的文化现象。① 人文知识是人类总体知识的一个重要组成部分，是与自然知识和社会知识相对应的一种理论知识结构类型，是以语言的方式对人文精神世界的把握、感受、理解和表达。② 基础人文知识是指日常生活中对人文现象的系统性、理论性、深刻性的认识，是比人文知识更深层次的概念表达。

一名拥有教学专长的教师，首先要拥有博大的胸襟和宽广的胸怀，在教育教学活动过程中秉承"以人为本、立德树人"的教学原则，将理论知识与人文知识组合，进行人文教育。发展学生才学才干的同时要注重培养学生的思想道德品质，这就要求教师拥有扎实的基础人文知识。

---

① 辞海编辑委员会. 辞海［Z］. 上海：上海辞书出版社，2000：368.
② 石中英. 人文世界、人文知识与人文教育［J］. 教育理论与实践，2001（6）：12-14，24.

2. 学科本体知识

深厚的学科本体知识是形成教学专长的基本前提。在《辞海》中，"学科"是指某一门社会科学的分支或一定的科学领域。"本体"是理性直观的对象，是用理性思维思考才能理解的本质。学科本体知识是针对某一学科而言，要求学科教学者用理性的思维去分析和理解理论知识的本质，并最终存在于脑海的一种理念。个人经过长时间积累，已经将理论知识转变为个人意识形态里的概念记忆，从外在的主动学习转化为内在的知识储存状态。

一名有教学专长的教师，需要有深厚的学科本体知识，以保证专业发展过程中理论知识体系的全面准确性。在任何场合和时间，教师都能从脑海里提取出一套完整的理论知识体系，并从中选取需要的部分，在教育教学活动中加以表达和使用，让学生在学习中初步体验结果性知识的生成过程，并显现出拥有深层次掌握、研究知识的能力雏形。

3. 语言表达力

语言表达力是教学专长外在化的基本前提。教师想要其教学专长得到外显，必须具备一套完整的、流畅的语言体系，用生动的、具有逻辑思维的语言保证理论知识传授的连贯性与融合性，便于学生更好地理解晦涩难懂的基础理论知识。在实际教学活动中，即便教师具有完备的理论知识库，但是不经历理论生成实践的过程，是不能逐步形成一套完整的语言表达系统的，也就不能具备一定的语言表达力。

语言表达力的形成是需要一定的训练和技巧的。其中，语言功底、训练程度、逻辑思维等都与语言表达力的生成有关。教师语言表达力在学生理解理论知识、维持课堂秩序、增强自我自信心等方面有重大意义。语言表达的流畅性并不是顷刻之间可以实现的，其需要个人长期的训练和体会，从控场力、交流力、思维力等方面提升自我，逐步形成语言表达力。

4. 教学生成力

教学生成力是指教师在实际课堂教学中能完成预设的教学任务，并能处理好课堂问题的能力，即处理预设和生成的关系。教师要善于处理教学设计与实际课堂教学情况之间的矛盾，依据教学结果适当地调节教学方式和教学进度，用巧妙的方式保持课堂教学过程纪律良好，确保教学预设目标顺利完成，即力求"预设课堂"与"实际课堂"基本一致。

教学生成力是考查教师课堂把控力的重要指标，是教学专长应用成果的外在体现。教师的教育教学活动要体现实际教学成效，帮助学生顺利完成学习活动，促使学生在学习过程中开发思维解决实际问题，逐渐把晦涩难懂的理论知识转化为自己内在的本体知识。

5. 课堂领导力

课堂领导力是指教师具备在课堂上解决复杂问题、基本把控课堂走向的能力。面对突发情况，教师要能在短时间内控制课堂秩序，遏止学生的不良行为，维持课堂教学活动纪律。在课堂教学中，即使发生某些不在教学预设范围内的情况，教师也要在气势和言语上把控课堂氛围，让学生发自内心地信服自己，在大多数情况下，对自己下发的学习任务深信不疑并坚定执行。

因此，课堂领导力与课堂管理力密不可分，课堂领导力也是对初步形成教学专长的教师的重大考验。教学领域内，习惯把制作教学设计说成"备课"。"备课"的根本在于"备学生"，这要求教师要熟悉每一位学生的个性特征，对学生群体所展现出来的整体状况进行分析解读，并由此生成相应的管理机制。久而久之，教师会在实践中稳步形成课堂领导力。

6. 教学反思力

教学反思力是指教师结束教育教学活动后，对教学活动过程中的不足进行自我质疑、自我反思的一种能力。教师在自身教学专长的早期培养过程中，积聚经验，逐渐完善本身知识架构，以期获得教学创新发展的机会。"反思"不仅是对课堂教学过程、方式、手段的改进，也是对教学形式的创新，以此获得更完美的教学成效，从而有效地进行课堂教学，促成教学的更新改革、开拓发展。

教学反思力可以从观看教学视频、收集学生意见、聆听他人评价中积累获得。反思的结果不仅是对自己教学能力提高的督促，也是对被教学者负责的体现。教师要学会教学反思、善于进行教学反思，做到"吾日三省吾身"，反思自身的教学状态是否符合个人期待，是否具备成为一名卓越教师应有的特质。

（三）教学专长的领域特征

1. 掌握知识体系，突出学科本体性

学科本体知识包括学科本身的知识、教学发展知识、学生发展认知水平知识、教学辅助手段知识等。不同学科的知识理论体系存在本质上的区别。教师要拥有深厚的知识基础，掌握相关学科本身的知识特点和知识结构，避免混淆学科知识特征。

2. 积累教学经验，突出实践生成性

教师要形成一定的课堂教学洞察力，学会使用恰当的方式激励学生，做好学生群体特征、家庭背景、个体情况的调查等，用恰当的方式进行教师和学生的沟通、学生和家长的沟通、教师和家长的沟通，在沟通中不断积累教学经验，增强教学实践的生成性。[①]

3. 实现高效教学，突出知识程序性

教师要爱岗敬业，有博爱之心，同时要严格制定班级管理的规章制度，确保教学活动能顺利高效地进行。教师还要乐于教授，并能虚心倾听来自外界不同的声音，在教学设计中不断改进，促使教学知识程序化，逐步突出知识程序性。

4. 培养卓越教师，突出成长阶梯性

教师的专业成长是一个漫长的阶梯式进程，教师在这一进程中从普通教师成长为优秀教师，从优秀教师过渡到名师，从名师过渡到卓越教师。教师在"教学"与"育人"过程中，不断总结反思，从最初的一名只具备教学理论知识、仿真实训经验的普通教师成长为一名拥有高尚师风师德、浑厚知识功底、创新开拓精神的卓越教师。培养卓越教师是一个漫长的阶梯式过程，教师在这一过程中应注重学生的身心健康发展，用自己的行动向学生传递正确的人生价值观。

（四）教学专长的发展梳理

1. 教学专长的研究视角

（1）学科视角

①心理学视角

20 世纪 80 年代，研究者采用认知心理学主义理论，认为专家教师的专长是在密度和高度上有一定组织的知识，是一张"能捕获细小昆虫的紧密、

---

① 蔡永红，孟静怡，龚婧. 中小学教师教学专长的构成成分与领域特征研究［J］. 教育研究与实验，2017（5）：46-53.

宽大的蜘蛛网"。① 专家在实践中，能够迅速想出处理问题的方法，了解处理问题所运用知识的来源和本质，并能在实践活动结束后，进行合理的自我反思与自我评价。

同样地，卓越教师是教学方面的专家，拥有教学层面的专家智能。在教学活动中，卓越教师能够根据学生的学习情况反馈，迅速作出相应教学流程的调整。例如：在课堂上，卓越教师可以在习题讲解的过程中插入课程知识点，由此为学生创设一条知识链，促使学生学会在实际情境中运用所学知识；在新课教授中，卓越教师可以尝试让学生进行"发现—提出—解决"的问题研究过程，在学生发现问题的过程中，逐步达到预设的教学效果。

②社会学视角

在心理学上，教学专长似乎可以脱离社会情境独立存在。与此相反，社会学主要探究社会情境对形成教学专长的影响。20 世纪 90 年代，研究者开始尝试将教学专长放在复杂、真实的情境中研究，对研究对象所处的现实世界及社会组织所发生的真实而复杂微妙的情境进行观察和研究，并尝试处理好社会情境中不同的矛盾和冲突间的关系。②

这项研究，无疑为一线教育工作者提供了学习和改进的机会。对于卓越教师，要能够处理好现实社会情境和实际教学间的关系，有效组织教学活动。在课堂突发小矛盾中，运用已有经验处理问题，让教学活动回归正常教学轨道；在有关教学矛盾上，运用自身扎实深厚的教师技能和知识基础，找出问题的所在，运用已有机制解决问题；在突发紧急情况中，迅速生成应对机制，对问题进行紧急处理，并在事件解决后总结经验，找出自身在事件处理方式上的不足，并对事件中的利益受损方进行一定的补偿等。

（2）研究视角

①静动态视角

在静动态视角下研究教学专长，主要是将知识和行为看作一体，在教学实践中体现专业知识，在教学经验和刻意训练的积累下而形成的教学专长。

---

① 颜奕，杨鲁新. 教师教学专长研究：概念、方法及启示［J］. 外语教学理论与实践，2016（3）：18-25.

② 同上。

20世纪90年代，学界认识到专家并不是用简单的概念界定出来的，不同的学科专家之间存在差异性，但也并不能确定专家教师间没有相似性。斯腾伯格和霍瓦斯（Sternberg & Horvath）就提出了教师专长的原型观点。其中，原型可以代表这一类属中所有成员特征的中心发展趋势，体现了该类属的典型样例，其认为专家教师彼此间表现出一定的家族相似性，正是该相似性构成"专家教师"这一自然类属。①

不久，在写作研究的基础上，伯雷特和斯卡达玛丽亚（Bereiter & Scardamalia）提出了专长动态过程论，他认为专长可以看作一个持续螺旋式发展的过程，而不是一个最终结果。他们发现，专家需要比初学者花费更多的时间和精力才能造就大师著作。具体表现为：初学者往往急于解决问题并得出结论，而专家则会质疑自己对问题的理解，不会轻易下定论。②

静动态视角下的专长获取的过程是一个追求卓越的动态发展过程。该过程超越了传统专长研究所停留的普通状态，从专长的本质上开辟了专长研究的新路径。

②方向性视角

20世纪90年代，芬兰学者恩格斯托姆（Engestrem）和同事率先从方向性视角讨论了专长的内涵。③ 他们认为，人们对于专长的常规理解多为层次性知识、技能经验的积累，是一个较为固定化的知识技能评论等级系统，也被称为"纵向专长"，通常用"阶段""水平"这样的浅层词语来描述某一特定领域的专长特征。

然而，从方向性视角研究的专家学者并不认为这是一种能够全面解释专长含义的方式。因此，恩格斯托姆（Engestrem）与同事基于其在多组织领域中的工作，提出了区别于传统纵向专长的横向专长，以应对高度分工、由多元文化活动设计领域构成的现代社会。④ 他们认为，当来自不同领域的专家相互交流、探讨时，可以在这一活动中协调工作、相互配合、各展所长，横

---

① 颜奕，杨鲁新. 教师教学专长研究：概念、方法及启示 [J]. 外语教学理论与实践，2016（3）：18-25.
② 同上。
③ 同上。
④ 同上。

向专长就在这个跨越专业领域的过程中生成。

（3）综合化视角

随着时间推移，学术界对教学专长的理解和认识逐渐迈向多元化。纵观教学专长的发展历程，不难看出其间蕴藏的发展势态。基于专长的"过程观"和"横向专长"，中国研究者通过追踪法探究专长发展的动态过程，研究在多元活动或合作性工作中的专长生成与发展机制。①

我国对教学专长的研究主题丰富，研究对象涉及面广，研究方法多样。然而，当前以"教学专长"作为核心问题的研究较少，对于实践情境中教师教学专长的表现和发展机制的研究尤为匮乏。②

2. 教学专长的概念衍变

日本学者波多野（Hatano）与他的同事稻垣（Inagaki）通过对算盘专家的研究，开始关注专家的专长构成，并于 1986 年提出教师"适应性专长"的概念，用以区分"常规专家"与"适应性专家"。他们拥有程序性知识即掌握了关于"怎么做"的知识，是一种解决问题的能力；而概念性知识则是理解"为什么"的知识，解释了为什么"这么做"的原理与意义，已经超越学科领域既定的文化内涵。③

舒尔曼认为，学科教学知识是学科知识与教学知识的"特殊合金"，能够帮助教师根据具体的特定情境，将复杂的理论知识转换为学生能够理解并接受的知识状态。④

3. 卓越教师教学专长的发展层次

普通教师成长为卓越教师的过程，是一个终身发展过程，也是一个从数量的积累到质量的飞跃的过程。基于教师在不同的职业成长阶段所表现出来的特质，结合教师的专业成长过程，可以将教学专长的发展分为以下三个层次。

（1）第一层次：成形

教师在职前教育阶段学习了心理学、教育学等教育理论知识，接受了学

---

① 颜奕，杨鲁新. 教师教学专长研究：概念、方法及启示［J］. 外语教学理论与实践，2016（3）：18-25.
② 同上。
③ 同上。
④ 同上。

科专业上的仿真训练后，已经具备基础理论体系，但理论知识仍比较零散，知识的关联性、应用性不强，并且未真正地从事教育实践工作，在教学管理、教学方式等实践方面存在许多缺陷，不懂得怎样真正地把所学理论知识与实际联系起来。

实践出真知。当职业训练和个人职业发展达到一定程度时，教师才能深刻认识到教学专长在个人专业发展道路上的重要性，开始有意识地提升个人教学能力，发展自我教学专长，并初步形成雏形，这样才能顺利进入下一个发展阶段。

（2）第二层次：成熟

随着教学活动的不断深入，教师能够慢慢地将所学理论知识和实际教学活动联系起来，在教学活动过程中挖掘知识间的内在联系，进行知识的整合和拓展，并在课堂教学生成中加以运用、创新。

这一阶段，教师不仅仅是简单地开展教学活动的试误、反思，而是在经历大量的实践教学后，形成相对稳定的教学专长。教师能够在不同的教学场合收放自如、随机应变，灵活地开展教学实践活动，并能在此基础上进行教学方式、教学手段等方面的创新，形成自我教学态度，衍生出自己的教育思想。

（3）第三层次：成名

熟练运用教学专长后，教师可以通过技能比赛、公开课展示等形式展示自己的教学劳动成果，同时也是在与他人共享自己的教学经验与教学理念。长期下来，教师不仅能够融会贯通教学专长，而且在业内获得良好声誉，具有一定的知名度，从而得到更高层次的发展，帮助更多的新手教师形成教师专长。

因此，教师要跳出圈定在一定范围内的狭隘教学视野和固有思维模式，勇于开拓、发展创新，达到深度思考的教育发展水平，朝着成长为一名有教育风度、有教育情怀、有教育思想的卓越教师的目标前进。

二、教学专长的核心表现

（一）科学创新的教学设计能力

1. 准确解读教学文本

教学文本包括教学活动过程中使用的课标、教材、教参、教案等实质性文本，这些都是辅助教师进行教育教学实践活动的基本工具。教师要善于从教材的内容编排中寻找有用的教学信息，找出教学文本间的联系，即教材分析。教师要从学生的视角研读教材，对教材内容进行适度开发，深入解读、分析教材，找到教材的设计思路，让教材能够真正服务于学生。

2. 科学确定教学目标

科学确定教学目标是指教师要根据学生的已有能力和认知水平，科学合理地预设和制定每一课时、每个单元、每个学期的教学目标，包括过程和结果的具体目标。在实际课堂教学中，教师不能一味地授课而不关注学生的知识接纳情况，也不能将教材中的结论定义等概念简单告知，而是要基于对教材的分析和新课标的理解，结合不同学段的学生的认知发展水平，关注学生对"双基"的掌握程度，注重培养学生对学科的基本思想、基本活动经验的了解，树立积极的教学观，科学确立教学目标。

3. 恰当确立教学重难点

教学重难点为教师开展教学活动提供了侧重方向，也是教师在教学设计过程中最难以把握的一个教学基本点。由于不同教师对教材的解读不同，因此生成的教学重难点也存在差异。教学重难点在教学设计中占据着十分重要的地位。教师要活用教材，以学生活动为出发点，化解学生的认知障碍，而不能以"揠苗助长"式的不负责任的教学态度对待学生的学习活动。

4. 快速整合教学资源

教学资源包括学科本体知识资源、学科信息化资源、教具和学具资源、教师素养资源等。随着地区教育资源的不断丰富化和创新化，整合教学资源已经成为教师教育教学中的一个重要步骤，在我国部分偏远地区，仍存在教学资源分配不均、流动性差、利用率低、获取成本高等现象，这对教师的教学资源整合能力的运用是一个巨大的障碍。①

根据现有的教学资源，进行"采集、加工、成品、利用"是教师在进行教学资源整合时需要解决的问题，而学习经验、解决困惑、掌握方法、分析问题则可以成为提高教师整合教学资源效率的模式。

5. 相机选择学习方式与教学方法

当今的教学课堂不再是枯燥乏味的传统课堂，教师间的经验交流也不再是封闭和艰难的。教师要利用好当今科技发展带给我们的便利，有效地丰富课堂教学模式，接纳新式思想，丰富创新理论，相机改进自我教学方法和学生的课堂学习方式。教师在教学模式上的新式创造，大多可以在教学成果中找到答案。对于低效的学习方式和教学方法，教师要做出适当的改变。结合学生的学习成效和家长的反馈意见，在教育技术、教学互动、课堂奖惩、课后任务等方面不断进行创新，最终做出合适的选择。

6. 高效形成教学设计文本

在处理教学中的某些紧急情况时，教师需要在脑海中快速检索和整合教学资源，运用已有经验在短时间内生成教学设计文本。教师要有大胆创造的实践精神，运用教学新理念，从宏观上把握教学活动的大致设计流程，高效形成教学设计思路，并能有条理地将教学设计思路以文本的形式展现出来，迅速做出教学应对策略。在日常的教学设计中，教师要凝心静神，从全方位考虑教学活动的流程，预设不同的教学情况和有关解决方式，做好语言逻辑表达上的充分准备，为精彩教学活动的开展创设有利条件。

（二）灵活生成的教学实施能力

1. 整体把握教学步骤

教师要具备教学实施能力，充分利用好课堂时间，对某一个教学环节要讲授的教学内容，以及如何完成，使用什么样的教学方式完成，达到什么样的教学目标，在心中有一个整体的把握，为教学活动的开展做准备。

2. 科学处理学生的不同意见

课堂即将结束时的教学提问、课后学生反馈、课堂上学生提出的正面质

---

① 梁慧琳. 基础教育阶段农村教学资源整合面临的挑战［J］. 教学与管理，2018（36）：20-22.

疑……这些都是教师接收学生意见的途径。教师要善于分辨真诚意见和虚伪意见，结合学生的实际学习情况和个性特点，科学处理学生提出的意见。

3. 灵活应对教学突发事件

在一些中小学课堂上，部分学生会出现发出噪声、大声说话、随意走动、争执打架等挑战老师权威的课堂问题行为。教师要善于处理此类问题，树立正确的教学观念，真正地把学生放在心中，尊重学生的个性、建立和巩固课堂规范、利用教育教学技术精心设计课堂教学方法，提升自我处理紧急情况的能力和灵活多变的应对能力、敏捷清晰的表达能力。

4. 善于调动不同类型学生的学习积极性

每位学生都是以独立个体的形式存在的。无论是外向型学生还是内向型学生，都是一朵尚未结果的花儿，等待教师的精心浇灌。教师要走进学生的世界，将不同类型的学生带入课堂中，让不同的学生在同一学科学习中得到多元化发展。

（三）面向未来的教学评价能力

1. 树立"人人皆可成才"的教学评价理念

教师要明确教育教学目的，不忘初心，尊重每位学生的个性化、多样化发展，不能戴"有色眼镜"看学生，平等对待每一位学生。除此之外，教师要大致了解学生的成长经历，扮演好学生成长路上的引路人角色，履行教师的份内职责。教师还要结合学生的认知水平，采取多元化评价方式，善意地、真心地夸赞学生，适当地扩大学生身上的闪光点。

简而言之，教师要树立"人人皆可成才"这一教学评价理念，因为教学理念影响着教师的教学行为表现。教师要额外注意自己的外在行为表现，注重学生的身心健康发展，帮助学生树立自尊心、自信心。

2. 掌握教学过程性评价方法

（1）档案袋评价

档案袋评价是基于档案袋对评价对象进行客观、综合的评价，它是20世纪西方"教育评价改革运动"中出现的一种新型质性教育教学的结果式评价工具。档案袋是指按一定目的收集的、反映学生学习过程以及最终产品的一整套资料。① 档案袋是顺应教育评价改革趋势而诞生的产物，考查学生学习活动的结果。档案袋的优势是显著的，它能促进教师、家长及其他有关人员的交流。②

档案袋评价是详细记录学生学业发展过程的综合性评价手段。档案袋记录了学生的学业生涯发展过程中的细节，是一种定性的、解释表面现象的资料。从学生检测道德品质的层面出发，从多角度分析评价学生某一学习阶段的表现，确实是一种可取的记录学生在校表现的形式。对于长期在校园生活的学生来说，档案袋就是一份"行走社会"的"诚信手册"，这无疑对学生违反教学纪律的行为起到了一定的威慑作用。

（2）发展性评价手册

发展性评价手册与档案袋评价二者的评价方式略有不同。档案袋评价主要是记录学生某一阶段的外在行为表现，而发展性评价手册则更具有灵活性，是用辩证的眼光看待学生的发展过程，更深层次地解释学生活动，从多个角度对学生学习活动展开多元化评价。发展性评价手册是记录和评价学生不同学段学习活动的流动性手册，它不同于档案袋评价方式那样刻板，有其独特的风格，在提升学生学习积极性方面起到很大的促进作用，对学生个体的长远发展有极大帮助。在评价学生的同时，教师要站在评价手册的对立面，善于发现自己的缺点，并结合学生的反馈情况加以改进，发展性评价手册也对教师的教学和管理能力提出了新要求。

3. 具备学业述评的语言表达能力

学业述评是一种评价改革方式，其主要从三个方面叙述和评价学生学业表现：学生努力程度、学生进步幅度和学生学业成绩。教师在工作汇报会、教学阶段成果总结会、家长会、班会上，都可以使用学业评述的方式。但是，学业评述是需要通过语言表达来呈现和传递的，连贯、流畅、清晰的语言表达才能将学生的学业发展情况大致展现出来。使用正确的语言表达方式，不仅可以增强学生的自信心和自制力，帮助他们全方位认识自己，还可

---

① 360百科. 档案袋评价 [DB/OL]. https：//baike. so. com/doc/6096823-6309930. html，2020-11-28.

② 孙婧姝. 档案袋评价在高中英语课堂教学中的应用研究 [D]. 长春：东北师范大学，2009：01.

以向家长详细汇报学生的在校学习情况，消除部分家长的焦虑情绪。

4. 采用多主体评价方式

（1）学生自评

学生自评是学生对自我学习活动进行总结、反思、改进，起到警示自我、提高学生自主学习能力的作用。学生是课堂教学活动的主体，学生的自我学习评价在很大程度上反映着学生学习活动的成效。教师可以定位学生群体的整体发展状况，以班级为单位，为学生制定一份自我量化评分表，并分为学生的课前准备情况、课堂表现情况、作业完成情况等板块，设立一套完备的自我评价机制，在某一时间周期内，让学生对自己的学习表现打分，并将这打分结果以保密形式传达给家长，有效促进家校共同管理。

学生的自评不仅是对其自我学习过程进行反思，也是教师教学活动的一个侧面反映。一名拥有教学专长的教师，要尊重学生，大胆放手实践创新，在培养学生自主反思、自主约束、自主改进能力的同时，从某一层面上促进了师生间的心灵沟通。

（2）学生互评

学生互评是学生内部进行的个人相互提建议的一种活动。每个人都有其个性发展特征，都是以独一无二的个体形式存在的，学生亦然，具有不同的个人特征才能促进学生群体的多元化发展，也更有利于学生间的相互评价和学习。《论语》有言：“三人行，必有我师焉。”现实生活中，“学生思维活跃于教师”这件事情已然不会令人讶异。在某些时候，学生更能发现一些隐藏的现象，也更能理解同龄人的想法，并能适时地运用自己的经验帮助有需要的同龄人。因此，设立学生互评这一评价方式不仅可以帮助学生找出自我学习过程中的不足，而且可以在学生群体间营造一个相互督促、相互激励的良好学习氛围。

学生互评是学生进行思想互换的一个活动过程。互评的方式也可以是多元的：分数制、等级制、界定制。教师要充分征集学生的意见，发挥学生的主体性和主动性，依据学生的实际需求确立互评方式。

（3）老师评

老师评既可以是教师对自我教学活动过程的评价，也可以是教师群体内部的相互评价以及教师对学生在校表现的评价等。教师通过比对教学设计和实际教学间的差异，进行自我教学反思和教学评价，主动学习教育教学领域的名师的教学经验，慢慢摸索、稳步前进，逐步形成自我教学专长。教学对象相同的教师可以相互补足、共同进步，在备课、课后阶段互相交流探讨，进行思想上的碰撞，产生交流的火花。教师要善于观察，了解不同年龄阶段学生的心理活动，采用多元的评价语和评价手段。

教师评价是教师教育教学活动得到认可的体现，也是对教师专业成长的激励和鼓舞。教师要认真对待以自我为主体的评价方式，追求构建自我的教师教学专长。

（4）家长评

家庭教育是第一教育，家长的想法在学生的成长过程中占据着重要地位。因此，家长的建议在教学活动中同样发挥着重要的作用。

家长评价可以面向教师，也可以面向学校，还可以面向学生。家长通过观察学生课后学习情况、学生在学校纪律情况、学生对教师的反馈情况等，对教师的教学方法、管理方式、对待学生等做出适当的评价，并提出相关的改进建议。家长可以通过自身感受和体验，对学校的基础设施建设、教风学风建设、教学环境整治等方面做出评价，提出相应的解决策略；家长还可以通过学生的课后表现，对学生的行为做出评价。教师了解家庭教育对学生的实际影响，以及父母对学生的关爱度等方面，有助于对学生的管理方式进行改进。

（四）娴熟专业的资源整合能力

1. 善于分类储存自我教学资源

教师在职前已经接受过教学仿真演练，有一定的教学理论知识基础，在脑海中形成一套独特的知识理论体系，但是教师本身对于这些理论知识还不能够进行自动归纳和整理，不能将自身所具有的教学资源进行概括分类。因而在某些重大场合，需要教师注意力高度集中时，教师却对某些概念的理解模糊不清，就会出现理论知识运用失当的问题。

因此，教师要善于分类和储存自我教学资源，运用自己熟悉的储存方式，做到在任何地点和时间都能"拿得出，用得上"，像一所机器加工厂一样，根据实际生产需要，找到生产所需的材料类型，再从该类型的零件储存库中拿出所需材料，投入实际生产中。教师也一样，要事先储存好自己的教学资源，再根据实际教学需要提取自我教学资源，让教学资源真正地运用到实际的教育教学活动过程中。

2. 善于移植学习他人教学资源

萧伯纳曾提出"一变二"的思想互换理论。在这个教学资源多样化融合的时代，电子式的教学资源已经无处不在，无论是教师还是学生，用手机随便搜索一下就可以获得大量的教学资源。然而，如何应用从他人身上移植过来的教学资源，却并非一件易事。

不同思想的相互交换，无疑开阔了我们的视野，丰富了我们的知识库，同时认识到不同教学资源的使用对课堂教学效率的影响。但是，了解接受他人教学资源与移植学习他人教学资源是递进关系，我们接受别人的新思想，认同别人的教学观念并不等同于我们能够移植应用别人的教学思想。因此，教师要明确自身的实际教学情况，移植学习新的教学资源，对教学资源进行合理开发和利用。

3. 善于快速检索所需教学资源

对某些重复的教学内容，教师已经清楚大致的教学流程和基本教学方法，也能够利用自身储存的教学资源进行教学。但是，具备教学理论知识基础是远远不够的。教师要根据具体教学情况，在大量的知识中快速检索出所需要的教学资源，更好地为教学服务。

教学资源是教师进行教学活动的必备"武器"，想要将这些"武器"从"武器库"中快速提取出来，就需要教师具备快速检索"武器"的能力，这也是形成教学专长所必需的能力之一。

4. 善于科学重组已有教学资源

人的精力是有限的，我们想要在文化多元发展的社会上立足，就要学会甄别有用信息和无用信息。在我们的文化资源体系中，并不是所有的知识都有利于教学专长的形成。想要在教学工作能力上实现卓越发展，就要用崇尚科学的眼睛，从科学的角度去思考、分析和处理，科学重组现有的教学资源体系，剔除无用资源，保留能促进教学活动的开展、促使自我教学专长形成的教学资源。

5. 善于建立系统的教学资源库

教学资源库是保障教师顺利开展教学活动的重要资源储存库。在经过自主摄入、移植吸收、科学重组等一系列资源整合后，教师已经具备一套相对完善的教学资源体系，但是还没有生成一个系统的教学资源库。在自身专业发展过程中，教师要通过再利用、再创造，形成庞大的知识体系，具备条目清晰的知识分类思想，建立一个系统的教学资源库。

（五）与时俱进的教学创新能力

1. 善于模仿教学名师

名师课堂范例对教育教学活动的整体发展起示范作用。名师课堂范例之所以成为"范式"，必有其可取的创新之处。教师要摸索出名师教学过程中的教学创新点的设计思路，并模仿教学名师的创新方法，尝试着自己总结出一套适用的教学创新模式。

科技在发展，时代在进步，但人类未探寻的领域还有很多。教师要善于观察、明辨慎思，结合时代的发展进程，从教材中找出创新性因素和具有创新空间的知识点，科学合理地模仿教学名师的教学创新方式，使用自我教学模式教授学科知识，实现创新性教育。

2. 科学记录教学案例

教学案例是教师对于教学日志中典型例子的记录。教师要做好课堂教学的设计人和实施人，熟知每一节课的教学内容和教学目标，熟悉不同学段学生的已有能力和学习兴趣，这样才能在记录教学案例的过程中凝练出教学关键词和教学中心思想，为后续的总结和反思提供参考和指导。

将教学流程的关键步骤简单整理出来后，教师还需要对初步记录下的教学案例进行分类，尤其是对反面失败案例和正面优秀案例的分类，这一分类在自我警醒和先进理论指导方面有重大意义。在对教学案例进行详细分类后，教师在记录下的教学案例中能找到某些教学创新点，并映射、切入自我课堂教学实践中，逐步实现教学创新上的新突破。

3. 不断总结教学得失

如今，我国对社会未来可持续发展的需求越来越强烈，对人才的培养也越来越重视。教师要有勇于试错、敢为人先的创新精神。同时，对于创新后的教学成果，教师要秉持虚心学习的态度，在课堂教学实践成果中发现问题、承认错误，总结失败原因和问题所在，逐步摸索出适合学生学业生涯发展的教学创新改革模式，不断总结教学得失。

培养学生的创新发展意识和创新思维能力是当前教育教学工作中的核心任务。教师在开展教学活动时，要为学生创造一个舒适的学习氛围，帮助学生挣脱自我思维束缚，激发学生的创造性思维。这也是在总结教学得失后的教学新方式。

4. 形成自我教学风格

教学风格是教师在教学中的一种独特的、具有个人魅力的行事方式。教师在专业发展过程中，可能会受到其他优秀教师教学特点的启发，逐渐将其改造为与自己相匹配的风格，集他人之所长，逐步开创自己的教学风格。教师在接纳和吸收不同类型的教学行事方式后，思维视野上得到拓宽，进而实现多种形式的创新，通过教学信息技术、课堂师生互动、课堂训练模式、布置课后探究等途径创新，为学生构建学科素养助力。

三、如何培育教学专长

（一）依靠职前教育感知教学专长

1. 学习教学专长相关理论基础知识

高等师范院校是教师职前教育活动的主要组织者。在职前教育培养阶段，各高校将根据本校师范生职业生涯发展状况，制订一个符合师范生专业发展的培养计划。培养计划中涵盖师范生在校期间必修的专业课程，即高校为师范生量身定做了一个学习任务，旨在帮助师范生学习有关实际教学所需的理论知识。这些有关实际教学的理论知识是教师形成教学专长所必需的理论基础知识，这为教师教学专长的发展打下良好的理论根基。

2. 提升各类师范生教学综合素养

在高校专业培养的传统时期，由于专业发展层面不同的师范生就业后所从事的主要工作不同，因此高校对不同师范生的培养机制也不一样，即"术业有专攻"，师范生在高校学习的某一学科的理论知识必定用于今后教学活动中，中小学对某一特定的学科设立某一特定岗位。然而，当今社会对教师的发展方向提出了新要求，"功勋教师""专家型教师"等荣誉称号的设立，无疑对新时代教师的培养方向发出了强烈信号。

从学生的长远发展来看，教师不仅需要练就过硬的教学本领，也需要发展其他方面的教学素养。"腹有诗书气自华"不仅是对教师，也是对学生的要求。教师的知识涵养要达到某一特定高度，才能进入某一更高层次的境界；学生的学习发展要多元化、智力化，将外在知识转化为内在的能力，才能上升到一个新的成长阶梯。"近朱者赤"，提高教师的教学综合素养，才能潜移默化地影响学生综合素养的发展。

3. 利用教育见习、研习、实习等途径感受教学专长

教师在职前教育时期，经历见习、研习、实习等活动过程，逐渐从一名受教育者发展为一名教育者。"见习"即教师在职前教育前期，按照中小学规定的作息时间，进行跟班学习活动。在课堂上，职前教师可以从多角度观察教师的教学过程，并通过填写听课评议表、自制观察等级量表等形式，从中汲取有关授课的知识经验。"研习"即教师在职前教育的中期发展阶段，由导师带队，组织职前教师进行游学，学习优秀高等院校师范生的先进思想，了解先进院校的培养理念。"实习"即职前教师在接受完备的专业知识训练后，以一名非正式教师的身份进入校园，运用所学理论知识初步尝试管理班级、传授新课等一系列教学活动。职前教师在经过这一系列职前培养阶段后，已经对教学专长的产生、发展、形成过程有大致认识，同时其自我认同感、自信心也得到提升。

(二) 精研名师课例领悟教学专长

1. 领悟名师的教学技能

人的思维具有局限性。即使你是一位博才多学的哲学家，可若你不善于接纳别人的思想，不对外界思想形成包容开放的格局，你的思维视野就不能得到拓宽。因此，我们要精研名师授课视频、聆听名师公开课堂、观察记录名师的上课流程，并从中吸取新思想和优秀技能。

教师在研读名师课例前，按照自己对教材的理解，先对教学内容进行预设，再比对名师的教学流程，感悟名师对教参和教材的解读和处理方式，领

悟名师的教学技能，由此提升自我发展空间。

2. 领悟名师的教学方式

对于不同学段的教学对象，教师往往会采用不同的教学方式。处于低学段的学生，好奇心强，自制力相对较弱，教师在研读名师课例时，可以观察名师在课堂上使用的新型教学方式，分析其对课堂教学的影响，领悟其教学方式对课堂教学的促进作用。

此外，为帮助学生更快、更好地理解新授知识，教师往往会使用教具辅助教学。但是，部分教师在教具的制作方面缺乏想象力和创造力，制作的教具在辅助教学方面并没有起到很大的促进作用，也不足以吸引学生的目光。因此，教师可以通过精研名师课例，感悟名师制作教具的思路，发现名师制作教具的奥妙。

3. 领悟名师的教学设计

基于教材的理解和新课程标准解读，不同教师会制定出不一样的教学设计。名师在制定教学设计时，或许会采取多元化的教材处理方式，以学生为主体，做出一份符合学生基础认知和思维方式、适合学生学科学习长远发展的教学设计。

好的课堂需要有一份好的教学设计，也需要有一个好的实施者。教师要在研读名师课例前，了解名师制定的教学设计，领悟教学设计的思维思想和思考问题的方式，再反过来创新自己的教学设计，契合学生的生活实际和基本认知，从不同层面进行教学设计的创新发展，以达到更好的教学实效，培养自我教学专长。

4. 领悟名师的教学风格

在当今教育体制内，部分教师授课课堂氛围沉闷，不能为课堂教学增添色彩活力，教师本身也没有把控课堂的能力。因此，这部分教师要学会从名师课例中感受名师的教学风格，观察其课堂上不成文规则的形成过程，领悟名师的教学风格，发展自我教学专长。

教师的教学风格会在一定程度上影响学生的思维能力和做事态度。有教师风范的名师的课堂大多是师生交往互动、共同发展的课堂，他们依据自己的个人特色，结合自己的教学思想，逐渐形成自己的教学风格，在无形中也影响着学生的思想变化。

（三）凝练实践智慧形成教学专长

实践智慧是教师体验并亲历教学实践积淀而成的经验。教师实践智慧的生成过程是一个从无到有、不断更新的发展过程，是在某一教学情境下，教师借助外在的资源和基本教学认知，通过观察、研究、再实践、再反思等途径主动生成的过程。

1. 从自身经验中提炼教学专长

知识经验的积累和升华是丰富自身教学经验的重要前提。教师在教学实践中，会经历研究示范案例、实施教学行动、解决教学问题、建构实践经验的循环发展过程，并在这一循环过程中感受和积累实践经验，再对此进行总结、提炼和升华，最终凝练出实践智慧，以此形成自我教学专长。

2. 从创新改革中总结教学专长

教师在累积了一定的技能经验后，初步形成教育思想。但是，对教育方式方法的研究并不能止步不前。教师要顺应时代发展的需要，在稳步发展中进行教育教学的创新改革，实现教学质量上的飞跃，突破教学思维局限，拓宽教学视野，在专业发展道路上不断总结出教学专长。

3. 从教学规律中升华教学专长

对于某一特定学段的学生，教师有符合某一特定规律的教学方式。掌握教学的大致流程并不代表思维定式化，这是教学经验大量积累的一种体现。从教师专业成长角度来说，仅仅依靠本身所固有的教学技能是远远不够的，教师要在教学实践中发现教学规律、总结教学规律，从教学规律中凝练教学核心观念，实现自我教学专长的升华。

（四）凭借教育技能巩固教学专长

1. 优化师范生教育技能培育模式

在我国某些偏远地区，师范生基础教育普及程度不高，进而导致该地区职前教师的教育培养没有一套固定化、合理化、条理化的正规模式，致使师范生的专业技能出现不正常发展的现象，进而导致该部分教师教学技能低，影响自身职业生涯发展规划。因此，国家和政府机关应针对不同地区的发展特色，统一制定出该地区师范生的教育技能培育模式，并下发有关文件通知，要求各教育部门对当地高等师范院校准确传达"实施师范生培养计划"

的信息。同时，各教育部门也要适当地给予各高等师范院校改动培养方案的权利。

2. 建立教育技能导师制度

由于师资力量不足、训练设备资源紧张，部分师范生在进行教育技能训练的初期，是没有导师跟班指导训练的，他们就像"无头苍蝇"一样，找不到前进的方向，他们往往不能发现自身存在的错误，更没有实施相关的改进措施。然而，由于缺乏权威指导，即使这部分师范生认识到自身存在错误，他们也难以找到改进的切入点和前进方向，也没有教师技能水平上升的空间。

因此，高等师范院校要在师范生教育技能培养方面加大资金、技术等方面的投入，大力引进优秀师资力量，健全教育技能导师制度，为师范生教育技能的发展保驾护航。

3. 增加教育技能训练时间

随着校园文化生活的多样化，师范生在高等师范院校期间，可参与课外活动的机会多，可能会存在时间管理分配不均的问题，其中也包括对教育技能训练时间的分配问题。师范生进行教育技能训练后，对展现的教学流程已经形成一定的记忆。可是，如果不在此基础上多加练习，一段时间后，师范生对训练过程的细节记忆不再存留脑海中，训练内容也就成为一种短期记忆。因此，高等师范院校应强制增加师范生教育技能训练时间，使师范生经过反复训练而形成长期记忆，增强对教学设计表达流程的记忆，巩固教学专长。

（五）结合教育理论升华教学专长

1. 根据教育理论从教学实践课例中凝炼出教学专长

精研教学实践课例是教师感受实际课堂氛围、接纳创新思想、检验自我教学技能的极佳时机。一方面，理论知识是多数新手教师具备的较为完善的专业知识基础，如何促进理论与实践的融合，将课本知识运用到实践中，是新手教师这一群体普遍存在的问题。另一方面，非新手教师会通过同行解读、网络分享、书本知识内容吸收、学生反应等不同途径进行新一轮的理论知识的学习，而这些新内化的理论知识又该如何在教师的教学活动中体现？

二者都需要我们深入思考。职前教师要具备将理论知识与教学实践自主转换的能力，精通教育理论知识，通过精研教学实践课例，找到连接二者的桥梁，从中凝练出教学专长。

2. 结合教育理论从具体教学工作中抽象出教学专长

理论与实践存在差异。所学皆有所用，方为正道。教育理论知识根基打得再稳固，不经过实战打磨，就无法形成教学专长。由于具体教学工作中会出现许多复杂的、难以预设的问题，因此，展开具体教学工作在个人教学专长的发展进程中尤为重要。这有利于教师从中感受教学技能的实践应用性，感悟具体教学活动中的教学思想，从具体教学工作中抽象出教学专长。

3. 应用教育理论从个人教学偏好中概括出教学专长

教师的本职是教书、育人。"育人"之根本，在于"树人"。榜样的力量是强大的，教师在大多数学生的心中是一个完美的英雄形象，教师的举动对学生身心健康发展的影响是巨大的。因此，教师要端正自我体态，在学生面前展示良好的精神风貌，为"教书育人"任务提供有质量的助力器。

个人教学偏好的形成与教师的性格特征、风格气质、气场等息息相关，教师的教学偏好有可能在无形中对学生的道德成长产生很大的影响。"千里之堤，溃于蚁穴"，学生成长道路上发生的重大变化可能是在学习活动过程中发生的无数细微变化累加起来而形成的。教师要善于总结，勇于进取，争当一名有理想道德、教育信仰、教育风度的卓越教师。

第四讲　管理专长

一、什么是管理专长

（一）管理专长的内涵

1. 管理及专长的概念

（1）管理的内涵

管理即"管"和"理"两个方面。其中"管"原指细长而中空之物，可指有堵有疏，包含疏通引导或限制约束双重释义，而"理"本义为顺玉之纹而剖析，代表着事物的道理或发展的规律，因而具有合理、顺理之意。二者相结合的"管理"一词，其意思则为合理地疏与堵的思维或行为。①

在《辞海》中"管理"的释义有三层：一为负责某项工作使其顺利进行；二为保管和料理；三为照管并约束人或事。② 联系迈向卓越教师的核心专长主题及本章节所论述内容，显而易见，此处主要是采用其第一和第三层解释。

管理作为人类行为中较为广泛普遍而又意义非凡的一种活动，覆盖面不可谓不广。亦属其中之一的教师管理层面，则基本有以教师为主体的课堂管理、班级管理、成长管理、情绪管理、学校管理的五大维度。其中，课堂管理、班级管理及学校管理主要与第一层释义关联，而成长管理和情绪管理则

---

① 张俊伟. 极简管理：中国式管理操作系统［M］. 北京：机械工业出版社，2013：5.
② e 时空资源导航. 管理［DB/OL］. http：//www. esk365. com/cihai/chshow. asp？id = zvnkmvwd，2020-11-27.

主要侧重于第三层释义。

（2）专长的内涵

专长即"专"和"长"两个方面。"专"即专门的、单一的，"长"即长度或特长，合并为一词后在《辞海》中的释义为专门的学问技能或特长。①

专长，与近义词特长、长处虽存在一定联系及具有共同属性，但亦有区别。特长侧重于其所特别擅长的统称，而长处则意为人或物所突出的特点或优于他人他物的特征。

2. 管理专长的概念

管理专长亦可拆分为"管理"及"专长"两词，将其兼并后即可释义为：专门使某项事务顺利进行或照管好人与事的一种能力特长。管理专长，从属于卓越教师的核心专长，与教学专长、研究专长、人际专长、技术专长等同并列。

3. 卓越教师管理专长的概念

卓越教师即出众的、非同一般的教师，在该专长领域中，已可融会贯通于时时事事中，如润物细无声般将管理专长融合在教师的一言一行、一举一动之间。其对于课堂教学的把控、班级制度文化的治理、个人成长的发展、情绪情感的调适、未来学校的经营皆可将管理专长展现得淋漓尽致。虽管理专长的重要性不言而喻，可对于一般教师而言，尚未形成有关管理专长的理解，也没有真正培养塑造起迈向卓越教师的核心之一——管理专长。

（二）培育管理专长的功能

1. 通过管理为教师迈向卓越提供自律

"师者，所以传道受业解惑也"，教师以无私奉献、博学高尚、诲人不倦的角色身份担负着"至死丝方尽"的春蚕、"点燃自己照亮学生"的蜡烛、"辛勤养育浇灌花园"的园丁及人类灵魂工程师等美称，引世间众人推崇仰止。

然观当今平庸教师之特质，其中部分便是本心难守，越发追求"平稳安

---

① e 时空资源导航. 管理［DB/OL］. http：//www. esk365. com/cihai/chshow. asp？id = zvnkmvwd, 2020-11-27.

定"，唯愿安于现状、裹足不前，紧捧住"铁饭碗"浅尝辄止而不求自身有所进步发展。教师若想摆脱平庸，不甘凡俗而迈向卓越，则必不可仅将目光眼界局限于对基础知识技能的反复传授，束缚于自身甘于止步的思想观念，囿于一己朝夕得失。

管理专长中的自我管理，是成就卓越教师的必由之路和不二法门，涵盖自我认知能力、自我规划能力、自我实施能力、自我调控能力及自我反思能力。

具备自我认知能力，能够促使教师客观全面地认识和了解自己，深刻洞察自我意识，并依据自己的个性特征，制订出个性化的发展计划，将更多的时间、精力高效地投入最易展现自我能力的事业中。

具备自我规划能力，将推动教师一改"随和"作风，对自己的生活或工作各方面进行准确的判断和决策乃至完成科学具体的设计和安排。

具备自我实施能力，可引导教师将自我规划付诸实践之中，事事落到实处而不使之成为纸上谈兵。

具备自我调控能力，即教师可具体问题具体分析，既不是按部就班、亦步亦趋地按照计划机械式地执行，也不是对所定计划中途易辙、半途而废，而是能分析问题的特殊性，灵活多变地执行计划或调整心理状态。

具备自我反思能力，意指能自省、自察自身思想观念或行为方式，正视、内视自己并善于总结思考，吸取经验或教训。

教师的自我管理，其所内含的五项能力皆是卓越教师所应具备并能一以贯之切实保持发扬下去的。而教师的自我管理，在教师专长的塑造和培养过程中，既是培养该能力的必经过程，也是其思想或行为需施加相应的自控力或自制力即自律的必然目的。自律是指自我主动管控和要求自身，非意指自我设限而无欲无求或过高过低地标榜自己，而是教师能将要求和标准视为"虚设"，可更加自由且积极地向上发展。在培育教师自我管理能力中，通过管理，潜移默化地为教师提供自律这一种强有力的主观意志力量，并转接成为教师提升和进阶所实需的取之不尽又用之不竭的动力，助力其向着卓越教师的崇高目标不断靠拢迈进。

2. 通过管理为学生健康成长提供方法

学生，乃是接受教育的个人或群体。撇开吸收知识、学习技能、培养品格等普遍性诉求不谈，当前的一般教师较易忽略或漠视学生的健康成长，而学生又总不免面临身心方面的双重压力，身心健康无法得到有效保障。此处的"健康"往往不仅是指一个人在身体方面处于一种充满生机活力的良好生理状态，还包括一个人的心理健康、智力健康、社会健康等内容，不一而足。

"健康不等于一切，但失去健康却等于失去一切。"一位位学生便犹如一颗颗充满无限可能性的种子，若是在栽种中不予以肥沃土壤，未施以雨露阳光，终日饱受风吹雨淋，孤苦无依而不可见天日，不得健康之基本又怎苛求其能生长为参天大树？对于学生健康成长，教师若是目光短浅，局限智力健康于"唯分数论""唯成绩优先"，或一味地追求应试答题技巧、阅读写作技能的机械训练，抑或"专制式"地以自我为中心，严格要求每位学生同化地达到统一的目标，此不但与卓越相去甚远，甚至称不上一般之名。然而在授业传道中，纵使教师有心使学生健康成长，可对于芸芸学生间各人皆不同的实际情况，也是不免捉襟见肘，显得心有余而力不足。

管理，唯有通过教师对于学生乃至班级的管理，为学生的健康成长提供必要支撑及可行之策，方是为教之道。与教师的成长管理，即自我管理不同的是，此管理侧重点在于以教师之思促学生之行，从个人"专制式"管理，片面关注成绩分数、习惯技能的狭义智力健康等要素转变发展为重视且关注学生心理和社会健康等内容。值得一提的是，此管理并非指教师对学生的学习、生活面面俱到，进行无微不至的"理想化"照料，亦非指教师越俎代庖，包办学生一切，使学生"高枕无忧"而坐享其成。

实现从简单管理课堂纪律、课堂教学到真切管理好学生及班级巨大跨越的一般教师，不知不觉间充当了卓越教师的身份，并通过以学生为本的管理理念和具体管理实践，促使受教学生以多元灵活、可行有效的方法实现身心双重的健康成长发展，最终成长为可堪家国大用之人才。

3. 通过管理为班队蓬勃向上提供路径

班队，即指主要由学生群体组成的班级队伍，协助教师承担着有关班级管理、班级建设的重要作用。诚然，班队所能发挥的效用因地而异、因班而异，亦因人而异，但其潜在的重大效用及未来可期的发展前景是不容忽视的。

　　一般的教师常不得班级管理之要领，忽视班队建设，无法组建出富有生机、充满活力的班级队伍，班级集体的管理建设也就自然而然地成为教师疲于奔命却往往收效甚微的"庞杂负担"。

　　卓越教师以有效的管理，尤其是有所指向的班级管理，以对班队的管理建设作为主要切入点，通过重在培养班队凝聚力和服务意识、有意引导班队团体协作分工、观察调控班队的心理情绪状态、及时回应解决班队所遇疑难困惑、多加规划总结班队工作内容心得等多重路径，在历经从无到有、从弱到强、从不完善到比较完善的曲折过程中切实组建出一支真正的班级队伍，使班队一改"无所事事""名存实亡"的萎靡状态或独断专制、过刚易折的不正之风，进而营造起"风清则气正，气正则心齐，心齐则事成"的班队文化风气。再依此管理衍生路径，层层递进，环环相扣，水到渠成中亦潜移默化地激发起昂扬向上、蓬勃有力的班队精神与活力。

　　4. 通过管理为学校良性发展提供保障

　　学校，一般指专门进行教育的组织机构，主要承担着国家社会里绝大部分的教育职能。如"在其位，谋其政"所言，学校居于人类文明传承与发展之高的庙堂之位，亦是任其培养人塑造人之职，尽其传递文明文化、推动社会进步之责，而谋教育持广度与重深度、大发展且真进步之政。

　　以管理为法，重点是以卓越教师的学校管理专长为要，最终便可为达到学校良性发展提供稳固有力的保障支撑作用。从宏观上看，卓越教师参与到学校未来核心价值选择与方向规划的管理中，对学校的提升目标、发展方向和人才培养的指标皆具备一定见地；而从微观观之，卓越教师又明显区别于一般教师，不仅管理自身达到高绩效，重视自身学习知识能力的提高和发展，也在意学生身心健康的平衡与各项综合素养的全面发展，争取最大限度地发挥可用人、财、物等资源的作用，活跃思维改进办学理念，发展教学特色等。

　　综上所述，一言以蔽之，即是依托卓越教师的管理专长，与院校的发展构建枢纽，贯通内外，为学校长期且良性的发展提供人才队伍、思想理念等重大保障。

　　5. 通过管理为教育事业创新提供支持

　　卓越教师的管理专长除对学生、教师、班级乃至学校等多元主体具有重要作用外，追根究底，此专长绝非偏安于此一隅天地，由此踌躇满志而自命不凡了。若放眼纵观之，卓越教师的管理，也必将对于全社会的教育事业有着意义非凡的深远影响。

诸如，以学校办学方式、治学特色等传统模式的创新试点作为推动整个教育事业创新的起始点，以点带面而使其全面开花；再如创新教学技术，紧跟时代潮流，逐渐掌握现代教育方式，以变应不变而使日日新；更是有以海纳百川之胸怀，有容乃大之眼界，立足本国国情，选择性地学习借鉴全世界范围内的先进教育思想理念，培育既具本土性也具国际性的优质教师人才队伍等。

卓越教师之所以卓越，关键原因便在于能以个体的星星之火汇聚成广袤教育事业创新土壤上的燎原之势。而"创新"是一种新的探索、新的发展、新的追求，它必须符合事物内在的规律性，符合社会发展先进性的要求。①在此之下教师便率先垂范，敢为人先，以科学先进的管理为教育事业一改固态，推陈出新提供源源不断的理念、技术、思想、人才等动力支持，从而成为教育事业的木之本、水之源了。

二、管理专长的基本内容

（一）高效有序的课堂管理

课堂是传道授业解惑之所，是师生间平等对话、共探新知之地。其中，课堂管理包括课堂秩序、课堂教学、课堂时间及课堂环境等方面内容，对于教师而言，科学的课堂管理是教师有效课堂教学不可替代的构成部分，也是教师专业成长与发展对其提出的重要要求。② 作为卓越教师管理专长中的重要一环，高效有序的课堂管理的关键作用便主要在于促进学生的身心健康发展、提升教师的专业化水平及切实保障课堂教学任务顺利完成的三大方面。

---

① 陈文博. 以教育创新推进教育事业发展 [J]. 中国高等教育，2002（19）：6-7.
② 陈林，张树苗. 小学教师必备素质：课堂管理能力 [J]. 黑龙江教育学院学报，2019，38（5）：28-30.

1. 教学节奏有条不紊

在课堂管理之下的课堂教学内容，等同于指向课堂教学节奏层面。课堂中的节奏，不仅包含教师的教学速度和教学过程，更是包括易被忽视的教学形式、教学内容和教学语言等。

节奏，一般指具有强弱快慢等形式变化的规律。而教学节奏便是其二级概念，且该词一般不直表褒义，而是作为中性词使用。对于卓越教师而言，所追求的已非课堂教学节奏的有无，而是对节奏恰如其分的拿捏和把握。

卓越教师在教学速度节奏上的表现为快慢相宜，有的放矢。其能紧密结合课堂内容的重难点及学生学情，不拘泥于原先预设的教学设计，可因具体情况时而加快节奏，略过简单易吸收的知识点，又时而放缓节奏，着重讲解疑难困惑，缓急相济。

卓越教师在教学过程的节奏上表现为有起有伏，一波三折。从新课导入、新知传授、巩固练习到课堂总结等各环节，其总能按照自己的节奏营造好课堂气氛和调动起学生的高昂情绪，不使教学过于平铺直叙、直白无味，而是将课本教"活"，使课堂变"活"，引学生学"活"。

卓越教师在教学形式的节奏上表现为一动一静，动静兼顾。在整体教学过程中，其能巧妙把握好动静关系，不局限于以教师为主体角色的、单纯的知识灌输，善于处理好教师讲学和学生听讲的关系，既使教师讲授时学生安于入"静"，善于思考，乐于虚心吸收知识，又适当使学生主动参与到课堂中来一抒己见，或是以小组团队合作讨论、集体交流探究等方式使课堂"动"起来。

卓越教师在教学内容的节奏上表现为疏密结合，详略得当。虽然每堂课都有每堂课不同的知识内容，教师也需据此设计好明确的教学内容，并且其中教学传授内容的篇幅、时长必然要有所区别，如关于重难点和教学目标所涉及的内容以及略显细枝末节、无关主题的内容，两者之间孰轻孰重，如何取舍的问题自然是要有自己的思考，泾渭分明地区分开来的。而关于疏密关系，是指其对于难易程度相近或知识结构存在联系等的知识内容进行交叉或联合学习，既不过于疏离地分割知识，也不过于紧密地紧凑知识，做到疏密得当，分配合理。

卓越教师在教学语言的节奏上表现为抑扬顿挫，有波有澜。教师口语往往是课堂教学中最丰富的表达载体，其在讲学上是极有感染力和生命力的，以富有变化的腔调、时重时轻的语音、饱含深刻感情的语感等将学生吸引到课堂中来，使闻其声而如临其境、如见其人般，为课堂谱写出美妙的乐曲而达到和谐统一的节奏美。

2. 课堂秩序张弛有度

课堂秩序是师生间一种规则规范的外化体现，也是良好课堂教学效果的重要保障。一般而言，优质的课堂呼唤着良好有序的课堂秩序，而课堂秩序也反作用于课堂之内。

维持好课堂秩序，是卓越教师课堂管理的重要内容之一。然而，维持并不等同于压抑，不是指课堂由教师专制式掌控，使学生按部就班，过分静寂被动或活跃主动地参与课堂。在卓越教师的课堂秩序管理之下，一般教师单向的秩序要求被转化为师生间双向的秩序要求，教师既可安于民主开放之状，适度放权给学生，学生又可乐于应静即静，该动即动的环境氛围。两者间平等而不对立，既动又静，一张一弛，张弛有度，自得其乐，其乐融融，此可谓卓越教师的课堂秩序张弛之美。

3. 时间分配高效科学

课堂教学时间短暂而宝贵，其各环节时间的分配或取舍极其考验教师的课堂管理能力。若按主体划分，便大致可归结为教师时间、学生时间及师生共有时间三个部分；若按教学活动环节区分，便有新课导入时间、巩固新知时间及课后总结时间等。

卓越教师对于课堂时间的分配，往往是如浑然天成般将各部分、各内容系统有机地融为一体，全堂课下来不仅统筹全局，使师生各得其所之余彰显课堂多主体，而且协调全程，使各环节流程的过渡皆井然有序，各能尽其职。

对于学习水平不尽相同的学生、不完全同等重要的各个课堂环节，卓越教师亦能有所审视和关注，事无巨细地照顾到各层次学生的心理，周密注意到哪个环节需要更多的时间来教授学生，哪个环节又是可以简单带过，不使个中环节多占盈余等。在此之下，课堂时间管理急缓有度，协调有法，时间分配尽高效亦达科学。

4. 课堂环境舒适向上

环境，广义上一般指物质和精神两种相辅相成又互为补充的环境，且两者分别具有不同的构成要素。课堂环境中的物理环境可划分为一定场所中的设施和空间环境，其优良特点譬如具有课堂教室种类丰富多样，室内空间广阔且布局合理，所在位置方向俱佳，享有可通风、有光照、无噪声等优越条件。

然而，对于卓越教师课堂管理之下的课堂环境而言，往往趋向于提供广义课堂环境中的后者即出众的精神环境。精神环境，区别于实物实体，虽是看不见也摸不着的，但却以一种无形的力量深刻影响着整体的课堂教学效果。

精神层面上的课堂环境，其实更偏向于意指课堂气氛，主要涉及班级文化、班级风尚传统、班风和学风等方面。卓越教师在课堂内外，观察注意到课堂教学在一定程度上取决于课堂环境，总能从不起眼的细微之处入手，于课内充分激发学生情感，启发学生思维，培养学生向上向学的内驱力和主动性，并积极肯定学生，形成鼓励性的评价反馈机制；在课外又能引导学生保持原有学习动力，持续带着求知欲和好奇心学习，拓展视野并激发兴趣。无论课堂内外，以春风化雨般的文化风尚，引导、带动学生对待学习始终兴趣盎然，使得课堂之中人人受益匪浅，此便是卓越教师众多管理之下令人舒适向上的课堂环境之美。

（二）民主多元的班级管理

一般而言，班级管理是指以教师为主体，对班级各项事务进行的系统且有组织、有计划的管理。但随着学生主体地位的日益彰显，其越发趋于指向体现师生多主体的民主管理，渐渐不单纯局限于教师对学生的狭隘管理内容，而为班队蓬勃向上的发展提供多元路径。

在班级管理中的学生，便兼有双重角色，一方面他们既是班级管理的对象和客体，要履行作为学生角色的义务，要遵守班级约定俗成的行为规范。另一方面，他们又是班级管理的主体，要发挥作为管理者的主观能动性，为实现班级管理目标而献计献策。[1]

---

[1]　陈红燕. 班级管理研究述评 [J]. 教学与管理，2004（11）：25-28.

1. 发现每个孩子的闪光点

苏联教育家苏霍姆林斯基曾言："在每个孩子心中最神秘的一角都有一根独特的琴弦，拨动它就会发出特有的声响，要使孩子的心同我们讲的话发生共鸣，我们自身就需要和孩子的心弦对准音调。"每一个班级都有每一个班级所特有的学生，而学生虽是林林总总又形形色色的，但每一个学生又都会有其异于常人的长处或短处。班级管理虽说并不应是教师一人之职，但卓越教师在其管理职责内，既身处其中又与学生朝夕相对，善于发现和发扬学生的宝贵闪光点，与学生形成心弦上的共鸣，将是有效班级管理的第一步。

每位学生的闪光点都是独一无二而与众不同的，而诸如各科目学习成绩、口语表达交际力、懂礼貌讲礼仪等闪光点就埋藏得很浅，像善于观察、巧于手工、颇有运动天赋等就可能埋藏得较深些，但无论深浅难易，卓越教师都能勤于发现，精于挖掘，并专于呵护发扬其中星星点点的闪光点，以便与学生心弦共鸣，琴瑟同音。

2. 形成班级事事有人做的氛围

班级是学生群体长期学习和生活的重要场所，也是学生发挥班级管理者的主观能动性的主要场所。在繁多琐碎的班级事务面前，纵使教师夙夜不懈，也难免独木难支，望洋兴叹。而且这种班主任教师一人包揽一切班级事务的传统理念，本身便极其不利于班级的建设和学生的发展。区别于传统理念，卓越教师对待班级事务，能够进行精细化管理，善于组织引领学生参与其中，最大限度地发挥出学生主体的作用，形成事事有人做的热烈气氛。此处事事有人做的活跃氛围，着重突出体现的是一种"我为人人"的服务奉献意识，是一种独特的班级精神风尚，更是一种尽管可能不属于自己分内之事却也愿意主动去承担的积极正能量。

3. 让孩子成为小先生

"小先生制"最早是由陶行知先生创设提出的，其旨在培养出学生做班级"小老师"的角色意识。学生作为班级管理者的主体之一，对于课堂学习与班级事务的管理皆是需要并驾齐驱、不可偏废的。卓越教师不仅顺应学生天性及主体职责，大力推广和施行"小先生制"，激发学生学习自主性和养成自主学习的能力，而且尽心尽力保证该机制的有效开展，使学生能为身边同学解决班级矛盾纠纷，应对课堂紧急突发状况，为同学上课答疑解惑，检查批改作业等，切实把控学生以"小教师""小先生"的管理者身份角色投入班级管理中，真正地参与到课堂内。

4. 培养积极进取的团队意识

在民主多元化的班级管理工作范畴之下，教师的深层目的在于使学生发扬长处，参与到班级管理体系中，在于教师适度让位放权于学生，转为协助指引学生的全面发展，但从更根本上来说，其管理更应是出于使整个团队乃至整个班级宛若铁板一块，永远保持积极进取、互助向上的深刻意图。

班级中的团队意识，是一种班级各成员能将班级当作大家庭的内在归属感，对班级团队高度的责任意识和坚定的向心力。卓越教师并不需要事必躬亲，时刻监督、指导班级建设走在正轨上，而是通过指引学生分配职责，树立榜样标兵，互相监督，共同参与班级活动，适时总结反思班级团队的工作事务等，将团队的掌舵权大胆交予学生及学生干部，甘做学生坚强后盾，培养出积极进取的班级团队意识，乃至建立出一支可堪大用，能有所建树的优质班级团队。

（三）科学有效的成长管理

卓越教师的自我成长管理是管理专长中的核心内容，也是教师以自身为主体既重视过程又注重结果的管理。通常情况下，自我成长管理主要包含自我认知、自我规划、自我实施、自我调控、自我反思五项能力。自我成长管理中，自我认知能力是基础，自我规划能力是依据，自我实施能力是关键，自我调控能力是保障，自我反思能力则是动力。但这些能力的形成并非朝夕之事，它是一个不断学习、不断积累和养成的过程。① 教师在对自身的组织、对自身的要求、对自身的约束、对自身的激励等管理中若有自律相随，将使其本身得到科学有效地全面成长和发展，进一步提升教师专业发展水平和优化队伍人才建设，甚至反作用于学生、学校的管理效能和当前教育事业的大变革。

1. 管理自我认识

自我认识是以一种客观姿态全方位审视自己，了解和认识自身及其内外

---

① 蔡月桂. 中学教师自我管理能力的现状及培养对策研究 [D]. 漳州：闽南师范大学，2016：56.

部关系的统一。诚然，教师对自我进行一定的认识并非难事，但要能在认识自身的基础上加以一定管理却也实属不易。

在教师的自我认识范畴中，可认识的角度极其宽广，譬如从教师本身的内部特性上审视，便有教师优缺点、情绪意志、能力品性的认识角度；又如在教师与外部的关系上加以洞察，便有教师的职业认同度、专业发展前景、职业获得感等教师职业价值观的认识角度。但无论是内部还是外部，卓越教师都具有较清晰客观的认知，并对自己的认知加以综合的评价和反馈，使对各方面的认识落至实处地指导自己如何扬长补短，将事事做得更好，并时时事事地规范调控自己。对于这种能清晰认识自我和将认识反馈到个人实践中两不误的过程和结果，才能称为自我认识的管理。

2. 管理发展规划

自我规划一般是指建立在自我认识的基础上对教师自我职业生涯和专业发展所进行的或长期或短期的规范计划。与一般性发展规划不同的是，卓越教师的发展规划大致需要涵盖自身、学生、学校乃至全社会的内容，并细致整合协调好其中的关系。

由于卓越教师的能力水平和思维眼界均超脱于一般教师，所需设计规划既广又深的情形是在所难免的。在具备完整系统的规划意识后，卓越教师充分挖掘自身潜能，依据不同层面内容，结合实际情况，从规划自身，到规划学生、班级乃至学校社会的阶段性目标着手，一点一滴、脚踏实地向着总体性目标坚定迈进。对于这种具备全局意识的系统目标规划，并追求规划切实可行，能灵活应对各种情况的生成性过程，方才可称为发展规划的管理。

3. 管理实施过程

自我实施的过程，又往往是建立在教师具备发展规划的前提下，将预先的规划设计具体付诸实践，不使之仅是纸上谈兵、夸夸其谈的过程。在这个过程中，教师的行为态度和行为能力显得尤为重要，试想一下，若是教师态度不够端正，心无定向，态度外显化的行为也会变得茫然无力；若是教师能力不足以达到规划的要求，行为的最终成效也可能只是左支右绌，并无所得。

虽然卓越教师的能力水平均是不凡，但此并非意指卓越教师凡事皆要一人包揽，独出己见又独行其道，而无需任何外在力量或援助了。与此完全相反，卓越教师不仅并非如此"蛮干""硬干"，反而是更善于利用外在力量，联合内力、外力双管齐下地对规划、安排进行具体实施。对于这种想方设法克服困难，又无门户之见，乐借善借外力，一步一步推进规划落至实处生根发芽的过程，才称作实施过程的管理。

4. 管理调控机制

教师的调控机制，一般涉及对于教师所制定的规划目标以及实施过程中教师自我心理的调控，而且对于前面所述的自我认识、发展规划及管理实施的过程和内容起着中流砥柱的作用。

在教师的自我成长管理进程中，绝不会总是一帆风顺，唯有一片坦途、前路开阔的，反而总是不免遇到这样或那样层出不穷的困难和问题。因此，卓越教师自身的调控作用机制便也显得尤为必要。突发的紧急情况、外界的不可抗力因素、消极不良的心理状态等阻碍规划顺利展开，影响规划预期成效，甚至中途觉察规划设计不甚合理的各种负面因素，都将能在此调控机制中得到一定的化解和消弭。唯有在调控中多加审查检验规划安排，具体问题具体分析，又保持良好心理状态，积极看待规划内容才能更进一步使教师的规划和实施更富有成效，让教师的成长管理更具有弹性和韧劲。对于这种精于调适改变规划，又专于调整心理状态，持续支撑保障着规划成长发展的机制，才叫作调控机制的管理。

5. 管理反思内省

反思内省的环节，非是教师成长管理中的最后一环，亦不是全环节过程中最无关紧要的一环。教师自身的反思内省，按理是贯穿于各个环节之中，渗透在全过程之内，具有与其余环节理要性相当的作用。

教师自身的反思内省，看似是一个老生常谈的问题，然而教师对于其概念和影响的认识却又可能是有所偏颇的。卓越教师的反思自省，是无论事情规划得好与坏，方法是否切实可行，结果是否符合预期，皆能就事论事，实事求是地进行深刻反思内省，并反作用于教师思维和教师行为的双重方面。此反思内省，已属于卓越教师的日常化习惯，在其中对待自己思想或行为的优点便是无须遮掩，并持续加勉发扬，对待思考或处事中尚存的不足，又是敢于直面承认，积极改正以匡不逮。对于这种持之以恒的自察，事无巨细地全面统一观察和思考，再将之补缺增益至实处的习惯方法，才称为反思内省的管理。

（四）稳定可控的情绪管理

情绪管理是一个管理的过程，是在研究如何觉察情绪、分析情绪的基础上，对如何调控负性情绪及维持正性情绪进行研究。① 简言之，卓越教师情绪管理的意图主要是调适，能时刻保持良好积极的情绪状态。当教师情绪管理变得稳定可控，不仅有助于教师形成良好的人际关系、身心健康的发展及教育教学工作效率的提高，更有利于学生学习兴趣的培养、学习效率的提升及师生关系愈趋融洽和谐，甚至正面影响学校社会的管理等。

1. 不把个人家庭压力带到学校里

由于教师职业本身的非一般性，教师往往具有双重身份，自然一并承担着家庭和学校的双重压力。若是身处家庭中，教师为人父母又或为人子女，不免充当着大家庭中和谐稳定根基的重要角色；而若是立身于学校，教师为人师者，又总是承担着教学者、管理者、科研工作者等不同身份。

在面临孩子教育、赡养老人等琐碎家庭事时，教师若是没有一定合理的情绪宣泄渠道，便有可能导致过度压抑消极的心理，而在这种背景下，便又可能会以一种蝴蝶效应的形式影响到课堂教学、班级治理乃至学校管理。情绪管理对于卓越教师而言，更强调于教师在学校中情绪的突出表现，也就是侧重于避免家庭压力影响到学校，将家庭和学校两个不太相容的场所内容施以兼容合纳，并正确处理好工作家庭的关系冲突，使其缓和共生，相安无事而不生事端。

2. 用积极正向的价值观感染学生

在当前经济全球化及信息化飞速发展的时代背景下，以往价值观简单唯一的现状正逐渐被淡化，逐渐呈现出价值多元化的趋势。多元的价值观之于教师，既可能会拓展视野，摆脱固定思维但又极有可能会侵蚀原有正向价值观，弱化自我意识。一个人的价值观往往是在后天养成的，教师的言行举止，都会对学生有着不容忽视的或正向或负向的作用。

卓越教师在不断接受多元文化价值时，总能坚守自我，博采众长，既重视物质价值又重视精神文明价值，既重视人文价值又重视科学价值，既重视

---

① 焦丽敏. 论教师的情绪管理 [D]. 长沙：湖南大学，2008：9.

短期价值又重视长期价值，既重视个人利益又重视社会利益，绝不摇摆偏废地仅重视片面的、短期的、个人主观私利的价值层面。在课内抑或课外，其皆能以积极正向的价值引领学生，熏陶感染学生，传递共享并践行着这一份昂扬朝气。

3. 在同事及团队中收获归属感

教师职业的归属感，是对自己朝夕相伴的生活、工作的学校场所，持有一种隶属、认同的心理情绪状态。虽说从表面上看，卓越教师与一般教师无异，但若是从生活和工作中或大或小的事来看，卓越教师所持有的归属感，将会引导教师产生一种学校主人翁的意识，真正将自己看作学校里不可或缺的一份子，并产生一种强烈责任意识及自我约束力，真切专注地为学校良性发展做出自己最大的贡献。

而卓越教师的归属感从何而来呢？一般而言，是从教师身边的同事及所从属的团队中来的。卓越教师在积极通过与同事敞开心扉、互诉衷肠中，诉说生活或工作上的欣愉或苦恼，或在团队交流协作中，齐心攻克难题等，久而久之，便能在同事、团队中收获满满的认同感和归属感。

4. 寻找适当的情绪宣泄渠道

一般教师在面对学生、同事、家长及学校领导时，总是需要维持着为人师者的稳定且和煦的情绪状态，自身情绪受到压抑却总是受限于客观的职业因素而无法真正表达展露出来或合理排遣。

教师职业的心理情绪问题是值得加以重视和应对的。面对因职业岗位而不时出现的不良消极、萎靡不适的情绪，应积极采取措施予以发泄排遣，与人沟通，寻找并拓宽情绪宣泄渠道，以心理健康平衡的状态应对生活和工作。卓越教师的情绪管理，并非是面对万事万物始终如平静的湖水无波无澜，如草木般无情，而是面对尚未足够协调得当的负面情绪时，不压抑、不遮掩、不躲避，敢于面对并寻求得当方法加以调适。

（五）面向未来的学校管理

教育是承接过去又立足现在，面向世界而又面向未来的伟大事业，而学校是承载教育这一伟大事业的主载体。面向未来的学校的兴起发展，绝不仅是办学条件和硬件设施的更新升级，实际上是教育理念和教育方式的双重革命，涉及教育组织管理的深层次矛盾和问题。① 身处当前教育领域不断变革的时代，卓越教师善于拓宽眼界，敢为人先，立足于当下又展望未来，率先着手对学校的方方面面进行思考和管理，为学校的良性发展提供保障。

1. 管好学校价值与规划

学校在卓越教师的管理之下，其管理的价值与规划内容是最基本却又最核心的要义。整个学校的价值与规划，往往在很大程度上象征和反映着该学校当前乃至未来较长一段时间的校风校貌。

学校的价值与规划实则是一个渐近性的过程，譬如从统一要求和标准，到追求办学风格特色，再到偏重于学生个性化发展及学校教育本身。但其实所谓卓越教师对于学校的价值与规划的管理，并不仅仅指向于其内容特点上，而更是在于其方向目标上。

基于未来学校发展形态及未来教育发展态势的考量，学校的价值与规划既需在卓越教师等有识之士的引领下，秉持原有的以人为本的创新性教育理念，遵循有教无类的平等教育原则，践行举一反三的教育教学法则，又需要密切把握好时代脉搏，步步紧跟时代大潮，抓住契机以图学校本土化、时代性的创新跨越。

2. 管好教师发展与评价

未来学校的管理，必然包含对教师这一学校主人翁之一的管理。而卓越教师又是有别于一般教师的，对一般教师的发展评价负责，监督引领着一般教师朝着卓越教师迈进。

教师的发展动力与评价自成一体，教师的发展和评价颇具梯度性上升规律，普遍化的打分及一般性的笼统、模糊不清的反馈会使教师觉得无足轻重，评价自然无法作用到发展之中，也就无法使教师有效纠正弊端或弥补潜在不足。而且缺乏得当的外在评价，单凭内在的发展驱动性总是有所欠缺的。教师的发展与评价，非指专攻一矛无暇顾盾，偏离至产生学校教师中的马太效应，而是最终指向于教师群体共同的终身发展，亦非全指向于扬长避短，而是一个也不能少地面向全综合素质的提升。在教师的发展中评价，以

---

① 马丽芳. 未来学校立体化教学管窥［J］. 电脑知识与技术，2020，16（21）：125-127.

全面多维、立体综合的角度评价，在评价中发展，于点评指正中促使教师更好地认识和完善自我，去除本我。

3. 管好学生健康与素养

教师作为未来学校管理的主体，其管理自然兼顾学生的身心健康发展及各方面综合素养的培养。当前学生的身体或心理健康是难以双重保障及合理保障到位的，而学生的综合素养如人文底蕴、科学精神、实践创新等也是畸重畸轻，其影响因素必然存在于学校管理层面。

将学生的健康放置于与素养同等的位置，是对传统唯素质、唯成绩观念的重大突破，这需要的不仅是勇气魄力，更是以学生为本，事事为了学生、为了学生事事、为了所有学生坚定决心的生动展现。卓越教师的未来学校管理，涵盖培养、管理好学生具备突出身心健康素质及综合素养的超前创新的未来观念，追求在身心上共重、共育、共修，在综合素养上推展全面培育又不忽视抹杀学生个性，着实为培养面向未来的学生从学校管理的点滴实践做起。

4. 管好资源整合与创新

学校中的资源与学校未来的长远发展息息相关，是可利用性与有限性的有机统一体。资源是有限而宝贵的，而学校也是追求发展和突破的，如何对此两者达成最优解亦是未来学校管理中亟待思考的问题和探索的方向。面向未来的学校管理，自然就不乏对学校中人、财、物等各式资源的优化管理。

学校中的人力、财力、物力三大资源间的关系一般是相互联系又相互制约的。培育优良的教师学生人才队伍，往往需要一定财力经费及物资水平的支撑，而财力或物力资源的增减又往往取决于人才队伍建设的具体成果或学校发展水平。正因如此，三者之间不可割裂分离，不可被简单拆分、重组，而是相互密切联系又共成统一体系的。卓越教师自上至学校、社会或自下至学生、家长中建立联系，以教师自我为中心，多方为协助支撑，上承下纳形成管理合力，在三者中进行整合利用，达成合理配置效果，激活人、财、物的有机联系。在整合之中，又要有层次地超出固有框架，贴合时代背景，发展数字化教育、人工智能管理等新模式，对原有资源创造性、创新性发展，达成最优配置效果，于揉和中创设出复合多元的创新性生态体系。

三、如何培育管理专长

（一）阻碍管理专长形成的因素分析

1. 教师方面

（1）意识淡薄，教师管理观念缺失

管理专长涉及方方面面，既在教师熟知的自我本身里、课堂内、班级中，也在于不易觉察又同等重要的教师情绪及学校上。在各项管理中，深入透彻地促使教师形成专门的学问技能，使得其区别于世俗一般的教师，此专长也是迈向卓越教师进阶之路的重要指标之一。

对于管理专长的养成，其相应管理意识观念的萌发必然是首要前提和起始点，是专长培育的上行先导。教师专长的养成，在某种程度上来说就是一种自主自觉观念的萌芽所牵引决定的，若是其缺失蓬勃生长的土壤，意识淡薄不明确，管理专长是断不可能生成塑造起来，于众多卓越专长中独树一帜的。

教师在量化标准定性下，尚不能看出卓越教师与大众教师具体明显的差异处，而在泛化标准定性下，是否有形成卓越规划的观念及做好卓越规划的条件准备便显得尤为突出。而阻碍绝大多数教师形成专长的根源就在于此，总是将专长意识的培育看得无关紧要或太过简单浅显，云里雾里地"身在此山中"却是"不识真面目"。

（2）价值偏差，教师管理动机单一

作为卓越教师专长之一的管理专长，其意义和价值作用无论是从微观视角抑或是宏观视角来观之，皆是意义重大，价值非凡，能彰显出卓越教师的核心要义的。然而，大众教师受各种主客观因素的影响，对管理专长的认识产生不符合其实质的、忽视客观存在的、无助于进阶的、有所偏颇的价值选择和价值取向。大众教师在任职活动中，急于处理和应对一职一位的"分内之事"，片面地将管理的目的、动机聚焦于一时的课堂教学、班级秩序，对管理专长的价值认识已产生了不同程度的错位偏离。价值方向及目的动机的偏差，不但使专长的培养陷入窘境，更是可能南辕北辙，与卓越教师进阶之路背道而驰。

（3）方法不当，教师管理行为失调

完备正确的理论意识是培养管理专长行为的先导，但将管理专长的培养放到具体实践中，教师若缺乏得当有效的实施路径方法也是一筹莫展、无能为力的。

大众教师在培育管理专长中缺乏一定章法，或在茫然中盲目摸索试验，对身边的教师同事、校内校外名师校长盲从地模仿学习，难以形成契合自身的管理风格特征；或只是止步于纸笔摘录总结，空于实践；或只是一味地信仰追求"实践出真知"，时间和精力的流失损耗较多，实践行为缺乏科学有效性等。缺乏自身思考和专业指导的不当管理方法，作用于具体教师管理行为上，便会出现失衡难调的恶性局面。

（4）引领缺位，管理专长学习渠道不畅

卓越教师管理专长的培养，单凭教师本身正确的意识观念、纯正的目的动机和高效科学的养成方法仍是不够的。管理专长属于卓越教师群体的核心专长，而直接地阻碍其培养的原因是，教师本身对管理专长学习交流渠道的闭塞不通，无法以卓越教师的管理学问或技能作为正确的方向引领。

大众教师任职一般局限于一班一校之内，其原始接触面本就狭窄，再加上缺乏卓越教师身为教师管理表率的引领，与卓越教师交流方向方法、心得总结，探讨管理实践困境问题的专长学习渠道尚不成熟，不成体系，自然使得教师专长学习无可行之策。

2. 学校方面

（1）认识偏向，没有坚持育人为先的理念

教师个人本身对于管理专长的认识和观念固然是重中之重，但若是学校的整体认识或发展方向存在偏向与误差，同样会对教师管理专长的养成埋下潜在的阻碍因素，暗中掣肘，使得教师专长的培养横生阻碍，难上加难。

卓越教师的管理，非是为了管理而管理，亦非是对于教师、学生、学校等主体徒生事端，盲目要求，而是对于教师教育本质的终生追求及崇高信仰，是以培育全面发展乃至面向未来的人作为绝对优先的思想理念。然而，学校主体对于教师管理的认知，止步于管好每一位学生，管好每一堂课的教学，管好每一个班的秩序、成绩等比较浅表传统的认识，认识不仅存在偏差，其认识理念也是没有深入育人的最深层次，忽视了对本质的追求。

（2）引领无序，未能树立管理专长榜样

学校作为主要承担着教育职能的有组织计划的一种机构，可不仅是对学生主体学习进行管理和引领，更是不该忽视对教师发展进行管理和引领。学生在学习中既存在学业竞争又伴随着学业合作，两者并不相悖且互利共生，而反观教师却是逐渐轻看了该引领学习、良性竞争的有利条件和机会，丧失了专长持续培养提升的生机活力。

其中更为紧要的是，学校未能广纳具备管理专长的教师，也未能树立管理专长的学习榜样，教师中缺乏卓越教师这一"领头羊"的有序引领，呈现出管理专长培养的无序紊乱的状态。

（3）保障乏力，未能创设培育管理专长的环境

管理专长培养的全过程，都需要学校领导作为校园建设者、组织者、设计者为校园制度、文化、生态环境保驾护航、踵事增华。

学校内有形或无形的专长培育环境贯穿于教育专长从无到有、从弱到强的过程始终，不失为教师专长发展的一大助力。卓越教师呼唤优质的专长环境，优质的专长生长环境促进专长发展。虽说如此，教师专长所需的学校生长环境、保障的机制却未达预期。学校的专长制度相对残缺，专长文化底蕴相对较浅，在对教师专长的外在制度、文化保障上便总显乏力，交互作用之下管理专长所需的环境自然无法有效创设而出，无法为管理专长提供必要的支撑。

（二）培育管理专长的有效策略

1. 教师角度

（1）提升教师学习力，完备管理计划

学习力是乐于学习、善于学习、精于学习等有关学习意向、学习能力的表现，是学习能力及学习效果所展现的最高层次。教师在管理专长上的学习力，主要是指教师综合利用身边一切可用因素，学习吸收管理专长所需要的储备、能量，并能既内显于心又外化于形地表现出来。

培育发展管理专长中所需的学习力，主要是对教师自我管理计划的完善与准备。学习力从何而来？是从对卓越教师榜样的学习及多方交流中锻炼来的，而卓越教师自身的管理计划与经验心得，固然与一般教师本身专长的发

展存在有一定的共性或客观联系，但依旧需要其将所学、所悟、所感灵活施用，作用到自我的管理计划中。培育管理专长并非一朝一夕之事，需要不断提升教师学习力，将其转化成自我可吸收的成果，从而充实、发展自身，形成进阶卓越教师的学习—转化的独立系统。

（2）培养教师内驱力，调适管理行为

在培育管理专长时，必须先达成培养出教师深层内驱力的目标。首先，教师要充分认识到自身在管理中的重要性和意义，在日复一日的日常教学工作或生活中提升自我管理意识；其次，教师要着重思考和准确定位出进阶卓越的长远目标，对自己的能力水平和性格特长、情绪品质有一个比较准确的评价，制定分阶段、分层次的小目标，由此来挖掘出自己源源不断的向上力。其中，教师需要从更高的思想高度上认识到终身学习、全方位发展的必要性，时刻提醒自己不能忽视学习的重要性和紧迫性，有耐心和责任心地一以贯之下去。

美国社会学家威廉·怀特（William H. Whyte）创造了"组织人"这个新名词，指称那些忠于群体、循规蹈矩、毫无个性的组织成员。很显然，这种纯粹的"组织人"并不具备管理自我的主体性意识。① 教师专长的培养，需要从主体性的意识出发，本着自身发展进阶的原则，主动而不被动，守规而不限于制，循共性而不失个性，依此调适修正出现的失衡管理行为。

（3）激发教师思维力，拓宽管理路径

思维力的涵盖面很广，一般涉及教师的学习、工作、生活的方方面面。相比之下，思维力将过程看得比结果更为重要，注重的是在过程中找寻的思考探究。

教师的管理路径一般是较为狭窄的，教师，尤其是班主任，一般将管理事宜一人包揽全收，或只将部分简单可分工的任务交予学生。而在这种较为繁杂琐碎的管理事宜中，无论是对于所花时间精力还是存在的价值意义，教师都难以抽出身来进行深入客观的思考。教师拓宽管理的具体路径，充分将路径拓展于学生、家长、学校等方面，对于该过程有效的把握是可以激发和

---

① 吴艳茹. 教师"自我管理"——构建专业学习共同体的一个必要因素 [J]. 天津师范大学学报（基础教育版），2015，16（4）：17-21.

提升教师思维力的。而适度激发、提升教师的思维力，同样是能使教师深入思考而不断拓宽管理路径来协助教师管理的。思维力与管理路径不分先后，互为相照，为培养管理专长提供了丰富的思维性与思辨性。

（4）发挥教师主体性，跟踪管理结果

前文所述的教师内驱性，偏重于论述教师自我的一种内在积极动力系统，而此处教师的主体性，偏重于论述教师的管理专长培育，是需要教师具备作为主体的自主性特征，强调自身的内因是关键所在，是决定性因素。

教师管理专长的培育需要发挥主体性，并在过程和结果上都充分彰显主体性。在众多教师管理事宜中，其管理过程并不需要事事躬亲，但其具体的管理结果却都是需要教师发挥主体性去客观追踪和记录的。唯有不厌其烦地去追踪结果，并进行客观实际的记录，方可总结归纳出教师的具体管理效果。教师发挥出主体性，跟踪自身管理效果，势必为管理专长的培育总结经验，反思成效，奠定深厚的基础。

2. 学校角度

（1）强化学校制度文化建设，为形成管理专长奠定基础

学校内部系统一致、积极向上的制度文化建设，是教师管理专长培育和发展的持久动力。为促进卓越教师管理专长的形成，学校首先需要做的便是一改传统的管理制度模式，在班级与学校的规章制度层面构建有利于专长发展的整体框架。制度是学校管理中最重要的组成部分之一，是学校众多工作中内在灵魂的体现。建设出聚焦于教师专长的管理制度，既是为了教师管理专长的形成和进一步发展，也是有助于学校的建设，并随之为学校带来新气息、新气象、新风尚的。

除了学校的制度外，学校中的"软文化"即校园文化亦是教师专长发展不可或缺的一环。学校通过加强校园文化建设，联系整体与局部，从精神的、灵魂的层面营造出民主、和谐、富含深厚传统底蕴又生机无限的学校校园氛围。

在学校的制度和文化层面，需要强化具体建设成果，并以此出发创设良好的外在环境氛围，为形成管理专长奠定基础。

（2）构建多方交流沟通体系，为巩固管理专长提供保障

教师管理专长的萌芽形成、发展运用，皆不是教师一人闭门造车的结

果，往往需要客观外在因素的推动牵引。从培育管理专长开始，教师便需要由外而内地吸收学习，在专长形成与具体实践中融会贯通，于自成风格的周期内，又是需要根据具体情况，少走或不走难路，避免多走弯路的。

多方交流的沟通体系，体现在多渠道的交流方式、沟通交流的优越环境、信息经验的有效实用性等方面。例如，在多渠道的交流方式上，根据具体实践中自身管理专长发展的不足，以及自身百思不得其解，不能独立解决的疑难困惑，组建成一个个相互答疑解惑、相互交流学习、相互分享借鉴的教师会议群、教师团队。除此以外，还构建出教师与学生间、教师与家长间的对话平台，既使管理透明化、民主化，又保障教师以发展的眼光、多方的视角看待问题，获取完整全面的信息，自始至终保持"管理是为了服务"的理念，将专长发展作为进阶卓越目标源源不断的动力。在沟通交流的环境和信息经验的有效实用性上，教师可克服"一己之见""一家之言"的片面化弊端，筛选出真实的信息及有效经验，防止管理陷入个人主观武断的泥潭，实现管理的有效科学性，做出正确的管理决策。

（3）创设家校多元互助机制，为优化管理专长达成共识

家校多元互助机制，主要是密切家庭与学校间的联系，是优化补充管理专长生长空间的一大机制。家校本不应是分离割裂开的两件事物，在家庭中一样可以看作在学校内，在学校内也可以看作在家庭里。于校内，教师尚存一定管理时空条件，但亦需各学生家庭的互助配合，即使面对各家庭千差万别的情形，依旧可巧设构思出由家庭代表组成的家庭委员会，开办班级家庭研讨、交流学习会议等形式，使学生家庭从学校教师管理的"旁观者""局外人"身份调整至卓越教师管理中的有效"参与者""同盟军"。学校及家庭教育管理融合统一，在稳固学生的自我发展之余也为教师管理专长培育提供条件，保障教师管理专长的形成和发挥。

家校多元主体间，最根本的便是培育全局性及一致性。家校多元互助机制的创设与实施，增进多元主体间的相互理解，信息资源互通有无，使多元主体形成合力，和而不同又求同存异，达成共识。

第五讲　研究专长

一、什么是研究专长

（一）研究专长的定义

在《辞海》中，"研究"的解释为钻研、探究，①"专长"的解释为独到的学识技艺、专业本领或特殊才能。② 进而可知，教师研究专长指的是教师在专业领域上的钻研、探究层面所拥有的独到专业本领和独特才能等。

（二）研究专长的特点

1. 研究角色的主体性

教师作为研究的主体，其研究的主动性包括自动性、能动性和超越性。教师研究专长的发展不仅需要外在动力，还需要教师自身的内在驱动力。③教师要有自主意识，能根据自身优势特点，能动地确定可深度发展的研究方向，并且为自身的研究专长的发展制订计划。在无外在监督和敦促的情况下，教师要坚定研究专长发展的方向，不断丰富教育专业知识，不断更新教育观念，形成较为完善的教育知识系统，从而促进研究专长的深度发展。研究角色的主体性就为研究专长的发展奠定了基础。

---

① 辞海编辑委员会. 辞海 [Z]. 上海：上海辞书出版社，2000：1982.
② 辞海编辑委员会. 辞海 [Z]. 上海：上海辞书出版社，2000：34，80.
③ 冯忠江，葛京凤，张军海. 浅析高等学校地理教师专业发展的内容和途径 [J]. 读与写（教育教学刊），2014，11（4）：74-76.

2. 专长发展的持续性

研究专长的发展不是一蹴而就的，教师研究专长的发展是一个循序渐进、持续不断的过程。量变是质变的必要准备，质变是量变的必然结果。换句话来说，教师想培养有别于普通教师的研究专长，就需不断地学习专业知识。专业知识量的积累，需通过教师的内化，不断构架研究专长所需的知识体系，从而得到研究专长的质变，即研究专长从无到有、从不完善到完善的形成过程。教师不仅可以通过知识的内化，也可以通过知识技能的运用来促进研究专长的形成。专业知识的不断实践的过程是研究专长不断发展的过程，教师在实践的过程中可能会遇到专业知识不足等挫折，但从实践的经验与知识的理解来看，研究专长的发展趋势必然是呈螺旋式上升的。

3. 研究内容的实践性

实践是检验真理的唯一标准，教育研究的内容正确与否，需要通过实践的检验。普通教师一般是不具备研究专长的，他们往往把研究理论束之高阁，这样导致理论研究与实践探究的脱钩。教师通过实践，能不断地进行教育反思，明白自身研究专长发展的不足；理论是实践的基础，教师在实践的过程中理解教育理论的真谛。总之，研究专长的形成，需要教师在具体教育中通过实践完成，在教育实践中形成自己的研究专长。

4. 研究成果的导向性

教育专长是指教师在某一领域的研究专长，其研究成果对周围教师起到带头示范作用。普通教师研究的水平参差不齐，在研究专长的发展过程中急需卓越教师研究成果的指引。研究成果是一个教师专业知识、专业技能等方面的集中体现，普通教师可通过对研究成果的借鉴，并且根据自身的独特性，不断改进教育实践，这不仅为研究成果提供了实践机会，而且为周围教师的教育实践和研究起到激励导向作用。

（三）研究专长的作用

1. 助力教师专业发展

专业知识是研究专长发展的基础，通过培养研究专长，促进教师不断地掌握专业知识，从而积淀专业素养、提高专业能力。专业发展与研究专长不仅不冲突，反而互促互进：一方面，在发展研究专长时，教师发现在不同方面、不同层次上理论知识的欠缺，就会自主或不自觉地学习理论知识。而专业理论知识不仅是研究专长的基础，也是教师专业发展的理论基础，即能给予教师专业知识的基础指导。随着专业知识的不断积累，掌握的专业知识越多，教师的专业接触面就越大，教师的专业思想也跟着发生变化。另一方面，教师专业发展的主要途径为教育实践的磨炼。研究专长的发展内容离不开实践经验的支持，而研究专长发展的需求又会不断地促进教师实践其专长内容，专业化的实践也进而提高教师的专业能力。

2. 改进学生管理方式

学生管理方式的改进可以从细化学生管理计划、组织、控制与领导等工作流程中改进。① 教师的研究专长具有较强的探索性和不易模仿性。研究专长发展时，教师创新思想不断得到加强和深化，并且研究内容特别是学生管理方式得到较为细化、较为专业的发展。因教师细致的探索，学生管理方式向着更完善的方向发展，并且因为教师的个体独特性和教育教学环境的多样性，教师较易于改进本土化的学生管理方式，该学生管理方式亦不易被模仿。综上所述，研究专长的发展促进教师不断探索、改进学生管理方式，并通过细致的探索促进本土化的学生管理方式的改进。

3. 促进学校形成教育品牌

学校教育品牌具有特定名称和标志，并且具有特定质量水准和文化内涵，是基于校内师生员工和社会各界人士认可而形成的共识。② 学校作为教育机构，教育水平在教育品牌形成中凸显重要性。研究能力是教育水平的重要衡量标准之一，许多学校的研究水平仍有欠缺，研究专长便逐渐成为各个学校争相角逐的发展方向。可以说，若是研究专长得到发展，该学校就在教育水平上得到了个性化的发展和有别于其他教育机构的领先地位，并且会得到师生、家长、兄弟院校乃至社会公众对其教育形象的认可，从而形成学校教育品牌。

---

① 师帅. 提升学生管理工作精细化的方法分析 [J]. 就业与保障, 2020（13）: 153-154.
② 那岚业. 基础教育学校品牌研究 [D]. 西安: 陕西师范大学, 2013: 10-12.

二、研究专长的关键指标

研究专长对教师综合能力的要求较高，教师要发展研究专长，不仅需要专业知识的积累，还需要敏锐的教育观察能力、不断追问的教育反思能力、系统深刻的成果凝练能力和科学规范的研究表达能力。

（一）敏锐主动的教育观察能力

1. 全面掌握教育观察的记录方法

教育观察是一个即时性的教育活动，观察内容转瞬即逝，且人的大脑记忆容量有限，要想最大限度地发挥教育观察的作用，就必须及时记录教育观察的内容。教育观察的记录方法有多种，其中较为常用的为描述记录法、取样记录法和行为检核表法。

（1）描述记录法

描述记录法是指随时记录感兴趣的问题，不受任何时间和条件限制，事先也不需要做特别的编码分类，主要包括日记描述法、逸事记录法和连续记录法。

日记描述法是指一种详细记录连续变化、新发展或新行为的观察记录方法，也是一种长期的时间纵向记录。

逸事记录法是指随时随地记录某种有价值的行为及研究者感兴趣的事例或片段。

连续记录法指按照自然发生的事件或者行为的顺序在一定时间内做连续不断的记录。记录时间经常为一天、半天，一般比逸事记录法更完整。①

（2）取样记录法

取样记录法是指以行为作为样本的记录方法，可分为时间取样法、活动取样法和事件取样法。时间取样法以时间作为选择标准，记录者专门记录在特定时间内发生的行为及其出现的频率和持续时间。②

① 简述常用的教育观察记录方法是什么 [DB/OL]. https://zhidao. baidu. com/question/1305468389995243299. html，2020-11-15.

② 佚名. 评价观察 [DB/OL]. http：//www. docin. com/p-2097181164. html，2020-11-15.

取样记录法的操作程序：一是对观察内容分类；二是要下操作性定义；三是设计记录表单；四是确定观察指标。①

（3）行为检核表法

行为检核表法主要是核对重要行为的呈现与否，观察者勾选已经出现的行为。制定核对表格时，应列出一些具体要求且观察项目排序应具有顺序性。

2. 善于勾连教育现象与教育理论

教育理论是通过一系列教育概念、教育判断或命题，并借助一定的推理形式，构成关于教育问题的系统陈述。② 由于教育理论具有逻辑性与系统性，因此教育现象与教育理论的勾连无疑是对教育现象中的教育问题进行系统的认识，站在前人的肩膀上，教师能更高层次地认识教育现象，避免因认识混乱带来实际研究行动的偏差。正确的认识是教育活动成功的前提。③

3. 善于总结普遍教育现象背后的规律

普遍教育现象的背后规律是指教育活动发展过程中存在的本质的、必然的和内在的联系。教师通过分析，可揭示教育观察点与其他教育现象或教育要素之间的联系，从而发现教育现象的背后规律，比如教育发展趋势的规律等。教育问题是教育现象的一种体现方式，也是通向教育规律之门，因此教师可通过研究一个又一个的教育问题，发现教育现象背后的规律。教师用科学正确的眼光审视教育现象，为研究专长的探索提供全局的、有深度的思考。教师站在普遍性的规律上，得出的研究成果也具有普适性。

（二）不断追问的教育反思能力

教育反思是教育者对教育的再认识与再思考。教育反思不仅对教师的教学能力具有促进作用，还可提高教师的教育研究能力。就像下棋时常说的"复盘"，没有回忆与思考，教育者永远都不懂得自身教育存在的问题，也不懂得学习与借鉴他人的研究成果。教育反思一般分为两个步骤：一是分析教

---

① 佚名. 评价观察 [DB/OL]. http://www. docin. com/p-2097181164. html, 2020-11-15.
② 陈贤良. 教育智慧的形成机制研究 [D]. 重庆：西南大学，2010：13.
③ 佚名. 教育理论学习的意义 [DB/OL]. https://zhidao. baidu. com/question/107214701. html, 2020-11-15.

育现象中的教育问题；二是利用分析的结果解决教育问题。

1. 娴熟地运用教育分析与综合

分析与综合，指的是在认识中把整体分解为部分和把部分重新结合为整体的过程和方法。① 分析与综合相互渗透并相互转化，在分析基础上综合，在综合指导下分析。分析与综合，循环往复，推动认识的深度发展。一切论断都应有分析与综合的参与。

教育者在进行教育反思时，首先要对反思内容进行全面而细致的认识。只有真正地认识一个事物，才能了解事物的不足和优势。例如，教师教授完一节课后，要进行常规的教育反思即教学反思，且反思时要深度剖析课堂的教学内容是否符合学情、知识点是否全面且重难点突出、教学方法是否得到学生的认可等。接着，教师综合考虑分析情况，并在内容上进行教学改进。教师应以身边的教学情况和常见的教育现象为内容，进行分析与综合的常规训练，多分析、多思考，进而加深教师教育研究的深度。

2. 系统掌握教育归纳与演绎

归纳方法是从个别或具体特殊的事物、现象中概括出共同本质或一般原理的逻辑思维方法。由于其概括出许多个别事物的共同特点，是具有一般性、规律性的判断，因此教师研究时要注意研究成果的普适性，教师可通过归纳方法，归纳出教育研究对象的共同特点，针对这一共同性提出解决或改进教育的方法，这样的研究成果也易于得到公众认可和实践，成果也会得到进一步的推广。② 演绎推理是指从一般原理推导出特殊结论和个别结论的逻辑思维方法。这种推理的思维特点是从一般到特殊，且以一般性的知识为前提，推出个别性的结论，所以教师要系统地掌握演绎方法，离不开系统的教育、逻辑、哲学等学科知识的学习。③ 比如哲学的学习，辩证唯物主义历史观提到社会存在决定社会意识，教师研究古代教育思想时不可脱离这一哲学

---

① 百度文库. 分析与综合 [DB/OL]. https：//wenku. baidu. com/view/a7e2901214791711 cc7917f1. html，2020-11-15.

② 冷妹，张祖庆. 法律适用中的归纳思维与演绎思维 [J]. 法制与社会，2009 (34)：3-4.

③ 冷妹，张祖庆. 法律适用中的归纳思维与演绎思维 [J]. 法制与社会，2009 (34)：3-4.

认识，因为古代政治、经济的不同，就会导致教育文化方面的不同。所以教师不能以现代人的思维去片面地思考和评价当时社会的教育思想，否则易产生认识上的误差。掌握适用性的知识后，教师就可用其指导教育特殊现象的研究，个别化研究具有针对性，有利于提高研究成果的实践性。

3. 学会多维度分析教育问题

事物的联系是普遍的，教育问题也是社会问题，社会又是一个复杂的整体，因此教育问题的分析不应仅仅局限于对教育领域的思考，应跨领域、跨学科地研究分析，而且多维度的分析不仅是横向分析教育问题的组成部分、本质、属性方面，还需纵向分析其他领域与教育问题的关联性。这样，多维度的思考不仅能提升教师的思维能力，还能为研究专长所研究的内容提供新思想、新方向，提升研究价值。

思考的维度可分为系统维度、时间维度和结构维度。教师研究时常用结构维度，特别是研究成果凝练时的表达。比如，研究成果中教育问题的分析，教师可首先对教育表象进行表述；其次进一步地归纳、分类教育问题；最后多维度地分析教育问题的组成部分、属性和影响因素。以结构维度表述教育研究成果具有逻辑递进的特点，具有不同结构且跨领域的不同方面的分析，易引人深思，增强教师研究的启迪性。

4. 善于多途径解决教育问题

教育研究的多维度分析对应教育问题的多途径解决，教育问题的研究价值还体现在研究的实用性和可行性。有时某一教育问题普遍存在，但由于教育环境的多样性，解决教育问题的途径不能单一化。多种途径解决教育问题，就会在较大程度上避免有些教育地区不适用解决途径时出现的无计可施的情况，也极大地发挥了教师研究成果的实用性。教师可通过多维度的问题分析，并有针对性地结合教育环境或多层次的教育问题分析，提出解决方法，而不是笼统地提供解决方向，并未就研究者的身份向外输出解决教育问题的价值。

（三）系统深刻的成果凝练能力

研究成果是教师研究劳动的体现，它不仅使教师提高获得感，还将研究结果输出化，便于他人借鉴，拓宽研究成果应用范围。教师在凝练研究成果时应注意其具有导向性、创新性、独特性和普适性的特点。

1. 善于凝练成果的导向性

教师教育研究具有目的性。教育研究的方向对于教师来说，一般通过实证调查和文献梳理来发现教育问题。但由于教师职业的实践操作较多以实证调查为主，因此发现的教育问题会具有情境性。而教师围绕情境性的教育问题展开研究，研究内容不会显得空泛、毫无意义，且因其研究成果是教育问题研究的核心凝练，所以研究成果具有针对性即导向性。例如，一篇论文的撰写，需要经历开题报告的环节，之后的论文准备和撰写都围绕开题报告进行。开题报告就成了指导论文的核心，并为论文提供了准备和撰写的方向。

2. 善于凝练成果的创新性

教育研究的价值体现于发现教育问题并凝练出解决问题的研究成果，而研究成果的价值体现于其蕴含的创新性。但人们面对"创新"一词时，往往就会思维禁锢地认为是"首次"之意，对创新就会望而却步。实际上，"创新"还有"再创新"之意，即在原有的思维模式上，按照教育理想改进、创造新的事物或环境等。教师经过学习、实践的积累，并通过平时的调查实践和文献梳理，结合内里固有的思维模式和知识，创新旧的、尚有欠缺的教育。例如，每个教师对于教育都有着或多或少的期望，但期望往往与现实有偏差。而偏差源于现实且往往是教育的缺陷，这时教师就可利用这个偏差，提出他人未注意但又应改进之处。这就是创新，它不用"前无古人"，只要可以改进，就能凝练出成果，弥补"前人之不足"。

3. 善于凝练成果的独特性

一般地，教师更多地看到的是普遍性的教育研究，而忽略了地域性的、独特性的研究内容，这样就导致研究内容的空白。因此，教师掌握教育的共通性后，要想做有深度的教育研究，就必须扎根地域性特点。如果教师扎根地域文化，对地域文化教育有深层次了解，则研究成果就会具有当地特色，且与大多数的研究内容相比具有独特性。

同理，教育水平较高的教师，对于某一领域的研究做得够深、做得够精，对这一领域的认识相对于许多普通教师更深、更新颖，那么教育成果也具有独特性。综上所述，教师凝练成果要突出独特性，需要在教育研究原有领域上填补空白，或者在某一研究领域上勇于探索，做研究的创新者。

4. 善于凝练成果的普适性

普适性的成果是指能普遍适用的成果。虽然教育问题讲求创新性和独特性，但研究成果的最终意义应是最大限度地具有可实施性的、具有最大普惠性。在理论上，研究成果应具有指导或启迪作用，虽然理论是意识形态上的内容，但教师可在研究的过程中多进行一个步骤，那就是加快研究成果转换进程。这个过程可以不用完全达成最终的成果节点，但是要使研究凝练后的成果具有一定指引性。在实践上，研究成果具有可操作性，研究成果为普通教师的教学提出改进意见，在教学方法上提供多元的思维路径、在教育研究上提供较为明晰的方向等。

（四）科学规范的研究表述能力

1. 研究表述语言要准确

研究语言具有说明文语言的准确性，即教师的研究表述语言要注重语言的指向性、描述性。在指向性上，由于教师进行教育研究时，首先要明确研究的对象，这就要求研究表述语言的含义也要对应研究对象，切不可表意模糊，导致研究表述与研究价值产生较大的偏差。在描述性上，教师教育研究的表述内容也是教师思想的表述，在描述时不单表达表面研究，还要表达研究者的许多思考，有研究的目的、研究过程的用意、研究结果的针对性等。宽泛地说，就是要表达教师研究的具体用意。

2. 研究表述逻辑要清晰

研究表述逻辑清晰，简单来说就是表达语言具有规律性。教师从多维度分析与综合研究对象，并对研究内容进行推理得出研究结果，研究表述也要遵循逻辑推理的思维原则，行文要做到思维严谨、思路清晰和脉络分明；研究主题内容要突出、鲜明；表述结构要清晰、合理；研究结果或研究主张要明确、前后对应等。①

3. 研究表述格式要规范

研究表述形式一般分为两种：研究报告和学术论文。每种表述形式都有相应的格式要求，教师的研究表述应遵守其要求。比如，学术论文除标题外需加粗的地方、标题序号的固定，包括行间距、首行缩进等都需注意。实际

---

① 丁玲玲. 试论英语写作教学的语言逻辑策略 [J]. 学理论，2013 (14)：303-304.

上，研究表述格式规范，有利于提高研究成果的可理解性和研究成果表达的准确性，有利于研究成果的收集与传播，而且格式规范呈现的表述有利于学术成果的评价。例如，学术论文的参考文献格式要规范，以便读者对作者进行研究时参考前人成果的数量与质量，从而进行一定的成果评价。

4. 研究表述框架要简洁

研究表述框架不仅是研究过程的表述，也是研究成果中读者的阅读思路。一般来说，框架是研究成果表述的主干，其研究内容是分支，读者循着主干思路不断地理解分支内容，这种不断填充式的理解方式，要求研究表述框架要简洁。且研究成果往往具有理论化的特点，这就导致研究成果的可读性较低。综上所述，研究表述框架简洁，有利于增强研究表述条理性，并提高研究成果的可读性。

三、如何培育研究专长

（一）树立处处可研究的教育研究意识

1. 树立不怕研究失败的意识

不怕研究失败的意识，要求教师不管研究困难如何，都要勇往直前。教师要培养对研究的勇气，首先，应明确教师对教育的理想追求。从事教育行业时，往往教师都怀着人文情怀，对教育的未来发展方向充满信心，坚信自己能为教育事业添砖加瓦。由于教育研究对教育的发展有着极其重要的作用，教师可从教育情怀出发，勇于开始教育研究。其次，化情怀为动力，教师进行教育研究时，会碰到或多或少的困难与阻碍，教师这时需要情怀推动，不断地迎接挑战、提升自我、突破困难。这种不怕研究失败、敢于挑战困难的意识，将成为教师研究专长发展源源不断的精神动力。

2. 树立研究就是生产力的意识

生产力可分为多种，其中有人口生产力和教育生产力。① 教育研究内容大多数分为两方面：一方面为教育现状存在的问题。教师行业是教育的第一

---

① 汪向阳，汪碧瀛. 论当代知识生产力的新发展 [J]. 西北大学学报（哲学社会科学版），2001（3）：107-112.

战线，教师通过教学实践、教育管理等方面的经验，发现教育发展存在的问题，其问题可以是教学的缺陷，或较大范围的教育领域存在的教育问题等。教师通过不断地反思进行教育研究，解决现实的教育问题，改进后的教育教学也会提高教育质量，为培养高素质人才奠定基础，为提高教育生产力提供动力。另一方面为教育研究的新情况和新发现。教育发展已有几千年的历史，但教育仍有许多领域需不断填补空白，需要研究者不断地开拓新境界，促进教育向前发展。总之，无论研究哪个方面的教育问题，最终目的都是促进教育进展。而教育是培养人的活动，因此教师要坚信教育研究，不仅可以促进人的发展，还可以提高教育生产力。

3. 树立研究促进专业发展的意识

教育研究归根结底就是对教育进行进一步的讨论与探索。专业是主要研究的学业或从事的职业。从整体来看，教育研究对专业性要求更高，可以说专业是主攻方向，教育研究是专业进一步发展的重要途径。

教师专业知识主要来源于大学时期的积累，在从事教学良久之后，就会出现精神懈怠的情况，对知识的渴求欲望较低，专业知识发展停滞不前。而教育研究对教师的启迪是趋向于探究教育问题和多思考、多提问的研究习惯，为专业发展提供不止于前的专业态度。

教育研究需要教师多读书，多利用专业理论知识，为研究提供理论基础，更为专业弥补知识上的缺失。从实践方面来看，教育研究的深层次探索使教师的视野更加开阔，对知识的理解更为深刻，从而促进教师在理解的基础上充分利用教育资源提升教育教学能力。比如，教师研究小学生与教学活动的关系内容时，就会接触心理知识，而教师设计教学过程时，不仅要结合教材内容，更要在教学过程中注意小学生的心理活动，这样融合心理知识的教学设计，极大地促进了教学质量，也提高了教师专业能力。综上所述，教育研究与专业发展是相互促进、相互融合的过程，因此教师要树立研究促进专业发展的意识。

（二）具备事事能研究的项目设计能力

1. 掌握研究目标描述的能力

研究目标是研究的意义和价值的体现。研究目标的表述有三个重要的构成元素，分别为研究问题、研究方法（手段）和研究预期效果。

描述研究目标时要着重注意两个方面：第一，研究目标往往是就教育问题展开的研究，研究目标应体现问题的尝试性回答；第二，研究目标要描述出研究的预期效果，即研究的意义所在。

目标描述步骤可分为：一是研究目标描述前，教师坚持可操作原则，对问题进行分析细化，小问题的回答对应的往往是小目标的预设，小目标的可操作性较高；二是教师应梳理研究的意义和预期效果，并对其分类以便后面的分点描述，分类的标准可为研究效果受益的不同主体、教育多种领域等；三是描述时，教师用简洁的语句表述出研究目标的三个重要构成元素。

2. 学会研究基础分析的能力

分析能力是指把事物分成若干份进行分析认识的能力。学会研究基础分析能力，首先，要学会观察身边的教育现象，从中识别教育问题，利用已有的教育知识、教学经验等，对其进行尝试性回答；其次，教师通过多种途径、多种资源获取有用信息支持，并对回答进行补充和完善；再次，将教育问题分解成若干子问题，并根据不同标准进行分类；最后，对问题进行解析，从而识别问题与相关信息的内在关系与规律，寻找较为完善的尝试性研究回答。

3. 训练研究资源整合的能力

教师研究资源一般可分为校内与校外两个方面。在校内，教育研究管理机构为研究平台提供资源整合的便利，教师间接利用资源，缩短资源收集时间。学科教研组是学科专业教学资源的集合点，教师通过交谈和座谈会等方式获取有用信息，并逐渐形成系统化的教学内容。由于学科组的专业性较强，其内部交流的信息知识较多为专业前沿信息、科技最新成果等，这就为教育研究打下坚实的基础。整合教师资源，作为研究者的教师可向同行的教师请教和交流，正所谓"三人行，必有我师焉"，特别是资深教师有丰富的教学经验，青年教师有较为新颖的研究理论和方法，通过发挥各年龄段教师的专业优势，整合现有的、身边的、有用的研究资源。

在校外，每个学校的教育特色各不相同，校际间需整合各自优势，取长补短，加强互助和交流，教师要及时汲取有用的、跨空间的研究资源。比如，不同的管理方法，产生的管理效果也不尽相同，教师通过本校与别校的对比，会得到较为明显不同的教学管理经验。学校也可与外部的资源整合，比如企业、社会、政府等。政府是教育资源整体分配的主体之一，有时政府不能提供专业资源，但能为研究提供资金资源、研究场所等。①

综上所述，教师训练研究资源整合能力，需要全面了解来自多方面、多途径的资源，并斟酌筛选有用信息。

4. 优化研究成员分工的能力

组成研究团体的成员的能力和优势不尽相同，他们是为了实现共同教育研究项目的目标而会集在一起。研究项目的主要负责教师要想最大限度地发挥成员能力，首先，要对成员进行专业特长等方面的了解。其次，就成员的优势进行任务分工，即为成员立下一个个研究小目标。再次，组织成员在了解研究任务后，进行自我分析和任务拆解，在整体研究进度合拍的情况下，为每个研究任务定下时间节点。这样不仅能保证研究任务的完成度，也充分发挥组员的自主能力和专长。最后，总负责教师需要安排研究小组内的研究讨论，共同为研究难题出谋划策，并要及时检查各个研究任务的完成情况，这样不仅能整合各个教师的专业优势，还能在研究的同时，提高教师各方面的专业能力。

5. 具备研究进程控制的能力

研究进程控制能力会在很大程度上影响研究目标的完成度。教育研究项目主要负责教师要对研究进行计划订制，这个计划不仅是整体研究目标的确定，还是研究目标的细化，并为拆分的研究小目标定下时间节点即完成小目标的预计时间点。时间节点的设置就像警钟，时刻提醒着研究者不可懈怠。当然，在时间节点间要注意预留验收、修改阶段性研究成果的时间和处理突发情况的时间等。

总负责教师可以不全权管理整个研究项目的运作，特别是在验收阶段性研究成果时，总负责教师需要管理小助手协助自己跟踪任务完成情况，收集阶段成果。这样大大减少了总负责教师的管理工作负担，还锻炼、提升了助手的管理能力。综上所述，具备研究进程控制能力，需要教师既懂分权又懂

① 杜萍. 高校创新创业教育资源整合问题探讨 [J]. 科技经济导刊, 2020, 28 (26): 108-109, 107.

掌权。

（三）掌握时时做研究的教育研究方法

1. 熟悉常见的教育研究方法

（1）几种常见的研究范式

①量化研究与质性研究

量化研究又称定量研究，是指用数学方法通过对资料进行分析与处理，通过资料在数量上的变化和特征揭示事物的本质和规律。① 量化研究先提出问题假设，通过调查法、实验法、测量法等方法得到较为精确的研究数据，再对数据进行量化式的分析，得出研究对象的数值特征，并得出相关的规律或结论。量化研究讲求精确性，且表述多为数字字符。研究结果还可以进行深层次的研究。

质性研究又称定性研究，其与定量研究相对应，探讨事物的性质，是通过发现问题、了解事物的现象，从而确定事物本质和规律的研究方法。② 质性研究通过历史追溯、经验积累、文献整理等方法，得出研究对象的属性、特征等。由于质性研究是回答事物性质的问题，具有整体研究特点，因此质性研究有利于整合研究内容的关系，发挥研究者的主观意识作用，推理得出研究问题的解决方法。

综上所述，量化研究与质性研究都有各自不同的优点，两者可相互融合运用。量化研究以真实数据为基础，具有科学性；而质性研究更多的是靠研究者的主观判断，具有自主性。两者相互弥补，共同运用得出的研究结果较为科学、深刻。

②思辨研究与实证研究

思辨研究是研究者在个体理性认识能力及直观经验的基础上，通过对概念、命题进行逻辑演绎推理而认识事物本质特征的研究方法。③ 思辨研究依靠人的理性和直觉，通过解析、比较、批判的方式，探究事物本质和内部联

---

① 张新海，李瑶瑶. 教育定量研究和定性研究：对立与调和 [J]. 现代教育科学，2020（3）：28-33.
② 同上。
③ 彭荣础. 思辨研究方法：历史、困境与前景 [J]. 大学教育科学，2011（5）：86-88.

系。思辨主要依靠大脑的运转，对自然事物没有进行实际的测量和考究，且因每个人都有理性思辨能力，而思辨讲求的是内在逻辑关系，所以思辨研究也是教育研究的重要方法之一。

实证研究是指用科学的方法获得客观事实或经验，并以此解释经验事实，得出理论结果的研究方法。① 实证研究通过历史、调查、实验等方法，佐证研究的客观性。研究者可通过实地考察、调查研究等方式参与研究内容的取证，并整理获取研究的第一手资料。实证研究具有客观实践性。

（2）几种重要的研究手段

①观察法

观察法是指研究者凭借自身的感知觉或其他辅助工具，对研究对象进行有目的、有计划的考察与研究的方法。教师在进行教育观察时应注意以下两点：一是在自然状态下观察研究对象；二是要如实记录观察现象，不可增添研究者的主观意识。②

②文献法

文献法是指研究者对有用的文献进行阅读、分析、整理等，进而全面了解研究内容的研究方法。文献可分为零次文献、一次文献、二次文献等类型。由于研究者用文献时，文献会经过添加整合的过程，因此研究者应尽量用零次文献和一次文献，以便增强文献的佐证性。

③问卷法

问卷法又称调查问卷法，是指研究者通过制定统一标准的问卷向问卷对象了解情况的研究方法。研究者制定的问卷应具备两个功能：第一，问卷能将问题传递给被问者；第二，被问者愿意回答问卷的问题。要想问卷具备以上两个功能，研究者的问卷对象就应多元化，且研究者从不同类型、不同特点人群得出的调查结果具有参考性。在设计问卷时，研究者要遵守以下原则：第一，主题明确；第二，结构合理、逻辑清晰；第三，问题通俗易懂；第四，问卷长度适中；第五，问卷的设计便于资料的校验、整理和统计。

---

① 龙立荣，李晔. 论心理学中思辨研究与实证研究的关系［J］. 华中师范大学学报（人文社会科学版），2000（5）：128-132.

② 姚计海. "文献法"是研究方法吗——兼谈研究整合法［J］. 国家教育行政学院学报，2017（7）：89-94.

④访谈法

访谈法是现代社会进行沟通及咨询而获取信息的常用方法。在访谈时，访谈者要少问少说、多听多记。研究者在访谈问题设计上应注意以下几个方面：第一，不设计引导性较强的问题；第二，设计访谈者能准确获取答案的问题；第三，设计应以被采访者为中心且应注意其思考较多的问题；第四，问题排序要合理，如先易后难、先轻后重等。

⑤文本分析法

文本分析法是指研究者通过分析文字载体的结构与意义，更深层次地理解文字内容的研究方法。文本分析法是定性研究的方法，虽然研究的主体为"文本"，但研究时研究者应坚持客观分析的原则，减少个人情感态度、价值观念等主观意识的掺入，以确保分析结果的客观性及可借鉴性。

⑥比较研究法

比较研究法是指对事物或人之间的相似性或差异性程度的研究与判断的研究方法。研究者运用比较研究法时，需根据研究对比的标准，观察对比两个或两个以上的事物或人，并寻求其异同，以便为研究提供具有规律性的研究资料。

⑦行动研究法

行动研究法是指研究者在无人为干扰、真实的环境下，按照步骤运用多种方法和工具，解决教育问题的研究方法。行动研究法的步骤可分为：第一，对教育现象提出问题；第二，收集材料分析教育问题；第三，制订解决教育问题的计划；第四，在计划的指导下有步骤地采取行动；第五，总结实践后的数据和资料，并从中得出教育问题的尝试性回答。

2. 善于根据不同研究目的选择教育研究方法

研究目的是选择研究方法的决定因素，且同一研究目的可以运用不同的研究方法来实现。研究者通过分析教育问题，了解和认识教育问题与教育预想之间的偏差，并根据自身对教育研究的目的、目标，设计多种途径解答教育问题。根据研究目的确定研究方法的方式较为全面，但研究时也存在研究方法掌握不足等情况。

同一研究目标下，研究者可运用同种研究方法解决教育问题。而深层次的教育研究，可以体现在教育研究方法上深度的运用。所以在教育研究实践上，研究者应用一种研究方法回答复杂的教育问题，这就要求研究者对该方法内容要熟悉并能熟练运用。当然研究方法也要符合研究目的的类型，比如，在研究农村教师在义务教育阶段岗位空缺的情况时，研究者不能主观臆断，应选择定量研究的方法，用具体的数据研究分析，进而得出农村教师在义务教育阶段岗位空缺的情况。综上所述，研究者要根据研究目标的类型，适当地选出一种或多种的教育研究方法。

3. 具备排除研究干扰的控制能力

在教育研究过程中，研究者要想不受干扰，就应具备排除干扰的控制能力。而要想培养排除研究干扰的控制能力，研究者应做到以下几点：第一，保持乐观心态，改变不良情绪。研究是一个漫长而艰辛的过程，研究者在研究的同时不应放弃户外运动等健康的排解方式，舒缓高度紧张的精神状态。第二，专注于研究目标，并为目标制定时间节点。研究不仅需要研究者乐观放松的心理状态，研究任务还需要具备适度的压力。适当的研究压力，会激发研究者的潜能，为研究者不断突破自身、排除多种干扰提供动力。第三，破除研究的外部诱因，比如对于电子产品的吸引，研究者可以直接关闭电子设备，拒绝诱惑。

4. 学会检验教育研究方法的有效性

检验教育研究方法的有效性一般有两种方法：一种为实验法，实验的出发点为实践，研究者通过实践检验研究方法对研究目标的完成是否具有促进作用，即有效性的检验。这种方法较为直观准确，是检验研究方法有效性的重要方法。另一种方法为经验法，研究者通过其他研究者的经验，对研究方法进行评价，再预设研究方法的实施是否有效，最后才选定研究方法。这种检验方法极大缩短了研究方法的检验时间，且其使用范围较广。

（四）形成人人可借鉴的教育研究成果

1. 教育案例

教育案例是一个教育情境的故事。在叙述一个故事的同时，人们常常会发表一些自己的看法，也就是点评。因此，一个好的案例，就是一个生动故事加上精彩点评。① 教育案例由背景、主题、案例问题、情景与细节、结果和评析五个要素构成。研究者要形成人人可借鉴的教育案例，首先，要选择经典素材，其经典性体现于案例能够比较完整地包含许多教育问题或重点突出的某一教育问题，其问题在实践中一般具有普遍性。其次，要深度描述案例的过程，描述的内容包含背景和情景发生时不同人物的心理活动。最后，研究者用简洁凝练的语言，评述案例本身的独特优点或者具有可操作性的教学方法。

2. 教育论文

教育论文既是探讨教育问题进行学术研究的一种手段，又是描述学术研究成果进行学术交流的一种工具。② 要想形成人人可借鉴的教育论文，首先，要熟悉所投期刊的格式要求，按照其要求撰写教育论文。格式的统一不仅使教育论文在视觉上更美观，还提高了教育论文的可读性，这就便于扩大教育论文的传播范围。其次，教育论文的探讨内容要具有创新性，提出的解决方法要有可操作性。最后，教育论文的表述要具有逻辑性，要体现论文学术性、科学性、理论性和创造性的特点。

3. 教育著作

教育著作是指第一次出现的教育文章或书籍。教育著作也是研究者教育经验和专业知识的凝练。教师应养成时刻留心观察教育现象的习惯，为教育研究的著作提供素材，并积极参与教师的教育实践，为著作积累实践经验，以及多看书、勤看书，为著作的撰写积累专业知识。综上所述，研究者要想具备撰写教育著作的能力，需要平时一点一滴地积累，需要坚持不懈地进行教育研究。

4. 教育专利

专利是指政府机关或者代表若干国家的区域性组织，根据申请而颁发的

---

① 佚名. 教育案例研究及答案［DB/OL］. https：//www. renrendoc. com/p-40418358. html，2020-11-28.

② 百度百科. 论文［DB/OL］. https：//baike. baidu. com/item/论文/149478？fr＝aladdin，2020-11-21.

一种文件。① 这种文件规定了研究者拥有教育研究成果的相关权利，并且规定他人要在专利者许可的情况下，才能获得专利的使用权。专利受法律的保护，且研究者可通过教育专利认证平台证明教育研究成果的创新性。创新性成果对教育研究空白领域具有填充作用，又为其他教育研究者提供研究方向，还为自身提供知识产权保护且保存了教育研究成果。

5. 教育软件

教育软件是指为满足教育用户对不同教育领域、不同教育问题的应用需求而提供的软件，可以扩大教育研究成果的应用领域。教育软件是教育技术研究的成果凝结，不仅蕴含着教育技术的知识，还可作为媒介，促进其他教育研究成果的传播推广。

6. 教育资政报告

教育资政报告是指政府部门做出教育相关的决策和政策报告，具有针对性、有效性、可操作性等特点。教育资政报告针对性较强，通过报告的宣读，不仅传达了上级对教育的指向，还有效地促进了教育上下级的教育思想、教育制度政策等方面的沟通。教育资政报告应及时做，不可不做，因为教育资政报告还是教育领导机关正常运作的重要工具。

（五）提供形成研究专长的支持条件

1. 组建教育研究共同体

（1）学科教学研究共同体

由于教师从属于教学管理行业，其教育研究具有学科性。根据研究性质，学校组成不同年级、不同学科的教学研究共同体。不同学科的教育理念不尽相同，学科教学研究共同体则为教师教育研究提供了专业的指导。在这个共同体内，教师充分交流教育经验与心得，不断完善教育研究设计的各个环节，激发学生的创造性思维。学科教学研究共同体有利于教师资源的集结与整合，有利于教师汲取整合他人的资源，充分挖掘利用身边的教育教学资源。由于共同体具有学科性，教师的信息不仅限于学科领域，还会较为迅速地更新学科知识，促使教师学科交流突破局限，使学科知识更富有前沿性。

---

① 百度百科. 专利 [DB/OL]. https：//baike. baidu. com/item/专利/927670? fr = aladdin, 2020-12-03.

（2）学生管理研究共同体

学生管理研究共同体一般由担任班主任职位或学校管理职位的教师组成。每个个体所管理的班级或学校部门各不相同，却有互通性。教师可通过学习团体资源分享的管理经验，最大限度地整合教育管理资源，促进教师之间优势互补。教师还可通过自身经验的积累，运用共通的方法与特殊的班级或学校管理办法，形成新的学生管理方法。新的管理办法又在学生管理研究共同体中形成交流，个体又在交流中吸取他人意见，再次创新管理方法。就像这样不断地循环往复，学生管理研究共同体成员在交流与学习中共同进步。

（3）教师发展研究共同体

教师作为研究的主体，应发展和提升自我，从而间接地为专长的发展奠定基础。作为研究者的教师，在着眼于学科发展的时候，会出现顾此失彼的情况，即忽略自身专业的发展或前沿信息的收集。教师发展研究共同体的创建就最大限度地规避了这一缺失。教师发展研究共同体具有针对性，其为教师提供了发展规划。教师通过教师发展研究共同体，汲取新的前沿信息和专业知识，不断创新自身发展的途径和捕捉教育发展的前沿信息，从而为研究专长发展抢占先机。

（4）教育管理研究共同体

教育政策是未来教育发展方向的体现，教师为了更好地适应新时代的教育，除了需要关注学科知识发展情况外，还需对教育政策进行了解和关注。但是由于教师的时间是有限的，要想在教育教学和教育管理中腾出时间，系统地了解教育政策是很难做到的。教育管理研究共同体的创立就解决了这一教师发展困难，教育管理研究共同体有针对性地研究教育管理政策等方面的知识，并形成系统的认知。教师通过教育管理研究共同体进行系统的学习，不仅能减少教育政策的资料整理和归纳时间，还能为教师研究专长发展提供教育管理的大背景。

（5）教育技术开发研究共同体

21世纪是信息时代，教师的发展不仅要依靠人与人之间的帮助，还需要信息工具的辅助。教育技术具有数字化、虚拟化、智能化的特点，现阶段的教育不再是传统黑板上板书的单一形式教学，已变成以教育技术为辅助的多元化教学方式。现代教育技术的运用也是教师发展的影响因素之一。教育技术开发研究共同体因其专于教育技术的研究，对新技术接触较为前沿，且了解更深。共同体通过不断地熟悉与掌握，为学校教师提供教育技术的较为成熟的运用方法，也为多元化课堂打下技术基础。

2. 发挥教育研究带头人的引领作用

（1）建立教育研究工作坊或工作室

工作坊和工作室作为一种研究的组织机构，对教育研究发展具有专门性、对研究人才培养具有针对性的作用。工作坊是一个新兴的教育组织，其可对教育研究资源进行再次整合，并针对教育研究进行整体的规划发展。工作坊会经过多重检验考核，选拔基础较好的研究人员，利用质量较优的研究资源和新兴组织运行模式，培养教育研究带头人。例如，在平时通过讲座培训、论文撰写等多种方式，对研究人员进行有针对性的研究培养。

（2）引导教育研究带头人帮扶青年教师

教育研究带头人的研究专长能力较强，可对青年教师进行一对一或一对多的研究帮扶。研究能力的培养需要带头人对青年教师进行研究基础知识传授。例如，带头人事先分类常用的研究方法，并通过经典案例向青年教师讲解。在夯实基础后，带头人通过引导青年教师看教育文献、关注教育政策等方式，开阔青年教师的教育眼界，活跃青年教师思维，进而使其形成大胆的教育猜想并为教育研究提供教育方向和现实性问题。实践是检验真理的唯一标准，教育研究带头人培养青年教师树立不怕失败的研究意识，并通过论文撰写、书稿编辑等实践环节，使青年教师了解自身研究方面的不足，为下一步研究目标的制定提供参考。

然而，教育研究带头人的帮扶时间不是永久的，这就需要青年教师对带头人所传授的研究知识进行回忆式复习，并自主学习更深层次教育研究的相关知识，开展难度较高的教育研究。如此循环往复地进行，教育研究带头人则会圆满地完成研究带领职责。

（3）鼓励带头人分享研究经验与成果

研究经验与成果是研究带头人智慧的结晶，应充分鼓励带头人通过在教育会议上宣讲、竞赛评比等多种形式呈现研究经验与成果，进而促进教师研究专长的发展，而呈现的方式又以可视化方式为优。带头人分享的内容可细化为教育思想、教育理论、教育研究成果等，分享表述过程应具有逻辑性，用具有启迪性的研究成果，引领其他教师开拓创新其他教育研究领域。

（4）利用研究带头人凝练学校办学特色

研究带头人的研究能力是一个学校研究能力的集中体现，通过充分利用研究带头人的教学研究成果和研究专长能力，整合学校研究教学、研究管理等方面的资源，以及研究实践所形成的教育研究成果，为学校专业发展提供动力，并不断地推进学校形成教育研究特色，把学校发展成独树一帜的研究型学校。

3. 创设鼓励教育研究的浓郁校园氛围

（1）充分肯定研究型教师的价值

研究型教师是未来教育发展的重要主体，通过教师的教育研究，不断地填补教育领域的研究空白，为教育行业提供新的教育思想、教育方法和教育途径等。可以说，研究型教师是教育发展的探路人，他们具有坚持不懈、迎难而上的特性，学校应充分肯定教师的研究态度、研究情怀和研究结果。当然，教师研究的方向还为教育管理、教育实践等多方面作出贡献，即使有时不明确研究型教师的研究内容和研究价值，也应肯定教师艰苦研究的精神，形成一种肯定式的激励方式，激励研究型教师坚定不移地走教育研究道路。

（2）为教师从事研究提供必要的场地设备等

学校对教师从事研究不仅是应该给予精神上的肯定也应在物质上提供帮助，比如必要的场地设施或资金投入等。提供场地设施，为研究型教师提供研究便利，为教师从事研究奠定必要的时间和空间基础。提供资金，有利于研究项目的可持续进行，有时实验器材较为昂贵，教师个人的资金不足以支撑研究项目的顺利进行，且所需理论基础的书籍数量较大，往往需要较高的资金支出，甚至会出现因版面费较高，限制了许多研究型教师发表论文等教育研究成果的情况。学校作为一个教育教学机构，特别是对于公立学校而言，一般享有国家政府相关的研究资金保障，而学校也应把适量的资金用于研究，尽量避免出现资金运用严重失调的情况。

（3）及时将有益的研究成果在校内推广

教师研究代表的是学校的研究，研究成功不仅是教师努力研发的成果，更是学校的教育教学研究成果的凝练。学校要获得长足发展，不仅应注意教学质量发展，也应注重研究发展。研究发展包括研究成果的推广，校内推广促进教师之间研究成果的交流，一方面有利于彼此吸收借鉴研究经验方法等，从而促进教师校内专业发展；另一方面，研究成果向内推广还促进成果有效运用于教学实践中，不仅缩短了成果转化周期，还创新了校内教学模式，从整体上有效地促进了学校综合发展。

（4）奖励做出重大研究成果的教师

奖励机制是研究发展的重要保障机制，采取梯度奖励形式，研究成果越重大，奖励就越大，这不仅是对教师研究的充分肯定，也是对教师研究的极大鼓舞。无论是对奖励的趋之若鹜还是对教育研究的追求，在其他教师看来，研究型教师排除万难研究的精神深深地鼓舞着他们，并对教育研究形成一种无形的期待。综上所述，学校可通过研究成果的不同奖励表彰大会，使其他教师认识到教育研究离自身并不遥远，并以做教育研究为骄傲。

4. 提供最新教育发展趋势的学习资源

（1）订购纸质书报期刊

纸质书报期刊的信息多为短周期售发刊物的信息，所以其蕴含的教育信息一般具有实效性。通过订购纸质书报期刊，教师可及时了解教育行业的前沿信息，不断积累教育研究知识。因为教师的教育研究不是一蹴而就的，也不是研究过程的单独体现，而是教师教育专业积累与多重过程研究步骤的重要体现。教师教育研究具有创新性，如不与时俱进，了解最新教育信息，学习最新教育成果，就会被迅速发展革新的教育抛之于后。

（2）开通网络文献数据库

网络文献数据库是指储存在计算机系统的有结构的数据集合，其数据由数据库管理系统管理和维护。国内常用的网络文献数据库有维普、万方、中国知网、超星图书馆等，并且网络文献数据库已实现了资源的共享和数据的集中控制。教师开通网络文献数据库，可在分类数据库里通过关键词检索出相应的文献，相对于纸质化的文献搜集更为便捷。由于网络研究技术的运用，网络文献极大地突破了时间和空间的限制，为教师提供较为广泛而可选择性高的教育研究文献资源。

（3）共享校内非公开教育资源

校内非公开教育资源是指学校不能公之于众的，一般为独有或少有的教育资源。校内非公开教育资源一般有校内经典教学文案记录、独有的教育教学管理方式、网络研究资源的共享路径等。由于校内资源的保护较强，学校通过非公开资源的共享，为教师教育研究提供较为新颖的信息资源支撑，随之教师的教育研究结果也较为新颖。教师要通过多种途径，获取校内非公开教育资源，在保证机密性的同时对教育资源加以利用，提高教育资源的利用率。

（4）建设区域教育信息平台

教育区域的不同导致了教育信息的差异。同一区域的教育机构，比如学校层面便可以构建出统一的区域教育信息平台。区域性的教育信息平台不仅收集区域具有特色的教育信息，减少特色信息的损失，还方便教师提取教育研究特色信息。平台上的教育资源也包括研究成果，教师可在区域内进行更大范围的教育交流，而跨校的教育交流可为教育研究提供新思路、新思想，也为教育成果的推广提供多条路径。综上所述，区域教育信息平台是区域教育的特色建设成果，经过教师等使用者的推动，以平台为媒介，可促进区域教育研究发展和教育教学发展。

（5）分享教育协同团体教育资源

教育协同团体教育资源是指协同合作共同发展的教育团体的教育发展资源。协同团体以协同合作为研究方式，经过不同研究者的教育资源整合，形成团体内部的教育发展资源。多人的参加有利于教育资源的筛选，通过分享教育协同团体教育资源，研究者可迅速准确地了解掌握某些专业性较强的教育资源，为教育研究资源提供专业理论基础，丰富教育思想，形成多元化教育研究形式。

5. 鼓励教师外出交流学习提升教育研究能力

（1）以交流研讨形式鼓励教师外出学习

交流研讨是指以教育为主题，在固定场所进行交流研讨的教育研究学习形式。教师外出参与交流研讨，认真听取卓越教师或专家对教育研究的深刻领会，体会他们对教育研究的理解，引导教师对自身教育研究深度和广度进行反思。并且教师在此过程中结合教学管理经验，认真领会科研带头人的教育研究情怀，使教育研究生活化、情境化，认真学习挖掘教学教材，为教学实践提供较为深刻的教育资源乃至认真领悟教育教学实践多面发展的可能性，为教育研究实践增添多元化开展形式。

（2）以会议培训形式鼓励教师外出学习

会议培训是指以教育为主题，在固定场所进行研究培训的教育研究学习形式。参加会议的教师职称、教育专业能力等方面的不同，形成了会议的差别，且各教师的培训需求不同，对教育研究培训会议的要求也各不相同，但若聚焦于同一个会议主题，会议培训可满足集中培训者的共同需求。除此之外，会议还可通过教师之间、教师与专家之间、专家与专家之间的交流来增进教师的研究能力。综上所述，通过会议的培训与交流，大多数教师的教育研究培训需求可以得到满足，并可拓展延伸出不同的教育研究知识。

（3）以学术休假形式鼓励教师外出学习

学术休假是指在带薪或减薪的情况下，研究者通过外出休假，调整及激发出其研究创造力的研究学习方式。① 学术研究是一个漫长的、需要坚持的过程，研究者在长期的研究中难免会出现精神萎靡、研究创造力低下的情况，而以学术休假形式外出学习，不仅能放松研究者的心情，休养疲惫的身体，还能开阔研究者的眼界，从而激发研究者的创造力。

（4）以跟岗学习形式鼓励教师外出学习

跟岗学习是指在相关组织机构的安排下，跟岗学习者在专业人员的指导下参与实际辅助工作活动的教育研究学习方式。教师作为跟岗学习者，在专业人员的指导下，有方法地、有目的地进行活动。在此期间，教师可与专业人员进行经验交流，弥补教师自身的教育研究缺陷，比如有的教师的教育研究多以感性经验为主，理论知识欠缺，导致研究教育领域的程度较浅。通过跟岗学习，促进教育研究理论知识与研究实践融合，从而促进教育研究深度的大发展。

（5）以轮岗交换形式鼓励教师外出学习

轮岗是指担任教育管理职务和非教育管理职务的教育工作者有计划地调换职位任职。轮岗交换不仅给教师提供多岗锻炼机会，培养复合型人才，还为在职期间态度消极、机械重复工作的教师，提供接触新职位知识、避免职位僵化、培养创新思维的多重途经。比如，高年级学生的自主意识较强，对

---

① 百度百科. 学术休假［DB/OL］. https：//baike. baidu. com/item/学术休假/7404402? fr＝Aladdin，2020－12－03.

教学有一定的抗拒，如教师一味地注重教学的纠正，可能会出现学生更反叛的情况。教师可通过轮岗机会学习教育管理正向的方法，并运用到教学中，鼓励学生积极主动地学习。

（6）以委托培养形式鼓励教师外出学习

委托培养是指教育用人部门委托高等院校，按照社会调节计划，培养本、专科学生和研究生的教育研究学习形式。① 教师在职学校的委托培养，一方面，有利于教师就用人单位的需求和教师发展的需求，外出到高校学习有针对性的专业知识；另一方面，委托式的高校培养相较于社会自发式的培养，其涉及的教育研究领域更广泛，教师教育研究的知识储备更完善。有时，教师经过委托培养后回到在职学校，对校内外的教育现象、教育问题的眼光看法与之前相比会有一定程度的进步，比如对教育现象的认识更加全面深刻、教育问题的解决途径更加多元化和专业化等。

---

① 百度百科. 委托培养 [DB/OL]. https：//baike. baidu. com/item/委托培养/3357768?
fr＝Aladdin，2020－12－03.

第六讲　人际专长

一、什么是人际专长

（一）人际专长的定义

1. 词源上的人际专长

人际是指社会个体之间的往来所构成的人脉。① 人际专长是指有过人的人际来往才能，擅长交际，善于维系个体与他人的友好关系。人是社会的组成部分，社会是人赖以生存的整体形态，在我们的日常生活中，人际无处不在，伴随着我们，影响着我们在社会中的地位。我们每天都会与人交流、交往，而人与人之间的和谐相处在当今社会也被看作心理健康的一个标志。在心理学上，可以人际关系的好坏来判断一个人孤独与否。简言之，人际专长即交往方面的特长，在我们的日常生活中，人际也是我们所处社会地位的一个重要标志，拥有人际专长代表有着更强的人际关系，在人际交往、处理人际关系等方面都有过人之处。

2. 广义上的人际专长

广义上的人际在社会学中是指在社会群体中因频繁的交往、接触而形成的互动、交流、保持联系的社交关系，也是人与人的社会交往关系的总称。人属于高级社会动物，是具有思维能力和有意识行为的高级动物，其人际关系会影响着个人的情绪、生活、工作等。马克思曾发表这样一个言论，即人

---

① 商家鑫. 思想政治教育视域下高校学生人际交往障碍及调适［D］. 长春：吉林建筑大学，2016：13.

囊括了所有的社会关系。① 拥有人际专长可以建设良好的社会关系，在错综复杂的社会关系中保持自我，占据主动权，为自己更好的发展赢得机会。

3. 狭义上的人际专长

狭义上的人际是指个体与他人的来往关系，包含所有亲朋好友关系、师生、同学、同事等社会关系，即自己的社交圈。人际需要时间、精力来维系，维持联络能让自己的人际关系坚固，在自己的生活圈子里才能成为拥有发言权的人。拥有人际专长可以在与他人的交往过程中减少摩擦，提高自身被需要感，有利于良好社会关系的建立。

4. 人际与人缘相比较

人缘是指与人相处的关系，是个综合体，由多种因素组成。人缘与人际二者的区别在于，人缘强调的是个人与众人的关系；人际强调的是自身与他人的彼此交往关系。人际与人缘又是紧密相连的，一般而言，拥有较广的人际关系，同时具备处理人际关系的技能，才会收获到较好的人缘。情商的高低在很大程度上影响着人际关系的优劣，而人缘的好坏并没有权威的衡量标准，有时候与个人形象、性格、品质等有关。但有时候人缘好不代表人际关系强，在人际的交往中讲究技巧性，善于运用技巧，把握好维度，往往能够经营好个体与他人的关系，使之变得更好。随着时代的发展，人与人之间的关系早已不再是最开始的单纯、美好、亲近，而是日益变得复杂，在这错综复杂的人际关系里，人际交往越来越重要。人缘是人际的一种外在体现，好的人缘就像是一张人生绿卡，能降低获得成功的难度。

（二）人际专长的特点

1. 交往内容的具体性和应变性

在人际交往过程中，交往内容的具体性和应变性是人际专长特点的体现。人际专长突出者，交往过程中的内容应该极具具体性，内容指向具有明确性。

另外，交往内容还应具备应变性，交往者对交往过程中出现的一些不确定因素能及时应变，这反映了一个人的应变能力。

---

① 张平丽. 当代大学生人际交往现状及对策研究 [D]. 贵阳：贵州大学，2009：5.

2. 交往对象的广泛性与多样性

人与人之间的交往对象是人，在人际专长中，交往对象的特征不仅具有广泛性，还具有多样性。广泛性（指交往的对象）包括不同类型的人、不同年龄阶段的人、不同行业的人及不同国别的人等，但其多样性又区别于广泛性，多样性指的是形式或规模呈现多样化，而交往对象的多样性常常代表着不同的人，擅长与各色各样的人来往。

3. 交往形式的跨越性和复杂性

交往形式的跨越性是指时间、空间不受限制，除了面对面交往，还可以借助互联网作为平台媒介进行交往，实现人与人之间跨时间、空间交往，打破距离等外界因素的限制，哪怕彼此相距万里，只要处于同一片互联网天空下，都可以迅速联络彼此，实现人与人之间的信息传递。交往形式的复杂性是指利用复杂的交往手段以达到预期目标。随着科技的发展，人与人之间的往来方式不再局限于一车一信、人口相传，而是变得更加复杂化、便利化。科技的发展以造福人们、便利人们的生活为宗旨，于是诞生了越来越复杂的交往形式，以多种途径达到预期目标。

（三）人际专长的作用

1. 有利于获得教育信息

具备人际专长有利于在信息化时代获取教育信息。在资源共享的全球化时代，掌握最前沿的信息无疑站在时代的顶端。尽管网上资源众多，但错综复杂，优劣难辨，往往会令人在知识海洋中迷失自我。这时候，良好的人际关系就能发挥巨大作用，具备良好的人际专长往往可以更快获取有利的、准确的教育信息。教育信息的优劣会影响教师整个职业生涯，竞争无处不在，教育者之间就存在着这种关系，谁拥有更好的教育资源，谁就能使自身的教育事业更上一台阶。

2. 有利于积累相处经验

在一个文明和谐的社会，具备人际专长有利于积累相处经验。人与人之间的关系很微妙，处理微妙的人际关系是教师职业的一个挑战，也是积极经验的积累。在生活交往中，我们总会和社会上不同的人接触、相处，其中难免会经历摩擦，而处理好这些摩擦，进行个人磨合的过程，就是积极经验的积累过程。教师在与各式各样的人来往过程中，逐步摸索出与人相处之道。这样，教师就可以在与上级领导之间、同事之间、学生之间及家长之间进行不同角色的转换，变得游刃有余。

3. 有利于提高教学质量

教师肩负着传授新知、传递文化的重要使命，具备人际专长有利于提高教学质量。教学质量是教育教学的核心，教育的生命与学校的生存和教育共命运。[①] 教学质量的优劣决定学生的发展趋势，同时也是教育教学的一个量化指标，学校一直采取相关措施以提高教学质量，促进教学发展，塑造一批批国家栋梁之材。作为一名教师，拥有人际专长有利于提高教学质量，超高的人际关系处理能力有助于提高教师的学术业务水平、教学方法，端正教学态度以及有助于推动学生良好习惯的养成，而这些将会是提高教学质量的第一动力。

4. 有利于改进学校管理

学校是一个教育机构，师资力量决定学校的基础建设，具备人际专长有利于改进学校管理。学校管理是指学校对本校各组成部分的各项工作进行规划、组织和管控的活动。[②] 学校的管理制度是否科学、合理关系着本校的发展以及校内一切工作的顺利进行，最终目的是实现预定的目标。学校管理工作讲究方法，而拥有人际专长有利于改进学校管理。学校管理需要有制度、有目的、有组织，能够管理好整个学校，协调各种活动的顺利进行，从而实现本校的持续发展。

作为一名管理者，拥有人际专长有助于制定一套科学的管理制度，秉持一定原则，能够运用科学的管理方法。卓越的管理者懂得尊重，谦卑有序，有爱人之心，他们尊重教师，善于调动教师们的积极性和教师们和谐相处，而不是居高临下，这有利于消除上下级之间的疏远关系，形成良好的有机体系。校长无疑是学校的管理者，懂得教师的课程繁重，教学压力大，体谅每

① 侯玉兰，刘春丽. 坚持乐学教育，全面提高语文教学质量 [J]. 新课程（下），2013 (11)：151.

② 胡大白，杨雪梅，张锡侯，罗煜，李高申，樊继轩，汤保梅，王军胜，时会永，李艳杰，董黎丽，褚清源，冯玉荣，陶继新，刘万福. 民办本科高校培养目标定位与育人模式改革的研究与实践 [J]. 黄河科技大学学报，2009，11 (6)：1-36.

一位执教者，学会换位思考、体恤教职工，善于处理彼此间的关系，才能促使管理者和教师彼此信赖，共同促进学校的发展。

二、人际专长的呈现尺度

（一）良好的外在形象

1. 什么是教师的外在形象

教师的外在形象泛指给人的第一印象，其主要包括教师的外表、着装打扮、言行动作等。传统教师的外在形象大多给人一种老实规矩的感觉，常常是一手教鞭一手书，不修边幅的穷酸、迂腐形象。随着教师逐渐得到社会认可、尊敬，不再被人歧视、轻视，教师的薪资也越来越高，社会保障福利越来越多，生活水平得到提高，教师们的形象越来越完美，不管是仪容仪表，还是行为体态等方面都开始注意打扮起来，树立优良的教者形象，在学生们的心中停留，让学生喜欢自己，提高自身的影响力。① 教师应努力打造良好的外在形象，这与教育教学活动息息相关。教师教学行为一旦打上教育的印记，教师就要规范自己的仪态、言行，给学生树立标杆形象。久而久之，教师的教学行为在教书育人的过程中会决定学生的模仿行为，并最终在学生的行为表现上得到显现。

周恩来总理曾指出了仪容仪表的基本标准，其中"面必净，衣必整，头容正，气象勿傲、勿怠"体现了当时最基本的仪容仪态美，在当今社会依旧适用，不需要依靠华丽的服饰修饰，但至少做到干净整洁，给人的第一印象总不会太差。教师作为一个公众职业，给人的第一印象极其重要，关乎自己未来的人际交往的顺利与否。教师每天面对不同的人，不管是受教育者还是社会各界人士，都应该稍加修饰自己，展现教师素养，赋上教者气质。

2. 外在形象与教师职业相符

教师的职业形象是指教师在其岗位上的形象，常常以饱满的精神风貌、儒雅的言谈举止出现于公众视野。教师职业形象的塑造蕴含一个师者自身对其职业所持的情感态度和价值观，所塑造的师者形象往往与教师职业相符。

---

① 肖婕. 21世纪教师形象设计［D］. 武汉：华中师范大学，2000：6.

卓越的教师形象由内而外散发着渊博的文化气息,从外在形象到内涵修养,无一不透露着对教师职业崇高的敬意、热烈的追求。他们注重自身师德师风建设,保持高度的思想认识,不断提升个人政治素养,同时保持着对教育的热忱,秉承高尚的服务精神,满怀对工作、对培养学生的热情和激情。① 教师的职责是教书育人,应通过言传身教感化学生,保持对事业的热爱以及增强对学生负责的心。师者的外在形象会对学生的课堂注意力产生一定的影响,故师者应当有师者风范,其外在形象和行为体态应符合一名教师的身份。

3. 外在形象与教育活动相适

教育离不开教育活动,教育活动是指受教育者参与教育活动并不断接受教育的过程。教育活动在意义上包括广义教育活动和狭义教育活动,其自身属于活动的范畴。广义上的教育活动泛指会对人的未来发展产生一定影响的活动,狭义上的教育活动主要指的是学校在学生学习中所设置的活动,这些活动是为了促进学生各方面的均衡发展而特定设置的,针对不同专业、不同学科的学生进行的针对性教育活动。不管是哪个意义上的教育活动,其都是以对人的教育,对人才的培养为最终目的。卓越的教师其外在形象与教育活动相适,教师是教育活动的有机组成,他们组织、引导教育活动,并参与其中,与学生合作完成。外在形象的塑造围绕相应的教育活动,出席不同的教育研讨活动,塑造不同的外在形象,是人际专长的体现之一。

4. 外在形象与内在气质相融

内在气质指的是个人的内在涵养、性格品行、道德修养等,其在不断接受良好的教育文化的熏陶下形成,浑身焕发着无限的魅力,犹如宝石一样绚烂夺目,给人留下深刻的印象。俞敏洪先生曾说过:"人的气质源于内在美而并非外在美。"这一语道出了气质源于内在美,气质与外貌没有绝对的关系,气质是由内而外的,这种美永远是外在美所不能及的。卓越教师的人际专长使其内在气质融于外在形象,从内而外散发气质。其语言表现出巨大的魅力,引人入胜、风度翩翩,极具吸引力。卓越教师的人际专长体现了谈话

---

① 王敏. 论教师如何塑造形象、完善自我 [J]. 青少年日记(教育教学研究),2016(10):36.

风度美，所塑造的外在形象完美契合了内在气质，实现两者完美相融。

5. 从个人形象到公共形象

个人形象指的是自身的外在容貌、穿着打扮、言行谈吐，通过外部形象可以初步判断一个人内在品行，反映了个人的涵养、素养等。公共形象泛指出现在公共场合中的形象，并在大众内心中产生的一种刻板印象，可塑性强，一般是经过了加工包装后所呈现的形象。无论是个人形象还是公共形象的塑造，都需要师者提高个人涵养、教师素养。作为一名师者，应注重个人形象的塑造，培育师者风范，塑造良好的公共形象，会让自身的事业或生活变得更好。

6. 教师形象失范的常见表现

教师是一份神圣的职业，肩负着培育一批批有远大志向、有社会道德、有知识文化、有严明纪律的"四好"青年的使命，担起教书育人的重任，在思想、政治、行动上跟上党的步伐，但不是所有的教师都可以像卓越教师一般，个别教师思想出现滑坡，理想信念缺失，思想不够积极，重名利、轻奉献等，造成教师形象失范。教师形象失范常见表现为以下几种。

（1）敬业精神不高，缺乏爱心

敬业精神在职业道德中是基本素养，敬业精神的缺乏会对所任岗位造成不良影响，常见表现为工作效率低下、工作上出现失误、给工作单位造成一定损失。有些教师缺乏敬业精神，事业心、责任心不强，不认真对待教学工作，甚至抱着敷衍的态度，对学生极其不负责，导致教学工作的滞后。对学生缺乏关心、关爱，忽视对学生的发展的教育，缺乏与学生的沟通，这是教师与学生关系疏远的主要原因之一，不利于学生的健康成长。

（2）对教师职责认识不深，育人意识薄弱

教师应坚守教书育人的使命，但现今部分教师对其职责认识不够深刻，出现与教育规律背驰现象，墨守成规，缺乏思进意识，在课堂教学中一味地讲授教学内容，不关注学生的课堂表现，教学过程中没能很好地渗透知识重点，导致学生不能及时对知识点进行串联衔接，难以掌握和吸收，造成整个教学效果极差，增大了学生的学习压力。

（3）重名利，轻奉献

现今，市场经济的负面消息充斥着网络世界，一些教师缺乏奉献意识，更加注重名利得失，过分追求金钱酬劳，反而在工作上漫无纪律，不愿意承担社会责任，过分追求个人利益，没有酬劳的社会实践从不参与，也不总结反思自己的教学。

（二）适切的语言表达能力

1. 什么是教师的语言表达

语言表达指的是通过说话来表达自己想法的口头语言和通过文字的字、词、句、段表达自己想法的书面语言。语言表达是一种能力，教师语言表达指的是教师通过言语表述内心想法的能力，即能够准确表达自己，并传播正确的教育信息。卓越教师的人际专长中会有适切的语言表达能力，教师的一言一行应契合教师这个角色，科学严谨地表达自己的想法，有针对性地提出意见或建议。

2. 与学生互动语言的有效性

互动语言指的是不同对象间的交流互动，对相互间的语言产生反应的有效机制。与学生互动语言的有效性体现了教师适切的语言表达能力，学生是接受教育的特殊群体，教师是知识传递的中间体，受教育者和教育者之间的互动语言是否有效关乎受教育者的成长。互动有效性凸显互动交流的意义所在。在课堂教学中，教师至少会和一名同学进行互动，往往是教师提出问题，学生回答并找到该问题的解决之法，与学生互动语言的有效性显得极其重要，在适当的时间、地点里，这件事才会有意义。与学生交往互动有效，才能让学生理解教师所讲的教学内容，提高学生的领悟能力，推动课堂的顺利进行。

3. 与家长沟通语言的实效性

近年来，对学生的教育注重家校结合，学校和家庭都有责任和义务教育好孩子，加强与家长的沟通对学生的教育发展有积极影响，与家长沟通语言的实效性是彼此对孩子负责的表现，及时地与家长沟通，进一步加强对学生的了解，从而因材施教，实现对孩子的双重教育。与家长沟通语言应注意实效性，掌握一定的沟通技巧，实时地、准确地向家长说明孩子的近况。

4. 与同事交往语言的高效性

高效性是指具备高效的性质，教师与教师之间的交流除了日常的交流外，还会有学术、科研上的交流。与同事交往语言的高效性是适切的语言表达能力之一，拥有人际专长的卓越教师注重语言的高效性，在交往过程中每一句交流内容都极具意义，其交往语言能够一针见血地指出事物本质的特点，可以最大限度地让对方明白自己所表达的意思。

5. 与领导交流语言的时效性

时效性指的是信息在短期内仍存在价值的属性。在工作中，与领导的交流语言的时效性也是适切语言表达能力的特征之一。时效性对时间要求特别严格，信息本身所具备价值的时间是短暂的，要在这短暂的时间内发挥该信息的最大价值。拥有人际专长的卓越教师与领导交流时特别注意领导所交代的事情，在与领导的交往过程中对领导的问题及时做出回应。

6. 教师语言不当的常见表现

教师的语言表达常常会不知不觉地影响着学生的语言表达。近年来，教师的素质教育水平明显提升，更好地推动了社会教育事业发展，但一些教师受自身所接受的教育影响，产生了语言不当的现象，教师语言不当的常见表现为以下几种。

（1）过分批评指责学生

学生有优劣之分，大部分教师更喜爱好学生，而对于表现不好的学生部分教师往往会处理不当。学生犯一次错就过分批评指责学生，不仅让学生的心里产生阴影，还可能导致学生自信心受损，从而否定自己，甚至疏远了师生关系，对学生的发展是极其不利的。

（2）言语使用不规范

教师言语使用不规范的现象时有出现，例如出现错别字较多、语言表达逻辑顺序混乱、语法错误等问题。在教师教学的过程中，学生会不由自主地模仿教师的说话特点、风格，教师的言谈举止对学生的说话方式、文明用语等都会产生一定的影响。教师言语使用不规范会给学生带来错误性指引，甚至造成困扰，容易危害学生的健康成长。

（三）过人的情感商数

1. 什么是情感商数

情感商数又称情感智力，包含了人的情绪、情感态度、性格、交际等方面，是一个人情绪控制能力、受挫能力、抗压能力、自我调节能力的综合指标。情感商数的高低往往反映一个人与外界的互动程度，情感商数高的人积极外向，往往做事投入，事业发展良好，社交能力强，情感经验丰富，自愈能力强。情感商数低的人内向收敛，对外界不敏感，不善社交，耿直容易冲动，往往会给自身的学习与生活带来一定的困扰。情感商数的培养极其重要，对个人的发展而言，情感商数高的人往往更具优势。

2. 深度融入学生情感世界

人是具备情感、思维能力的高级动物，每个人的情感世界都变化万千，丰富精彩。掌握学生情感世界，深度融入学生内心，教师需具备过人的情感商数，走进学生内心，拉近彼此的距离，建立学生对教师的信任，使学生内心对教师充满崇敬，有利于教学活动的开展，也有利于学生的学业成长。具备人际专长的卓越教师往往会深度融入学生情感世界，关心学生的心理情感动态。学生的心理发展引发社会各界的持续关注，打造学生丰富的情感世界需要教师多与学生互动，让学生健康成长。

3. 准确感受自我情绪状态

自我情绪状态是指心情、内心活动等方面的状态。卓越教师能够较准确地感知自我情绪状态的变化，做好自我情绪状态的调控，有利于教学工作的开展。作为一名教师，准确感受自我情绪状态至关重要，学会自我心态建设，保持平稳的情绪状态，面对学生时，应给学生展示积极阳光的一面，加强自己的情绪管理，不将消极的情绪带入教学，带进课堂。卓越教师能够准确感受自我情绪状态并及时进行自我调节，以最好的姿态面向学生，保证教学效率和教学质量。

4. 迅速捕捉家长情感态度

家校沟通是学生发展的桥梁。架起沟通的桥梁将教师与家长连接起来，捕捉家长的情感态度成了相当重要的存在。教师是增强家校结合的催化剂，促进家校之间的沟通。人与人之间的和谐共处源于彼此尊重，教师在与家长交往时，应谦逊谨慎，注重文明礼貌，共同营建良好的氛围，拉近原本疏离的感情，家长才会放下戒备，诚心接纳，敞开心扉，这便于教师迅速地捕捉家长的情感态度。

5. 有效识别领导情感符号

情感符号指的是结合相应的形式符号使情感形式化地表达出来。教师在与领导相处的过程中，要懂得识别领导说话的语气、脸色、肢体语言等情感符号，以此判断自己的工作或者事情是否符合领导的意思。提高情商，知道在什么样的场合说什么样的话，避免做出情商低的外在行为表现。

6. 教师情商过低的常见表现

（1）以自我为中心

以自我为中心，在课堂上专制性严重，学生没有说话的余地。这样的教师专制性特征显著，凡事都希望按着自己事先所预期的发生，甚至要求所有人围着自己转，而自己却缺乏对他人的考虑，也不愿意付出，自私自利。以自我为中心的人，安排到一个任务，会推诿，不愿意服从安排。这种人强烈渴望别人的尊重，却没有意识到要想赢得别人的尊重，自己得先尊重别人的道理。这无疑是教师情商低的体现。

（2）缺乏责任感与事业心

教师应当培养一颗职业责任心。当前，部分教师过分现实，秉持拜金主义、实用主义，对于工作岗位心浮气躁，嫌弃这数落那，没有正确体悟到教师职业是圣洁而崇高的，而是将教师职业当成解决生计的饭碗，没有对教育事业付出自己的心血、努力。他们不认真对待每一个教学任务，草草敷衍，甚至对于问题学生直接忽视，不再开导教育。这种教学态度是缺乏责任感与事业心的表现，也是教师教学行为的不当。缺乏责任心的教师对于荣誉和事业毫无追求，表现出情商低的一面。

（3）过于注重面子

在课堂教学中，当自己的错误被学生当堂指出却因为觉得失了颜面而拒不承认是教师情商低的体现。人难免会出错，教师也不会永远正确。当出现错误时，教师应及时改正，并勇于向学生承认错误才是情商高的典范。

（四）高超的沟通能力

1. 什么是沟通能力

《左传》里指出，沟通指的是开沟使两水相通，后来逐渐指人们通过某种方式分享信息和情感的过程。① 由此可知，沟通能力指的是人与人交流的能力，其作为一种复合能力受到众多因素的影响，其中内在因素包括人的人格特质、认知能力、情感等，外在因素则包含其特定的情境、社会关系等。② 通常来讲，沟通能力是指能够与人进行交流的一种技能，具备与人互换交流信息的能力。③

2. 准确接收他人语言信息

卓越教师知识架构夯实，对于各种形式的信息都能很好地进行整合处理。在沟通时能准确地接收他人所表达的信息，并能做出相应的回应。自身知识与文化底蕴相互渗透，使得卓越教师在人际交往过程中具有较强的沟通力与表达力，获取语言信息的能力相当强，更好地体现了自身高超的沟通能力。

3. 快速识别言者话外之音

良性有效的沟通是双向的与他人交谈时，能快速识别言者的话外之音，清楚地了解言者的真实想法。俗话说"听话听音"，卓越教师在这一方面具有非常强的语言识别力，能够准确察觉对方内心的所思所想。卓越教师首先会调整好自己的心理状态，能够换位思考，想他人所想，思他人所思，善于为他人着想，使得自己在交际中游刃有余。另外，卓越教师能够根据说话者的语调、情感、表达等，体悟说话者的"弦外之音"。在日常生活中，"只可意会不可言传"是人与人沟通的一种模式，这就要求听者要快速识别言者的话里有话，这样才能在交流时更为精准地知道对方的想法，最大限度地避免沟通障碍的发生，或者因会错意而导致事情朝着反方向发展。而同样的话在不同的场合或面对不同的人会产生不同的含义，因而，当和别人聊天时，我

----

① 辞海编辑委员会. 辞海［Z］. 上海：上海辞书出版社，1999：2159.
② 马丽娜. 混合式学习环境下学前教育专业师范生沟通能力培养的实践研究［D］. 西安：陕西师范大学，2019：12.
③ 庾婉婷，潘慧. 在拓展中提升沟通能力［J］. 中国邮政，2013（9）：61.

们需要在短时间内准确地识别对方话语中所想要表达的意思，才能彰显自身沟通能力的高超。只有准确识别弦外之音，正确地"察言"，才有可能准确掌握他人所思所想，以便更好地沟通。

4. 适当表现听者共情能力

共情能力，从概念本身出发，它是源于"共情"的一种能力，也被称为移情能力。从能力的结构来看，其主体包括双向互动的两方，双方在交往过程中互动交流。从能力的内容来看，在传达—感知—反馈的整体运行过程中，双方通过语言、情感和举动进行内心状态的彼此察觉和感受。基于此，共情能力是指交流双方在交流过程中，所具有的理解和体验他人内心世界，并能做出相应的行为和态度回应的能力。① 共情能力是教师必备的一项重要的职业能力与素质，能在教学中逐渐培养。教师作为聆听学生的听者，共情能力可以有效激起学生的内在学习驱动力，促进学生的身心发展，同时为其将来的职业发展和幸福生活创造条件。在聆听过程中，适当表现出共情能力，在适当的时间对学生表示关切、接受、理解、珍惜和尊重，以学生为主体，关心学生的发展，更好地把握学生的思想情感和情绪状态，帮助学生成长成才。

5. 清晰表达自我观点意见

表达能力是人与人之间进行信息互换的基本能力，过人的表达能力能够实现沟通多样化，增添沟通的方式，提高沟通效率。② 在与他人沟通交往时，清晰表达自我观点意见非常重要，但也会存在无论自己如何去表述自己的观点，对方并不能够完全理解的情况。最终双方因为沟通上出现矛盾，而导致双方出现情绪上的不快，平和的沟通演变成不欢而散的争论。因为每个人的成长背景存在差异，教育水平与人生经历都截然不同，这导致在沟通时不可以仅仅运用一种沟通方式。卓越教师在人际交往过程中具有较强的沟通力与表达力，在沟通过程中可以清晰地表达自己的观点意见，并能从沟通者的角度分析如何能让对方接受自己的观点意见，这样就能够涵盖所有沟通对象。

① 史建生. 高校辅导员共情能力的现实状况及提升策略研究［D］. 长春：东北师范大学，2019：10.
② 田玉明，肖翠芬，刘凤英. 语言表达与交流能力的培养研究［J］. 教师教学能力发展研究，2017（10）：790.

因为不同听众的理解层面不同，对于同一件事情，有些听众能够准确会意，而部分听众表示不太能理解。因此，我们应该换位思考，将自己当成一位听众，去审视自己是否清楚表达了所要表达的意思，并且归纳总结一套适合大部分听众和特殊听众群体的表达方式，以便更好地展开沟通交流。

6. 教师言语失当的常见表现

（1）从思想上看

教师的主要任务是培育一批批热爱祖国、乐于奉献、秉公守法的栋梁之材。但在课堂上存在着少数教师教学语言失当，向学生恶意传播不良言论的现象，不利于学生的思想建设，并未做到正确引导学生。现今社会，信息飞速传播，五花八门的自由主义与文化冲击着我们的思想，部分教师没有当好一名教学上的引导者，对生活中或网络上充斥的各种言论欠缺理性思考，并且将一些不好的思想带进课堂教学中，对学生进行错误的引导，导致学生的思想走上错误的方向。① 另外，有一些教师把自己对当今社会的制度或某些现象所产生的情绪、观点带入课堂，对学生造成错误指引。

（2）从态度上看

卓越教师的形成仅靠热爱自己的事业还远远不够，还要对自己的职业保持忠诚，富有责任心，才能在教育行业中脱颖而出，取得过人的成绩，才能培养出对国家、社会有用的可塑之才。但社会上不乏工作态度不端正、没有责任心、对自己的职业厌烦、不屑一顾的教师，他们的言谈侧面体现了其爱岗敬业精神的匮乏。例如：教师讲授错题时，语气极其不耐烦、充满埋怨。当发现学生在自己苦口婆心的引导下还是不理解时，教师就不耐烦地说："你到底有没有认真听讲，我刚在课堂上讲过，你还错，我反反复复讲了差不多十几遍这个问题，你还是不懂，没法教了，你自己看书吧。"对学生施加了言语暴力。②

与同事聊天的时候，有些教师常常会抱怨班上的问题学生、课程繁重。有的干脆就说："我才不操那么多心，随他们去，上完课就走，工资照拿。"

---

① 佚名. 从教师言语现象看教师职业道德的缺失［EB/OL］. https://www. xzbu. com/9/view-4338247. htm, 2020-12-18.

② 王家梅，徐玲. 浅谈新时期教师职业道德缺失及对策［J］. 新课程（小学），2013（4）：14.

甚至存在一些教师挤对表现积极、辛勤务实的教师，常常嚼人舌根。① 诸如此类的言语失当的表现，体现了一些教师恶劣的工作态度，同时反映其爱岗敬业精神的严重匮乏。

（3）从待人上看

教师应关爱学生、平等对待学生，并对学生的日常动态加以重视。但也存在部分教师忽视学生的感受，不理会学生的情绪，区别对待学生，用语言暴力去摧毁学生的心灵。例如，部分教师区别对待班级里家庭经济状况差的学生，对于遇到困难的学生未及时伸出援手，也没有询问具体原因，直接呵斥："瞧你的样子，脏兮兮的，像什么样子，真是遭罪，影响心情，还因为着装不整洁导致班级被扣分。"② 这类语言失当的行为会打击学生的自信，造成学生心灵上的伤害，教师的完美面具破碎，长此以往，教师和学生的关系疏离，尊师重道的风气慢慢淡化，甚至学生对教师产生厌恶、排斥情绪。

（4）从行为上看

教师职业道德规范要求教师具备师品，秉持师德师风，用行动给学生树立标杆。现今社会中存在一部分教师在各大场合中言谈举止失范，有悖教师身份。在教学中，教师失当语言如"神经病""蠢蛋""滚""你除了吃还会干什么""带脑子了吗""耳朵听风啊"等致使学生情绪低落、不能专心听课，产生厌学、自卑、抵触学校等情绪。③

（五）娴熟的新媒体交往能力

1. 什么是新媒体交往

"新媒体"一词最早由美国 CBS 技术研究所长 P. 戈尔马德克提出，清华大学新媒体研究中心熊澄宇教授从技术方面给出定义，他认为新媒体既有一切媒体技术所具有的共性特征，又具有其自身的个性。④ 而新媒体交往是

① 王家梅，徐玲. 浅谈新时期教师职业道德缺失及对策 [J]. 新课程（小学），2013（4）：14.
② 佚名. 从教师言语现象看教师职业道德的缺失 [DB/OL]. https://www.xzbu.com/9/view-4338247.htm，2020-11-28.
③ 刘辉. 课堂教学中教师言语失当成因分析 [J]. 湖南教育（综合版），2008（1）：25.
④ 刘存芝. 新媒体对大学生政治社会化的影响及引导研究 [D]. 西安：西安石油大学，2020：10.

指公众利用各种新媒体进行互动交流，建立良好的人际交往。

2. 将新媒体用于师生互动

大数据时代，新媒体早已走进家家户户，人们广泛地应用新媒体，传统的人际交往方式逐渐被新媒体交往方式取代。大部分学生个性张扬，热爱探索新事物，并能够接纳包容新的东西进入他们的生活中。[①] 在传统的课堂教学中，师生互动存在着单向为主、控制性为主、课堂为主等缺乏交互的现象，而新媒体的出现以及在学校中的普及，丰富了教学内容与师生间的互动方式，将课堂的主动权交还给学生。教师作为引导者，利用新媒体帮助学生探寻新的学习方法，提高学习的效率，师生间的距离得以拉近。尤其是内容枯燥、单一的课程，运用新媒体技术教学，既创新了教学方式，又增强了学生的求知欲，实现师生友好互动，活跃了课堂氛围。

3. 将新媒体用于班级管理

新媒体的出现使个体和他人的距离不再那么疏远，QQ、微信等聊天软件的出现，使得班级的管理更加趋向于信息化，能使教师更加及时准确地了解学生的心理动态和生活状态。然而，学生使用手机已经成为学校中非常普遍的现象，学生使用手机玩游戏、聊天既影响学习，也影响着学生的在校生活，给教师在班级管理工作上带来不少困难，使教师不得不在班级管理上制定新的守则公约。因此，教师必须认识到新媒体给学生和自身带来的变化，结合班级实际情况，将新媒体手段运用到班级管理工作中是非常有必要的，以此来促进班级管理工作。[②]

4. 将新媒体用于家校联系

信息技术的飞速发展为家校联系注入了新的活力与生机，也给人们提供了新的沟通方式。新媒体具有交互性、虚拟性和开放性等特点，学生在日常生活中常常运用新媒体，同时这也慢慢成为学生与家庭沟通交流的主要媒介，加强了学校与家庭的联系。

---

① 潘锋. 中职学校形势与政策教育策略探究 [J]. 中国校外教育，2012 (29)：134，159.

② 潘鹏飞. 浅析新媒体时代背景下班级管理的重要性 [J]. 信息记录材料，2018，19 (11)：168-169.

5. 将新媒体用于对外宣传

当前，各个学校加强了对新媒体的建设，使得校园新媒体基础设施更加健全完善。学校利用官方网站、官方微博等新媒体平台对外宣传，让社会中更多的人了解学校建设。同时，在学校的新媒体宣传平台对先进个人、好人好事、优秀学生等进行公示表扬，多角度、全视角地对师生进行理想信念教育，可以让师生从根本上了解学校文化，更好地为学校进行宣传。

6. 新媒体背景下交往能力缺失的常见表现

（1）人际交往冷漠化

在新媒体环境下，电子产品设备的诞生便捷了我们的生活，手机等通信工具更是实现了远程沟通，不出门就可以与离家万里外的亲人话家常、诉情思。新媒体交往方式成为我们的日常交往方式，给人们的生活带来极大的便利，但便利下存在一个弊病，即使得人际交往冷漠化。长期以新媒体方式交往疏远了亲情、友情等，让人际交往冷漠化，致使交往能力缺失。

（2）人际交往信任缺失

新媒体背景下，交流平台依靠于互联网，微博、微信、QQ 等虚拟性极强的社交平台。大部分人使用匿名在虚拟网络上与人交流沟通，出现言行失范、信任缺失等问题。新媒体的普及渐渐减少了面对面的交流，通过没有温度的文字、图片传递信息，这容易导致人际交往模式逐渐趋于单一化。网络信息五花八门，社会阅历浅薄的人对其缺乏辨识能力，很容易被网上一些错误言论误导。此外，虚拟网络世界真假难辨，人们只能以半信半疑的目光看待问题，渐渐出现人际交往中的信任逐渐缺失现象。因此，学生切忌在虚拟网络中放松警惕，若有不慎，容易丧失社会信誉，不利于个人的发展。

（3）人际交往障碍

新媒体时代下，手机不离手是当下很多年轻人的现状，甚至有了"手机在手，天下我有"的网络语句。我们可以通过手机传递信息，通过手机了解外界，通过手机与人交流、维系关系等。新媒体的发展迅猛，深受广大群众欢迎，但也有越来越多的人沉迷于新媒体构建的虚拟世界。很多人喜欢新媒体构建的虚拟世界所带来的舒适和快感，常常一个人抱着手机独行，从而导致人与人之间缺少互动，甚至出现逃避与现实社会的现象，不愿意与人产生过多的交往互动，最后人际交往障碍越来越严重。①

（六）较高的社会美誉度

1. 什么是社会美誉度

美誉度最早出现在公共关系学范畴，揭示的是一个客体在社会大众心目中的形象，也有相当多的文献将美誉度解释为社会大众对一个组织信任和赞许的程度，是公共的一种看法，而并非一个客观现实。② 基于此，社会美誉度是指一个组织或个人在社会层面上获得大众信任、采纳和赞赏的程度，而评价某一组织或个人声誉好坏的根据是社会美誉度的高低。

2. 有一定社会知名度

社会知名度是指在社会中被大众所熟知、了解的程度。同时，社会知名度也是对某一组织在社会中的名气大小的客观的评价。一名卓越的教师一定拥有着较高的知名度，而这些拥有一定社会知名度的教师，都有着较高的素养，以及较为丰富的教育经验。教学效果好，声誉提高，社会知名度也跟着提高，同时在学校的教育教学研究活动中能挑大梁，带动更多教师共同发展进步。

3. 有较强辐射传播力

在心理学上，辐射定律是指正在进行一件事，这件事情的影响力具有扩散性，对其他相关的事物产生作用，即辐射传播力，这影响着更多的教师成长。卓越教师拥有较高的道德素养与学识水平，教学能力强，能够充分发挥辐射引领作用，影响着更多教师的发展成长。

4. 有积极正面的社会形象

教师是通过自身高尚的人格、灵魂品质潜移默化地感化学生，从而培养出高尚人格的学生。在社会中，卓越教师一直有着积极正面的社会形象。而这一形象的形成，得益于教师用自身高尚健全的人格润物细无声地影响着学生。卓越教师德才兼备、博学多才，其道德品质、言谈举止，都对社会有着一定的正面影响，是社会学习的典范。

---

① 陈叶，陈文华. 新媒体社交网络对大学生人际交往的影响及对策 [J]. 考试周刊，2014（44），169.

② 王瑞. 民办高中品牌美誉度提升策略研究 [D]. 天津：天津大学，2018：6.

5. 有相当的公共号召力

号召力是指让群众认可自己并偏向自己的一种能力，同时也是用个人人格魅力、自身信念唤醒群众的能力。① 卓越教师具备卓越的专业技能，较强的学习力、观察力、沟通力、表达力，德才兼备。不管是在专业领域还是教学都有相当的公共号召力，能用自身的实力征服他人，在自己的专业领域中树立权威性。

6. 缺乏社会认可度的常见表现

社会认可度指的是社会群众对某人或某物赞同的程度。社会认可度缺乏的常见表现：一是社会公信力缺失。社会公信力指的是社会组织、机构在处理社会公共事务中所发挥的被社会公众信赖和认可的能力。② 卓越教师队伍是社会生活中人民群众相当信任的队伍。若卓越教师队伍在社会中失去普遍认同感、信任度感和满意度感，这支队伍的建设就是一个失败的典例，缺乏社会的公信力将难以立足于社会中。二是群众支持力缺失。获取社会的认可，最不能缺失的便是群众的支持力。人民群众的拥护与支持，需要用诚心换取人民群众的真心，立下的每个承诺需要建立在人民群众利益的基础之上。

三、如何培育人际专长

(一) 塑造师者雅致形象

1. 学习教师仪态课程

教师的仪态属于非言语行为，它包括体态语、人际距离、辅助语言和类语言等方面。教师是学生思想道德的教育者，也是文化知识的传递者，一言一行都影响着与之交往的人。教师需要对自己的仪态进行训练与改造，塑造一个雅致的形象。为人师表，以身作则，而教师仪态是教师成长之路的必修课程之一，规范的教师礼仪，不仅提升教师的自身修养，还会影响学生的受

---

① 张君燕. "听过"是什么意思 [J]. 演讲与口才, 2018 (6)：75.

② 360 百科. 社会公信力 [DB/OL]. https：//baike. so. com/doc/9237881 - 9571218. html, 2020-11-28.

教育过程。在教育过程中渗透学生的思想、知识、智慧、道德、意志、情感、个性品质、言行举止，因此学习教师仪态课程，是提升教师综合素质、教育程度的途径。①

2. 改造教师穿着打扮

为人师表，着装极其重要。作为教师，衣着要大方、整洁，充分反映出朝气蓬勃、健康、稳定的精神面貌，学生才会对教师更多地敬重爱戴。《弟子规》启示我们，着装要整洁。因此，改造教师的穿着打扮，提升教师的整体形象对塑造师者形象有很大的积极意义。

3. 涵养教师优雅气质

《现代汉语词典》中对"优雅"的释义为唯美雅致，阴柔高雅。②"气质"是指一个人由内而外散发出来的涵养或修养。优雅，需要浸润书海涵养师者的情怀，腹有诗书气自华。丰富的学识，高雅的气质，是塑造雅致形象中不可缺少的底色，而胸襟、气度、包容及眼界、才能、资质是教师涵养优雅气质的重要条件。培育人才，弘扬师德，奉献自己，优雅一生。

4. 丰富教师学识

教师肩负着教书育人的使命，但也需要不断地学习借鉴，紧跟时代发展潮流，接纳新知，扩充自身所具备的知识体系，对知识的追求保持最初的欲望及思维敏捷性。在学生中树立威信，用自身渊博的学识让学生对自己充满崇敬感，系上师生关系的锁链。一旦教师缺乏了维系关系的锁链，在教学中就会处于相当被动的状态。学习真的很神奇，它可以使学生亲近你，同时树立一心向学的态度，塑造雅致的教师形象。博观约取，厚积薄发，充实自己才能更好地育人，教师应永不停止学习的步伐，去拓展自己的见识，提高学识水平，从总结中发现更多经验，探寻新知识，不断提高、丰富教师素养，做一名雅致、紧跟文化潮流的卓越教师。

5. 锤炼教师高尚人格

教师应秉持高洁的情操，用高标准严格要求自己，锤炼高尚人格。为学

---

① 薛雷雷. 重视教师礼仪塑造教师形象 [J]. 网友世界，2013（14）：98-99.
② 李珂. 做一个优雅的老师 [EB/OL]. https：//www. meipian. cn/1uqsqgbi. 2020-12-18.

生树立人格的榜样，教师肩负传授知识、传递文明的使命，教师在思想、行为、人格等方面为学生树立标杆，教师模范在学生心中永存，并不时地鞭策学生。因此，锤炼教师的高尚人格，塑造教师雅致形象是每一位卓越教师努力追求的目标。教师高尚人格的锤炼离不开学习借鉴前人优秀的思想格局，吸纳优秀的思想，从中得到启示和教育。成为卓越教师必须自觉加强师德师风建设，不断完善提升自我修养，最后方能锤炼自身的高尚人格。

（二）增进教师语言魅力

1. 参加普通话培训

众所周知，泱泱华夏囊括了 56 个民族，各地方言各具特色。但从 20 世纪 50 年代开始的全国大型扫盲运动起，普通话渐渐成为我国的官方通用语言，普通话的普遍使用，有利于在全社会中促进语言文字标准的形成，同时也有助于语言文字发挥更巨大的作用。① 作为教师，教授学识，解答疑惑，以口相传，若普通话不标准，既不能清晰准确地向学生传递知识，教师自身以及学生的朗诵水平发展也会受到限制。因此，参加普通话培训，是每一位教师的义务与责任，也是增进教师语言魅力的有效方式。

2. 学习名家名作语言特点

学习语言的方法离不开对语言的聆听感受，积累语感，而学习名家名作的语言特点能辅助教师感受语言的风格魅力，在不断的学习中凝练出自身的语言魅力。这是教师增进语言魅力的有效方式。通过语言学习语言，积累越多，语感越好，同时言语的表达越来越强，教师的语言魅力得到增进。

3. 提升教师朗读朗诵水平

有感情的朗读与朗诵能更好地吸引他人的关注，而掌握正确的朗读朗诵技巧，是提升教师朗读朗诵水平的前提。语感的获得需要大量的阅读积累，而语感在朗读朗诵中发挥巨大作用。因此，熟悉和掌握语言规律，提升教师朗读朗诵水平，激发自身对语言的感受力，有利于增进自身语言魅力。

4. 增强教师聆听理话能力

理话指的是理解他人的言语之意。增强聆听理话能力是教育工作者所应具备的教师素养。卓越教师拥有熟练的专业技能、渊博的知识文化和丰富的

---

① 朱瑞青. 谈学好数学的重要性 [J]. 中学课程辅导：教学研究，2011，5（5）：152.

人文阅历。增强教师聆听理话能力，不仅能提高语言表达的逻辑性，更能增进对语言的感知能力。在与他人沟通时，能更好地理解他们的言语之意，与沟通者产生共鸣。

5. 凝练教师自我表达风格

教育事业中存在着特色各异的教师，每一位教师都存在着不一样的自我表达风格，而凝练自我表达风格是增进语言魅力不可或缺的重要因素。卓越教师的自我表达风格独特，吸引力强大，利用语言独特的魅力与特性吸引、感染不同的人，使更多的人感受到自己表达风格的魅力，并得到认可。

（三）培养教师情绪感知力

1. 学习教育心理学相关知识

教育心理学是一门钻研教育中通过学与教基本心理规律所呈现的科学课程，它主要研究教育现状：教学情境中师生教与学所引起的心理过程的心理现象。① 作为课程，教育心理学把心理学领域的理论或研究所获得的成果应用到教育教学中，课程的设置也体现了教育心理学的特点，这对教育教学方法的改良提供了参考，增强学生的学习欲望以及帮助学生克服各项困难和挑战。② 教师要加强自身教育心理学方面的相关知识储备，便于在学校环境和课堂科学中客观地应用它们，并为可能遇到的一些问题提供理论建议，能更好地发挥教师的心理技能、思维能力，更好地解决问题，从而培养教师的情绪感知力。

2. 分析典型案例中的情绪要素

情绪要素主要包括情绪的体验、表现、生理。

案例：著名运动员情绪失控导致失败的事例

在某次世界杯决赛中，齐达内开场使用点球战术帮助法国队领先一步，马特拉齐不甘落后，激烈进攻下，随后扳平比分。就在比赛进行到 109 分钟时，马特拉齐在后场死死盯防着齐达内，不久，

---

① 张艺昆. 高校毕业生思想政治教育的理论与方法构建初探 [D]. 西安：西北大学，2010：27.

② 同上。

两人似乎发生言语冲突，齐达内失去理智，用头部撞击马特拉齐。意大利后卫应声倒地，主裁判埃利松通过和第四官员讨论决议，于是向法国队队长出示了红牌。最终，法国队在点球大战中败给了意大利，遗憾地错失了"大力神杯"荣誉。而在齐达内下场前，法国队一直处于进攻态势，但是法国人的冲动行为，使得赛场扭转局面，原本极具优势的法国队输掉了比赛。①

案例中的情绪体验。齐达内与马特拉齐发生口角，并且齐达内的不理智行为反映了不同的人在知识、阅历、看待事情的心态等方面存在差异，每个人看待事情的角度不一样，情绪波动也会有所差异，因而齐达内的情绪体验相当糟糕。

案例中的情绪表现。齐达内与马特拉齐发生口角，并且齐达内失去理智，用头部撞击马特拉齐。可以想象当时齐达内的情绪表现相当愤怒，丧失冷静，处于没有理智的状态。

案例中的情绪生理。齐达内因不满而失去理智，用头部直接撞击马特拉齐。愤怒的情绪产生时生理也悄悄发生显著的变化，各个生理机制收到信号刺激使得齐达内用头部撞击马特拉齐。

3. 掌握安抚学生情绪的方法

教师要善于观察、善于捕捉学生们的异样言行，及时感受到学生们的情绪变化，并能够运用教育心理学的相关知识处理、安抚、稳定学生的情绪，做好情绪管理的相关工作，增强自身对于学生情绪的感知力。教师同时扮演着引导者与组织者的角色，需要引导学生感知自己的情绪变化，学会掌控与稳定情绪，从而快速调节好情绪状态。教师要及时了解学生的情绪走向，让学生对自己产生信任与共鸣。

4. 培养共情力

共情力是指转换成他人的视角看待问题，去理解、推演他人的情绪感受，试图对他人的感受引发共鸣的能力。教育者需要具有强烈的同理心、责

---

① 佚名. 著名运动员情绪失控导致失败的示例 [DB/OL]. https://wenwen.sogou.com/z/q798671089.htm, 2020-11-17.

任感和创新精神，否则难以培养共情力，难以适应新时代的新变化，难以了解学生的新特点。共情力的提升需要具备"共情意识—共情思维—共情反馈"三位一体构成核心要素，了解共情者的具体情况、真切需求与成长规律，从而提升自身的情绪感知力。①

（四）掌握教育交往技巧

1. 树立主动交往意识

交往意识是指与人交往所产生的心理活动。它反映在群体活动中，有统筹规划意识、团结合作意识、相互尊重意识等为建立沟通而产生的意识。社会生活中，人际交往伴随每个人的成长、发展。现今是开放型社会，教师不仅要与时俱进，还要树立主动交往意识。在与他人接触的过程中，保持自身的亲和性与主动性，建立一个良好的人际关系，从中掌握教育交往技巧。

2. 利用现代交往工具

交往工具是指交往活动中传递信息的载体，包括语言符号、通信工具、大众媒体、运输工具、货币及其操作的方法等。② 教师的交往工具多为新媒体产品，能实现信息传递，如手机、电脑等工具。在信息化时代，教师应紧跟时代步伐，适应并学会利用现代交往工具，掌握教育交往的技巧。

3. 规范师生交往边界

交往边界是指在人际交往中，建立良好的交际关系，以及能进行有效的沟通时需要保持在安全的边界范围内。师生交往也属于人际交往的范畴，但又区别于一般情况下的人际交往，这种交往有特定的对象关系，并且针对的是学术上的交往。促进师生关系的良好发展，需要规范师生交往边界，把握分寸，不逾矩。

4. 畅通教育交往渠道

在教育中的主要交往渠道是教学，同时在教育交往中产生的渠道有校园广播、黑板报、校园电话、座谈会、演讲等，这样的教育交往渠道让人与人

---

① 史建生. 高校辅导员共情能力的现实状况及提升策略研究［D］. 长春：东北师范大学，2019：33.
② 李凤华，李海玉. 当代大学生利用交往工具的情况分析［J］. 商丘师范学院学报，2008，24（10）：106.

之间的交往模式趋于多元化。为使良好的人际关系得以形成，教育交往无障碍，拓宽师生间教育交往渠道，师生双方都可掌握更多的教育交往技巧。

5. 学习交往榜样人物

榜样是人们理想中的一种人格典范，以某个个体为榜样，会不由自主地模仿、认可这个人所遵照的立场、观点及方法。因此，同主观自我高度融合，面对问题，根据榜样所坚持的立场、观点及方法去剖析理解问题、形成观念设想，从而规范自身的言行。学习交往榜样人物，可以掌握到榜样人物的交往技巧，同时增进自身的交往技能。

6. 提高教育交往变通性

（1）合适的人用合适的交往方式

交往方式是指在生产过程中，人们因频繁的沟通交流，渐渐形成的关系，也指交往活动采取的具体样式。因交往方式的媒介是人，人是多元化的生物，所以不同的人之间存在着不同的交往方式，合适的人用合适的交往方式。而方式可以有很多种，可以通过语言的表达以及处理事情而制造影响。

（2）不同场合用不同的交往方式

在不同场合中，存在着不一样的交际语，在重要的场合，应注意自己的言谈举止要体现内涵教养，不能轻浮而失了礼仪；在一般的场合，若要开玩笑应该先思虑玩笑是否得当、合宜；而在工作场合最好不要随意开玩笑，因为玩笑容易导致分心而影响工作。总的来说，交往沟通时一定要先看清楚场合，不同场合应用不同的交际语言，学会变通。

（五）善用教育信息沟通方式

1. 聊天工具沟通

随着现今信息技术的发展，人们更习惯于用 QQ、微信等聊天工具去交流，它们也是现代年轻人最普遍的交流方式。作为新时代的一名教师，仅仅是强化专业知识技能还不够，还需要学会使用聊天工具进行沟通，与时俱进，不淹没在潮流中。

2. 新媒体沟通

新媒体时代，新闻报道的方式不断改革创新，媒体与公众之间的沟通方式也层出不穷。新媒体语境下，沟通的渠道与信息来源多样化，沟通对象的多元化与国际化，沟通姿态的平民化等，各个方面都在不断地发生变化。因此，教师应该熟悉新媒体的运用，完善与新媒体沟通的有效机制，加强自身沟通意识和技能的培养，善用新媒体的沟通方式。

3. 教育软件平台沟通

教育软件平台指根据应用范围的不同为教育服务的平台。教育软件平台可以促进教师对新媒体的熟悉了解，从而使教师能够及时掌握有用的教育信息，让教师在教育软件平台中学会融合教学、管理、学习、娱乐、交流等方式进行沟通，掌握多元化的沟通技巧，提高自身教育信息化的水平。

4. 面对面沟通

在教师与家长的互动中，应相互尊重、友好。每个家长的受教育程度、社会经验等存在差异，促进家校融洽沟通，共同商讨如何使孩子成长得更好成为家校合作的重要目标。因此，学校采取了家长会、家访、家长开放日、家长进课堂、家校合作拓展等面对面的沟通方式。

家长会是由学校或教师组织的，让学生家长集合在一起展开互动交流的会议或活动。① 家访，即家庭访问，主要是和家长一起解决儿童、青少年的教育问题。② 家长开放日指某个特殊的时间展开以学生家长为主体的活动，让学生家长来学校旁听教师授课，深入了解课堂及掌握自己的孩子的上课表现情况，目的是拉近学校与家长的联系，消除家长对教师教学的误解，同时增加学校办学的透明度。③

（六）发挥教师社会正能量

1. 忠于教师职业选择

教书育人、传递知识是教师的使命。教师不是普通的职业，教书不是人们谋生的手段。教书育人应该是选择教师职业之人的事业。教师最讲究职业良心，忠于教师职业选择，敬其业而司其职，找准自己的位置与目标，时刻明确自己的职责和要求，忠于教师职业选择。

① 何迪远. 开发课程资源的有益尝试——一次源于家长会的写作实践及思考 ［J］. 语文建设，2004（12）：25-26.
② 黎兆和. 家访是教师工作的重要部分 ［J］. 小学教学参考（综合版），2011（9）：6.
③ 何军华. 教学方法纵横谈——公开课心得体会 ［J］. 新课程（下），2014（1）：49.

2. 明确教育价值追求

教育价值观有两个层面：一个是教育事业发展的价值追求；另一个是学生个人成长的价值选择。教育是一种实践，而教师作为引导者，在实践中要积极发挥教师功能，致力于推动教育的发展，这样才能更明确教育的价值追求，具备卓越教师应有的素养。

3. 提高爱岗敬业意识

提高爱岗敬业意识，是发挥教师社会正能量的必要条件。教师在教育教学中应认真完成自己所负责的每一项教学工作，培养合格人才。教师肩负教书育人的使命，培养一批批新时代主力军，推动社会的发展。提高教师的爱岗敬业精神，坚定教书育人的使命，提升对教师职业的热忱，是卓越教师的必备品质。

4. 维护教师群体形象

在学识方面，教师应追求精益求精，自身正直无私堪当楷模。在社会中，教师一直保持着正能量满满的群体形象。然而这一形象也很容易被破坏，为了避免害群之马的出现，维护教师群体形象，发挥教师社会正能量，教师首先应端正自己的思想认识，尊重教师这一职业。

5. 阻断负面情绪传播

负面情绪是指对某一事件或刺激做出的过度反应，产生不良的情绪。这些情绪体验容易使人意志消沉，降低社会参与能力。① 要想发挥教师社会正能量必须阻断负面情绪的传播，要想阻断负面情绪的传播便要对情绪进行适当的管理。需要找到安全的宣泄渠道和方式来引导负面情绪，尽量不在负面情绪强烈的时候做决策，在负面情绪强烈时，人的感性增强理性下降，难以对问题进行理智的判断。

6. 参与社会公益事业

教师是一份神圣的职业，它有参与社会公益性事业的义务与权利，如参加教育咨询、义务心理辅导、支援贫困地区教育活动等来发挥教师社会正能量，给社会更多的人彰显教师的崇高道德规范与人格魅力。积极参与社会公益事业，为公益注点力。

---

① 杨英. 社会工作介入初中生负面情绪管理研究［D］. 合肥：安徽大学，2020：8-9.

7. 传播高尚公共道德

公共道德是指得到社会群体普遍赞成、约定俗成并遵循的道德法则。公共道德观是以人为本的价值观，其价值取向就是社会、团体、他人、个体利益的有机统一。① 成为一名卓越的教师，应提升自身的道德涵养，传播崇高的公共道德，建设和谐社会，发挥教师社会正能量，为建设和谐社会奉献绵薄之力。

8. 弘扬人类正向文化

正向文化又称积极文化，它强调社会中产生的拥有切实的乐观态度的文化。高素质的教师队伍必须构建积极向上的文化素养，培养教师高尚的人格，同时要振奋民族精神，自觉弘扬人类正向文化，争做向真、向上、向善、向美的时代新教师。

---

① 周萱齐. 医患关系紧张的伦理反思［D］. 株洲：湖南工业大学，2014：26.

第七讲　技术专长

一、什么是技术专长

（一）技术专长的概述

1. 技术

何谓技术？随着社会的发展，技术与现实生活密切联系，影响着人们的生产生活方式。

在广义上，技术存在于人类社会活动的所有领域，人类把科学用于生活的各个领域范畴，并不只是局限于生产劳动中。① 这里的技术包含劳动主体对象、劳动工具以及劳动经验和生产的技艺。从某种程度上来说，技术也指社会生产力。总的来说，在拓展人类社会基本社会经济活动功能时，技术将此过程中运用到的一切方法、工具和技艺全部整合了起来。

狭义上的技术，我们可以这样定义：人们为了解决日常生活中的某些问题或事务所需要借助的劳动手段、工具，且具有能力性、技巧性。现代社会，技术发展已经成为我们人类的存在方式，技术的使用是技术存活于世的方式，无论是产品的生产开发，还是各个领域的革新，显然都已经离不开这一工具、手段。

2. 教育技术

教育技术是指为了加快理论学习，在整个社会学习发展过程中对一切学

---

① 陈士俊. 论广义技术的分类系统 [J]. 科学技术与辩证法，1990（3）：17-22.

生学习教育资源的开发、设计、应用、管理和评价的理论与实践。① 在当前社会环境背景下，技术已经渗入教育领域的方方面面，以此推动教育的发展和革新。当然，这里的教育技术有别于教学技术。教育技术涉及学习教育、心理、信息技术、计算机系统科学等多个学科领域，其与多个学科的技术相整合。② 教育技术是更大范围的、为教育事业服务而存在的劳动工具，而教学技术仅仅是针对教师开展某些具体教学活动，用于支持教学和减轻教师教育负担的技术工具，主要应用于课堂教学。

3. 卓越教师的教育技术专长

教育技术专长是指在教育行业中广泛运用现代社会科学技术，对教育技术资源进行开发、利用、管理和评价活动中具有的超常的学识、技艺或特殊才能。卓越教师的教育技术专长有别于普通教师的教育技术技能，这是因为卓越教师除了能熟练地使用技术工具以外，还能与多个领域的专家合作，这些专家在制定教学政策、技术课程开发、教师专业发展等方面都有所涉猎。除此之外，卓越教师还可能已经成了教育技术领域的专家，对其他教师起到示范作用，指导他们更好地使用技术。他们还可以运用自己擅长的技艺和本领，根据教学目标规划教学任务，推进学校教育技术的改革，合理分配教学资源，适当开发教育技术，由此推动教育技术的发展。而普通教师的教育技术技能仅仅是依靠已掌握的技术工具，将之运用到教学活动中，发挥辅助的功能，并未对其技能深入挖掘和再创造，二者之间判然两途。

（二）技术专长的发展

1. 教育技术发展综述

（1）教育技术事业的发展

我国教育技术一共经历了五个时期的发展，从传统基础技术转变为现代信息技术。第一阶段是语言发展时期，第二阶段是文字时期，第三阶段是印

---

① 李运林. 教育技术学科发展：走进信息化教育——五论信息化教育 [J]. 电化教育研究，2015，36（2）：5-11.
② 孙燕飞. 基于云模型的高校计算机类课程教学评价指标体系分析 [J]. 信息系统工程，2017（3）：171-172.

刷术时期，第四阶段是电视、广播、媒体时期，第五阶段处于计算机、网络时代。① 从原始社会产生的语言到公元前 3000 年出现的文字，再到 1300 多年前发明的印刷术，这些资源在教育事业中的运用和开发，逐步完善了传统教育活动，使之成熟。近年来，随着中国现代技术的变革，一些新型的教育技术（如 19 世纪末、20 世纪初生产的电视、电影、广播、媒体以及 20 世纪末、21 世纪初的计算机互联网技术等资源）应运而生，在现代教育发展中充当主心骨，并成为当代中国教育必不可少的资源。

（2）教育技术概念的发展

教育技术的原名为电化教育，我国于 1993 年正式将其名称改为教育技术。但是自更名以来，很多教育工作者对其名称产生了误解，有人认为教育技术最主要的部分在于技术，而有的人则认为关键在于教育二字。为了凸显教学的信息化，教育工作者有时还将其称为现代教育技术。而在 2012 年，有关部门还申请了将教育技术改名为教育信息技术或其他的名称。显而易见，教育技术概念至今仍在发展，还有很大的不确定性。

（3）教育技术理论的发展

教育信息技术的发展迫切需要理论指导。一开始，只是单纯地对教育技术进行理论的学习，即出现了学习理论；华南师范大学于 1982 年年初邀请了几位著名的传播学鼻祖来中国讲学和传授相关经验，由此带来了传播理论；在学习理论与传播理论的结合之下，发展出电教理论，由此也衍生出了众多以信息化、系统化为主的其他教育技术理论。②

（4）教育技术学科的发展

自改革开放以来，将传统信息技术与现代信息技术融合以促进教育现代化、信息化已成为一项教育改革事业。为适应教育的发展，全国各院校相继创设和开办了有关教育技术的学科，从一般的教育学，逐渐建立起涵盖了教育信息技术、信息技术教育、现代教育技术、信息技术发展和传播等多元化的学科。当前，教育事业发展需要持续推进有关教育技术学科的建设和发

---

① 李运林. 教育技术学科发展：走进信息化教育——五论信息化教育 [J]. 电化教育研究，2015，36（2）：5-11.
② 同上。

展，并要求师范类院校的学生和教师注重技术能力的培养，由此推进该学科的深入发展。

2. 教育技术发展趋势

（1）教育技术逐渐智能化

从科学技术发展的趋势上看，教育信息技术智能化成为现代社会教育教学改革的一大成果。教育平台依靠大数据、互联网技术搭建信息化平台，对整个教育体系进行了再造。随着技术的发展，教育技术正渐渐步入人工智能领域，借助5G互联网技术，对教育技术进行进一步的改革创新和完善，这是当前的一个研究热点。除此之外，面对教育技术智能化的发展，教育工作者应持乐观态度。在新型冠状病毒肺炎疫情期间，我国利用信息技术手段为教育管理部门、教育场所、教育者和学习者搭建了空中课堂等线上教育平台，展现了技术智能化带来的底层发展潜力。由此可见，教育技术智能化，已然是助推教育发展的内生力量。

（2）教育技术渐渐融合化

自改革开放以来，逐步建立了信息技术与教育相结合的模式。进入21世纪，为适应智能信息技术的变革，中国正在逐步推动人工智能与教育的协调发展，在未来，给学生的发展提供愈加优质的学习体验。此外，教育技术逐渐实现与各个学科的交叉融合，完善了教育体系，对教育的发展提供技术指导。教育工作者需要进行相应的创新，提升教育技术与教育事业的融合效果。运用教育技术的目的是加速教育事业稳步、繁荣发展，因此教育技术想要更好地为教育事业服务，需要不断发展。现代技术作为一个强有力的支撑保障，加快了技术与教育的交织融合。

（3）教育技术呈现泛在化

泛在，指无处不在。教育技术泛在化，意味着技术将以人类难以察觉的形式融入教育事业中，教育工作者可以不受时间和场所的束缚，广泛和定期地使用教育技术工具。①

信息技术给人们带来了许多意外的惊喜，其也被广泛使用于各个行业领

---

① 朱强，别立谦，姚晓霞，朱本军，刘兹恒. 面向泛在信息社会的国家战略及图书馆对策研究（上）[J]. 大学图书馆学报，2014，32（6）：25-34.

域，给各行各业带来变革，发挥了重要作用。教育作为一个主动投身创新改革信息技术时代的行业，疫情期间，更能展现出它的价值。教育在技术的辅助之下，使得教学环境冲破了传统模式的围墙，实现线上教育模式的创新和变革，教育场所不再成为限制教育资源的开发和利用的罪魁祸首，教育的主体便顺理成章地产生了一定的变化。不仅如此，我们还可依靠教育技术对学生或教师进行测评，用于监督教师行为，发展学生思维。如今，教育技术呈现泛在化趋势发展，教育技术已被人们广泛使用和再创造。利用网络技术实现教育技术的全覆盖，让教育技术更自然而然地融入人们日常生活中，享受技术带来的服务。未来，教育信息技术的发展一定会变得更加泛在化和个性化。

3. 教育技术在未来教育中的价值

教育技术影响教育事业，信息技术的迅猛发展也超出前人此前的预测，在此趋势下，教育工作者看到了教育技术显著的优势和广阔的发展前景。聚焦现代社会教育信息技术在未来我国教育中的正面价值进行判断，带着发展的眼光看待教育科学技术的价值取向。未来，教育技术的应用将对其发展方向产生更深层次的影响。进入互联网信息技术高度发达的时代，技术与教育进行正面交锋，给电化教育带来了机遇和考验，教育技术便需要抓住这一重要发展契机，将传统教育教学模式与信息技术教学模式密切联系，适应现代化教育事业的发展。[①] 作为一个教育工具，教育技术未来也将为教师提供更和谐的环境、更多元的方法、更丰富的途径，以此促进卓越教师的培养。未来，还可以利用教育信息技术优化教师专业发展的社会环境，充分发挥教师主体性价值。随着相关政策的出台，未来教育事业将更着重培养骨干教师、卓越教师。因此，教育技术专长的培养，为教育发展提供技术指导。随着信息时代的发展，教育技术将彰显更为丰富、显赫的价值。

（三）技术专长的功能

1. 提高教育工作效率

随着人工智能时代的到来，机器完成重复劳动的效率远高于人类，信息

---

① 欧阳鑫颖. 基于现代教育技术学基础理论创新研究 [J]. 智库时代，2018（42）：102，104.

技术取代了大量有关记忆性和信息检索性的常态化工作，极大地减轻了人类低阶知识的工作任务。因此，培养教师技术专长可以有效提高工作效率，达到技术教育功能最大化。

教师利用教育技术架起了与学生沟通的桥梁，传授某些教材无法表达的知识内容，改变了传统机械注入式的教学管理模式，打破课堂教学的局限，把复杂问题简易化、直观化，从而加速学生的理解，加快教学评价活动的进行。在技术的作用下，教师不再需要经历收集纸质材料的过程，而是将各类信息直接录入计算机系统，利用技术高效地完成材料收集和汇总分析工作，从而提高工作效率。此外，教师还可以及时完成资料的交接，实现资源最大化共享。无论是普通教师还是卓越教师，都无法避免工作上的资料交接，一些教育工作者经常与教育领域上的专家开展课例研究、专题研讨和经验分享活动，技术的应用可以简化工作交接流程，避免时间的过多浪费，实现工作效率最大化。

2. 实现教育智能化

随着科学技术的发展，智能化教育已经在各个学科领域有所渗透、有所发展。智能化教学在技术的发展重要作用下成功地被带进了学生课堂，推动社会教育文化事业迈向高端，因此培养教师技术专长可以实现教育智能化的发展。技术改变了教学方式，使教学活动更加信息化与智能化。教育技术可以根据不同的教育环境，提出不同的应对方法。例如，当教师在一节地理课上讲解地理位置、气候天气方面的知识点时，可以依靠技术创造一个模拟的、智能化的情境，让学生有身临其境之感，充分体验技术带来的魅力。教师掌握技术专长，利用信息化技术开展教育活动推翻了传统教育的守旧模式，助推未来教育智能化转型时代的到来。智能化讲桌、实时远程课堂、家校联系平台等教育媒体横空出世，多元的技术手段工具改变了一个黑板、一支粉笔、一本教材、一张嘴巴的传统教学模式，实现教育智能化。教育在信息技术上获得了许多额外的惊喜，教师应该及时抓住机遇，提升自身的技术技能，争取成长为拥有技术专长的卓越教师。

3. 将教师从机械重复劳动中解放出来

信息时代下的科技发展与时俱进，技术被寄予了驱动教育事业变革的厚望，人们都希望技术的使用可以改变传统机械劳动的工作模式，提高工作效率。因此，发展教师技术专长，可以将教师从一些机械化劳动中逐步解放出来，提高资源的利用率。卓越教师作为教育行业中的领军人物，更应充分发挥他们特有的技能和思维，并运用到教育事业改革方面的科研工作中，完成技术工具无法完成的高阶思维工作。在教育技术的协助下，教师不再需要为基础的教育工作花费多余的时间和精力，技术可以帮助教师处理一些基础的工作任务，如利用教育技术批改学生作业、利用教育技术进行教学反馈与评价、利用教育技术提高备课效果等。通过培养技术专长，卓越教师可以合理地、高效地运用教育技术，并掌握好技术的工作原理和使用方法，避免盲目使用技术而失去其价值意义，真正实现从机械重复的劳动中解放出来。

4. 为其他教育专长提供支持

（1）为教学专长提供技术支持

技术被广泛运用在教育事业中，教育技术始于教育事业，也应该终于教育事业，技术专长能够给予教学专长丰富的技术资源，充分体现了它的优势。首先，培养技术专长，教师的工作更具高效性和便捷性。利用技术专长，教师可在短时间内高效实现繁杂的工作目标。其次，培养技术专长，教师可以更有效地将学科理论与教学实践密切联系，运用技术直观地、系统地呈现教学过程与方法，实现教师教得明白、学生听得懂的目标，在保证速度的同时，可以提高工作质量。最后，培养技术专长，教师在遇到棘手的问题时，可以利用技术快速检索攻破问题的解决方案，在经历深入思考的同时，结合技术的使用，提高问题解决的思辨能力。教育技术对教育活动起到积极的作用，教师在追求教学专长的同时，更应该注重技术专长的培养。

（2）为管理专长提供技术支持

培育管理专长是卓越教师成长的必经之路，技术专长为管理专长提供了基础的保障。其一，在技术专长的保障下，教师可以对课堂教学高效地把控，利用信息技术组织学生开展小组学习，并对其学习过程进行管理，还可以对学习过程进行合理监控，及时反馈教学评价，实现高效率地工作，保证小组成果质量；其二，在技术专长的作用下，教师针对班级管理制度和文化建设进行重新修整，整改不良学风和优化学习纪律。此外，技术还能调整学校的管理模式，对学校教学管理的变革具有促进作用，真正实现学校无纸质化管理，类似学生的考试试卷、学籍档案、教师工作资料等都可以借助计算机载入系统加以存档、管理、分类。在技术专长的支持下,教育技术对教育管理者提出了更高的管理要求,同时助力教师管理专长的培养,争取实现普通教师迈向卓越教师的飞跃。

二、技术专长的构成要素

(一)完备的教育技术理论

1. 教育技术理论的概念

根据《辞海》的解释,理论是指概念和原则的体系。它是人们在社会实践基础上对客观事物本质的系统化了的理解和反映。[1] 教育技术理论是从事教育技术的工作者在前人长期研究电化教育并获得丰硕教育成果的基础上,根据我国实际,深入探究与自主创新,不断更新教育技术的内涵及其核心要素而逐步形成的理解与论述。[2] 每门学科都建立起了拥有自身独特风格的理论体系,作为一个依靠教育技术进行的教育活动,通过构建完整的理论体系,以此在信息化环境下促进技术与教育的深入融合。

2. 教育技术基础理论

教育技术经历了教学工具的进化历程、学科概念定义的发展,教师通过概述未来教育技术的发展趋势来推测教育技术未来的价值取向。教育技术的发展历程较短,在其基础理论部分仍存在明显局限性,教育者在进行教育活动时,技术的使用方法也缺乏实践性。针对以上情况,教育者需要对现代教育信息技术发展理论知识进行改革创新,进一步完善基础理论体系,并对教育管理方法、教育技术基础理论进行目标创新、方法创新、内容创新,不断提升现代教育技术学基础理论的适应性、应用性和科学性,为现代教育发展注入新思想、新力量。[3]

---

① 辞海编辑委员会编. 辞海 [Z]. 上海:上海辞书出版社,2000:1467.

② 何克抗. 中国特色教育技术理论的形成与发展 [J]. 北京大学教育评论,2013,11 (3):8-31,189.

③ 欧阳鑫颖. 基于现代教育技术学基础理论创新研究 [J]. 智库时代,2018 (42):102,104.

3. 教育技术与课程融合理论

教育技术与课程融合理论体系的有机构建，意味着教育者需要具备根据学科课程特色，有效地运用技术资源的能力。教育技术是达到教学活动的优化、增强教学效果的理论和实践，也是教育行业未来革新发展的新型教育手段。技术与课程融合的方式可以体现在：一方面，教师在开展教学活动时，部分难以理解和表达的课程内容可以在教育技术的帮助下直观地、清晰地展示出来，促进学生理解；另一方面，利用计算机信息技术中现有的信息加工技术、模拟技术、教育网站等工具进行教学整合，直接为教学目标服务。教师利用教育技术专长对课程内容进行整合，有效提高课程三效（效率、效益、效果），以达到课堂教学优化、学生个体良好发展的远大目标。

4. 教育技术参与教育运行、管理理论

教育技术可促进教育运行工作与教育管理工作的有效进行。实施教育改革以来，我国建立起一个较为完善的教育体系，形成了较为完善的教育运行机制和教育管理机制，推进教育事业的运行和管理。教育技术对教育运行工作提供了技术指导。教育的运行依靠各种因素的相互联系、彼此作用，它能在基本准则及相应制度的制约下有效开展。教师利用教育技术发展和谐、灵活、高效的运作机制，协调教育活动内部结构，使教育教学活动愈加高效、有序地进行。教育技术对教育管理工作提供技术援助。教育技术具有强大的信息加工处理功能，可以高效地、精确地对存储的信息进行分析、整合，对上级发布的指令、人员工作安排、表决的决议等进行设置、调整和有效管理。

（二）多元的教育技术资源

1. 教育技术资源的概念

教育技术资源是指教师在教育实现过程中需要运用到的各种条件，是进行教育活动的基础。根据教育技术资源的类型和功能进行划分，它有静态、动态两种。静态的技术资源是指资源本身具有可视、静止的特点，学习者依靠自身主动意识加以使用，并与之互动；动态的技术资源具有不可见的、非静止的特征，学习者与资源可以同时主动地与对方互动，并作用于对方。①

---

① 魏丹丹. 教育技术资源观研究［D］. 南昌：江西师范大学，2005：1-7.

国家或政府可加大资金投入，增加师资力量，提高师资水平，由此提高技术资源的供给，促进教育技术资源种类丰富化、多元化发展。

2. 学科教学类教育技术资源

学科教学类的教育技术资源主要用于课堂教学活动，在技术的帮助下，教师结合资源的使用，为课堂教育教学发展注入新的力量，催生发展动力。学科教学类的教育技术资源主要包括教学素材、教学课件、教学案例、教具等。学科教学类教育信息技术资源形式多样、品种丰富，教师需要依据其分类和特征，高效地、及时地获取技术资源，促进教学发展。

3. 班级管理类教育技术资源

班级管理类教育技术资源主要指教师对班级内部有计划、有组织地开展评价活动时所使用的有限条件。教师运用必要的班级管理类教育技术资源，能更好地促进班级管理的发展。班级管理作为教学活动必不可少的教育工作，教师做好该项工作可以有效开展教学活动，提高课堂教学效果。教师可通过班级博客、班级 QQ 群、电子邮件等，给学生提供有关班级管理问题探讨的平台，构建班级管理体系，形成班级内部管理技术资源。

4. 教师发展类教育技术资源

教育技术的发展给教师提出了高要求、严标准，教师面临着教育技术给教育事业带来的挑战和机遇。教师可以通过利用教育信息技术资源促进自身不断发展，如教师可以利用远程协助、电子文献、在线课程、教育资源平台等开展网络学习活动，也可通过查阅相关文章进行理论学习，由此促进自身专业发展，完善自身教育技术技能，以此适应信息技术化浪潮。

5. 教育管理类教育技术资源

教育管理是教育管理者主要负责的工作内容，教育者利用教育技术掌握必要的教育管理技能，可形成高效的工作管理机制。教育管理类的技术资源主要包括管理系统、人力资源管理平台等。教育管理类的技术资源平台为达到协作式、开放式、研究型、主动性教育的目标提供技术支持，教育管理者要不断开发教育管理类资源，逐渐完善技术资源库，为教育者搜索技术、使用技术资源提供更好的服务。

（三）适切的教育媒体技术

1. 教育媒体技术的概念

（1）媒体

媒体也称为媒介、传播媒体，指在信息传播过程中，从信息传播源头到信息接收者二者之间携带和传递数据信息时使用到的任何一个工具、技术教学手段、载体、渠道或中介。当人们使用某种媒体来传播以教育为目的或方向的有关信息时，我们则可称之为教育媒体。①

（2）教育媒体技术

教育媒体技术是指人们能够熟练掌握并合理使用教育媒体设备的一系列技艺或技能。

传统教育媒体除了利用口头陈述教学信息开展教学活动外，教师还可以采用媒体传播教育知识，如黑板、教科书、实物模型、书刊资料等。现代教育媒体是21世纪以来教学活动普遍使用的电子传播媒体，一般指可以给学生带来感官刺激的教育媒体。现代教育媒体包括幻灯机、投影仪、录音机、多媒体计算机等各种教学设备，随着科技发展产生的智能手机、网络公开课、空中课堂等教育信息载体也包括在内。② 随着现代技术的进步，现代教育媒体也在不断推陈出新，教育工作者要合理运用教育媒体，不断提升自身教育媒体技术水平来适应教育事业的发展。

2. 教育 APP

在教育市场发展迫切需求下，以教育类为首的软件产品层出不穷，它以极其迅速地发展出现在人们的日常生活中，为教育工作者和学生带来极大的便捷。根据教育软件的使用功能，市场上教育应用 APP 可以大致分为题库类、学堂类和词典工具类等类型。题库类 APP 里面涵盖的内容有试卷、模拟试卷和历年真题，教师使用该类软件可以拓宽学习资源获取的渠道；学堂类APP 能够提供较为全面的线上课堂，创设一些模拟的学习场景，具有线上学习交互功能，使教学活动更具趣味性、灵活性；词典工具类 APP 则以中英文

---

① 蔡聪杰. 现代教育媒体在中学物理教学中应用的现状及对策研究［D］. 扬州：扬州大学，2018：9.

② 同上。

搜索、查询功能为主，不仅提供丰富的字、词数据资源，还提供英文单词搜索和翻译等功能。除此之外，教学软件也越加丰富，PowerPoint、Word 、Excel、几何画板、超级画板等教学软件广泛应用于课堂教学中，提高了教学效果和学习效率。教育 APP 的出现给教育带来了革新，为教育工作者更好地提供教学工作上的服务。在技术专长的基础上，教师可适当使用这些教育 APP，为教学工作答疑解惑，创建一个学生独自探究的信息学习平台，优化教学手段。

3. 教育自媒体

教育自媒体是人们利用现代化、技术化、智能化手段，运用网络媒介或其他途径发布和传播有关教育类信息的传播工具，具有私人化、普遍化、大众化等特点。市场上常用的教育自媒体根据其使用功能又可分出多种类型，涉及的领域十分广泛，不限于个人微博、个人主页，还包括有电子邮件、新浪微博、腾讯微博、微信公众平台等社交媒体。此外，音视频平台、短视频平台、直播平台等大众自媒体以及慕课网、腾讯课堂、网易云课堂等教育类自媒体也被广泛应用于教育事业。教师要聚焦教育自媒体正向价值，虽然并非每一位教师都能创建一个媒体平台，但是可以细心挖掘出适合自己使用的自媒体平台，并依靠教育自媒体分享一些学习参考资料，或者发布一些具有教育意义的文章或研究，以此发挥教育自媒体的功能作用，熟练使用教育自媒体，积极培养技术专长。

4. 教育广播、电台、电视台

（1）教育广播

教育广播是利用无线电波或导线来传输有关教育类信息的工具。目前，教育广播已经被广泛应用于教育事业和传播有关教育信息、教育新闻的广播节目。教师可以利用教育广播来获取一些有用的教育类知识，一方面，教育者可以完善有关教育资源的获取渠道；另一方面，可将自己所获的教育信息适当利用，促进学生的健康成长。

（2）教育电台

受信息技术的影响，传统的电台模式也被搬到了网络上，创建了网络电台。网络平台给电台工作者带来了曙光，无论是技术操作，还是节目信息的发布，传播途径更具简洁性、便利性，实现了传统电台的创新。教育电台主要传送的是有关教育类信息的声音节目，可归属为业余电台，教师合理利用教育电台，可以追踪当下的教育发展动态，实时传达教育发展过程中的有效信息。

（3）教育电视台

教育电视台具有多种功能，主要被用于远程教育、学校教育、社会教育等方面的信息传播，是广大师生和社会人士获取公共性教育资源的重要渠道。教育电视台与多个教育机构、高校合作往来，彼此相辅相成、有所依赖、有所联系，其传播的内容包括基础教育、高等教育与成人教育等信息，为处于不同水平、不同阶段的广大求学者提供更加全面的服务，以此获得更新的教育资讯。

5. 教育网站、教育资源平台、教育数据库

（1）教育网站

教育网站是围绕教育事业，通过网页技术整合多元化、多样化的教育资源，提供教育功能与服务网页的集合。市面上的教育网站种类繁多、类型丰富，教育工作者可以有效利用教育网站满足自己的需求，教育网站的功能可大致分为教育资讯服务功能和教学服务功能。教师可以利用教育资讯服务功能获取相关教育新闻、教育动态等内容；利用教学服务功能实现网络教学、教学管理、交流互动等；利用教育网站收集教育资源、了解学校概况、进行教材共享等。① 随着教育系统信息化平台的革新和应用，教育网站为教育工作者和大众提供了更加便捷的教育信息咨询渠道，其涵盖的内容也具全面性和价值性。教师要及时捕获网站上的有用信息，对教学资源进行完善和整合，提高教育网站的利用率。

（2）教育资源平台

我国目前教育服务平台中的资源大致分为教学课件、教学素材、教学工具、数字教材等。教师可利用信息技术，在相关学习知识理论的指引下，制作满足某一课时知识点和教学任务需求的课件；在资源平台上搜索要使用的图片、文本、动画或音视频，在进行教学课件的制作活动时，可以利用其提供的海量素材；检索相关的教学工具，为学生与教师的学与教活动提供有力

① 杨卉. 教育网站的教学服务功能建设研究 [D]. 西安：第四军医大学，2009：2.

的支撑材料；在教育资源平台上收集电子教材，方便一些教材的对比、整合及筛选。

（3）教育数据库

数据库作为一个电子化文件大仓库，可存储和管理成千上万的数据，教师可把学生的档案、同事的简历等信息存储在表中，我们便可称这样的表为一个数据库。数据库可以方便教师随机查询某些信息，一般的常规工作都可在数据库中完成。教师利用其容量大、可共享的特点，还可在数据库中存储某些科研成果、教学成果的文章等重要文件，便于管理和统计；对于教学教材、教学资料等共享性文件，教师也可放进数据库中，方便其他教师传阅。合理利用数据库存储相关资料，可以极大地减少教育工作者的工作负担，还能实现资源的共享。

（四）新型的信息教学模式

1. 信息教学模式的概念

教学模式在教学理论和教学实践间充当一个桥梁的角色，致力于通过信息技术改善以教师为主体的传统教学结构，抓住技术为教育带来的契机。信息教学模式要求把教师、学生、信息媒体、教育内容看成教学活动的有机整合，其强调求学者要懂得去挖掘教学信息，并不断尝试创造出适合自己的发展学习模式；强调求学者能够利用信息资源搭建学习知识体系，凸显相关资源利用的重要影响力；还强调信息技术在教育教学活动中扮演重要角色等。信息化教学模式对信息技术的依赖度极高，唯有一线教师或教育专家合理利用技术，深入了解该模式的背景和特征，才能设计出独特新颖且具实用性的教学模式。①

2. 慕课（MOOC）模式

伴随教育技术的发展，信息技术肩负起教育教学改革的使命。国内外高校兴起的慕课（MOOC）模式展现了信息技术与教育的高度融合。慕课（MOOC）主要以网络技术为载体，它是"互联网+"技术下的产物，也是近几年风靡的大型在线课程，具有对外开放的教学模式。根据该模式的教学特

---

① 林书兵，张倩苇. 我国信息化教学模式的20年研究述评：借鉴、变革与创新 [J]. 中国电化教育，2015（9）：103-110，117.

点，学习者可以挣脱时间和空间活动场所的约束，享受海量的课程学习资源。① 慕课（MOOC）模式下的学习活动，学生既是课程学习的参与者，也是学习的体验者，其更侧重个体学习的过程。课程教学也涵盖多样的互动学习方式和多元化的评价体系，真正关注到学生个人和社会的需求。教育工作者可以利用教育技术开展慕课（MOOC）模式在线课程学习，推动教育事业多样化发展。

3. 远程教育技术模式

由于因特网的作用，远程教育作为一种新型的教育模式也有了质的飞跃。远程教育技术模式兼容多种传统教学模式，优化组合多种教育技术，使用特定的传输模式和相应的教育技术媒体进行在线教育，学习场所和方式不受限制，给学习者提供了多元化的教育、信息学习平台。

教师要掌握该项技术专长并合理利用，拓宽课程学习渠道，推动现代教育技术的发展，这不仅降低了教学成本，提高了教学质量，还突破了时间和空间的限制，防止遇到一些变故而耽误某些重要教育信息的传输。远程教育技术模式除了广泛应用于教育事业外，也在医疗、工程建设、培训等方面普及，改善着人们的生活。

4. 教育技术协作模式

计算机信息技术的发展，给传统教育教学工作模式带来了革命性的变革。教师采用新的教学模式取代单一的传统教学模式已成为现代教育创新和变革的重要方式，为了适应变革，教育技术协作模式应运而生。技术协作模式是指教育工作者就某个特定的教育目标或教学任务，将多种教育技术整合起来，协同教学，在这个过程中，这些技术相互补充，达到教学相长的效果。教育技术协作模式为教学过程的设计提供了技术性指导，创造了多样的学习方式，促进学生个体认知发展。教育技术协作模式目前仍处于初步探索阶段，教师信息素养的局限性以及其他学科课程的局限性都阻碍了教育技术协作模式的发展。审视技术发展局势，该教育模式依然存有发展的潜力，教育工作者可以利用技术专长开展协作教学模式，由此为技术协作模式增添助燃剂，助推其快速发展。

---

① 刘嘉. 慕课在高校思想政治理论课的运用研究［D］. 桂林：广西师范大学，2015：1.

（五）强烈的技术伦理意识

1. 技术伦理意识的概念

当人们意识到信息技术已经在教育各个领域有所涉及、渗透，极大地改造教育事业之后，教育技术很快进入了伦理学意识范畴。培养技术伦理意识有助于提醒人们关注教育技术的运用给教育发展带来的一系列伦理问题，意识到技术带来的正、负面影响；有助于教育技术的规范使用，帮助教育工作者树立必要的应用管理意识，推动技术学科课程的发展。[①]简言之，技术伦理意识是人们对能够正确看待和处理教育技术的应用问题，遵守一定的道理和准则而规范使用技术这一客观现象的反映。

2. 技术要体现公平性

在信息技术发展过程中，难免会出现两极分化的弊端，如果不及时加以调整和管理，就容易出现专长培养的缺陷。因此，教育工作者在培养技术专长时，需要格外注重其公平性的体现。一方面，在教育技术资源的分配上，尽量做到公平。在经济水平的制约下，一些地区的教育技术媒体设备仍处于较落后状态，导致呈现的教学质量效果不尽如人意。为此，教育部要加大低经济水平地区的教育资源投入，尽量做到乡村和城镇、城镇和一线城市间的教育技术资源合理分配，为教师技术专长的体现提供展示平台。另一方面，在使用技术媒体时要体现公平。教育工作者在使用教育技术开展教学活动时，要坚持公平性原则，不要多次使用一种教育技术，而忽略其他技术的使用，每种技术都不可偏废。概言之，技术公平性的体现，有助于展现教师对技术的掌握情况，为检验技术专长培养状况提供了条件。

3. 技术要尊重人

教育技术作为一个为教育事业服务的教学工具，教师或教育管理者在使用技术时应防止出现技术主宰人，失去技术的本真的现象，而是要做到尊重主体、突出主体、发展主体。

使用教育技术时，要尊重教师。采用移动学习平台进行教学的模式逐渐成为现代教学的主要方式。在教育技术的作用下，学习者完全能够自行开展教学活动，例如：教师利用教育技术可以制作教学设计、讲解知识点与学生

---

① 谢娟. 现代教育技术应用的伦理审视 [D]. 济南：山东师范大学，2013：1.

交流互动、展示教学反馈等；也可进行基本的教学过程，达到基础的教学目标。由此可见，教育技术逐渐取代了教师的日常教学工作，如果过度使用教育技术，那么将无法做到尊重教师个体，教学活动会因此出现很大的弊端，阻碍教育技术更深入地发展和创新。教师需要努力完善自我，手握技术的主导权，努力彰显教师的职业价值。

使用教育技术时，要尊重学生。由于学生的个性发展大相径庭，学习特点也千差万别，教师在运用现代教育技术时，需格外关注学生的个体发展差异。学生是课堂学习的主体，教师在任何时候都不可忽略其主体地位。例如，教师在教学活动中讲解某一知识点时，切勿利用教育技术直接出示解题过程，而忽略了学生学习特点、解题思维和方法的培养。教育信息技术仅是协助开展课堂教学活动的主要工具，故而，教师在使用教育技术工具时，需强化以学生为主体的观念，学会规避技术应用的错误，合理安排技术使用的时间和方式，尊重学生的个性发展、学习特点和培养其合作探究能力。

使用教育技术时，要尊重教育管理者。教育管理者是具有组织协调教育工作的能力，能够充分发挥教育人力和财力等资源的作用，利用教育内部资源和信息，高效率实现教育管理目标的教育人员。① 教育技术为学校和教师提供了教学管理系统，可以准确提取存储好的数据，高效地、精确地对教学活动加以反馈、评价和管理，但它也带来了隐患，过度依赖技术可能导致教育管理者的业务素质与管理能力得不到发展。因此，在使用教育技术时，需要合理利用技术的功能，切勿使工具劳动完全取代人力劳动，尊重教育管理者的管理能力、管理成果。

4. 技术要与时俱进

当今社会正处在一个不断进步、千变万化的过程，故步自封、不思创新，只会导致技术发展停滞不前，教师在培养技术专长时，要保证技术专长的时效性、先进性，不断创新教育技术，达到与时俱进的效果。现代技术已经成为加速教育发展的内在驱动力，为事业注入了一股新的力量，教师利用教育技术可极大地激发学生的内在潜能，提高教学效率。事实证明，在这个

① 佚名.教育管理［EB/OL］. http://blog.sina.com.cn/s/blog_186a0bd1a0102xew8. html, 2018-05-25.

高新技术发展的时代，传统的教学观念尚有可取之处，对教育工作者而言，必须掌握和运用有关教育技术的本领，努力培养教育技术专长，成为科研型教育人才，与时俱进、积极进取，适应技术带来的革新。

三、如何培育技术专长

（一）构建教育技术理论体系

1. 学习相关课程

培育技术专长，必先学习技术理论知识，理论与实践紧密结合形成具体思维，再运用到实际操作中。教育技术所涉及的相关课程有教育技术学、现代教育技术、计算机基础教育、远程教育等。教师系统地学习《现代教育技术》，通过该门学科课程不仅能对技术发展历程有进一步的认识，了解到相关教学素材的获取途径，还能学习有关教学媒体平台的使用方法和相关教学程序软件的开发，课程内容涉及广泛，教师可在有限的课程资源中有效掌握基础教育技术。在相关课程的学习中，教师可以明确学习目标，针对自身不足查漏补缺，弥补课程理论学习的空缺，实现自身整体的提高和发展。

2. 参加有关培训

技术专长的培育，归根结底还是人的培育，教师通过完善自身素质和技能，不断发展技术专长。学校组织教师进行一系列相关电教技术的培训活动，为教师提供使用教育技术的方法，为其成为一名卓越教师提供技术性支持。如果一所学校缺少一支高素质、技术型的教师团体，就算有再先进的教育设备也终究是徒有虚名，因此，组织开展有关电教技术的培训活动是不可或缺的。学校可以利用教师闲杂时间或节假日开展培训会，实施多渠道、多层次的培训方案，通过系统学习计算机操作系统、教育技术设备和教育软件等使用方法，达到全员参与、全员掌握、共同研究技术的效果。教师经过系统性的培训，形成学习技术的紧迫感、压力感，为掌握和培养技术专长提供了技术性指导。

3. 研读前沿论著

某些前沿教育技术类论著中含有相关教育技术理论的研究，教育工作者可通过研读相关论著，掌握教育信息技术发展科学理论体系的构建方法。例如，通过研读一篇名为《教育技术理论的范畴体系与核心问题》的论文，我们可以从中发现这篇文章主要通过揭露教育技术存在的发展规律，根据教育技术发展，建立相应的理论体系，以明确技术将来的发展走向；深入了解这篇文章，其中还深入探讨了教育技术发展过程中存在的若干问题，领悟了教育技术的重要性，明白了教育技术的应用意义。① 教育工作者通过研读这些前沿论著或文章，可深入了解教育技术发展理论基础知识，为明确技术发展方向、培养技术专长提供理论指导。

4. 考察先进组织

系统构建教育技术理论体系，需经过实地考察，广泛吸取他处经验，以完善自身体系。某些企业的技术发展呈现欣欣向荣的状态，毫无疑问，这些都无法脱离它强大的技术理论支撑，教育工作者可针对教育技术理论出现的问题，对该企业进行考察，吸取成功经验。一些学校在教育技术理论培养方面也有所成就，这也为教育工作者提供了学习机会。教育工作者深入了解该校教师教育技术培养的方式和管理手段，对自身理论掌握情况进行查漏补缺。通过考察先进的组织，教育工作者要学会明辨信息的可靠性，取其精华，最后结合自身特点凝练教育成果，实现完善理论体系的目的，更好地培育技术专长。

(二) 充分开发教育技术资源

1. 个体自创教育技术资源

课标指出：课程教学的基本理念应注重现代信息技术的应用，大力开发丰富学习资源，以改进教与学的方式。培育技术专长需要具备一定自主创造技术资源的能力，只有不断推陈出新，才能推进技术的发展。然而，教师自创教育技术资源需要一定基础技术技能的支撑，相关理论知识的储备也必不可少，教师要结合其他企业技术的研究方法，自主创造教育技术。例如，教师可以使用 Dreamweaver 软件进行相关教育网页的创作，根据自己的教育需求，设计出具有自身风格个性、特色鲜明的网页。教师自创教育技术资源不

---

① 安涛，李艺. 教育技术理论的范畴体系与核心问题 [J]. 现代远程教育研究，2014 (2)：16-22.

仅彰显了自身技术水平，培养了技术专长，还能将其作用于自身教育工作，达到一举两得的效果。

2. 出资购买教育技术资源

对于某些自创难度系数大、超乎自身能力范围的教育技术资源，教师可以选择出资购买，享受教育技术资源带来的惊喜和便利，达到培养技术能力的目的。在技术资源开发上，除了像清华、北大这样的高校的教育团队外，大部分教育技术团队还无法做到大型教育技术的研发和创新，只能依靠专业公司和相关企业。尽管有的教育资源价格不菲，对部分教师来说，在选择上会有所动摇、有所舍弃，但出资购买资源却也有着极大的好处，教师可以终身享有该教育资源的使用权和其提供的任何服务，版权归自己所有，还可以加以改造创新而形成新的教育资源。教师自行出资购买也算得上一种较为常见的技术资源获取方式，既可省时间，也可提高相应的技术能力。

3. 团队共享教育技术资源

除了开发教育技术资源，还可以通过团队间分享的方式实现教育技术资源共享。通过资源共享，教育者可以接触到多样的技术资源，以此丰富自己的头脑，开阔自己的眼界，为技术专长的培育提供思路与方向。教育团队中的成员能力不一、认知水平大相径庭，由此接触新事物的机会、获得的教育资源不计其数。团队成员将自己收集到的教育资源进行打包，将其存储在相应的信息资源库中，一旦信息经过归类整合，成员间就可随时根据自身需要，在数据库中提取并应用相应的教育技术资源。通过团队共享，资源利用率达到最大化，丰富多样的教育技术资源也可满足各学科教学的需要，总结出相似教育技术资源的特点和类型，应用于教育活动，促进自身技术专长的发展。

（三）加工利用信息教育媒体

1. 定期浏览相关教育媒体平台

教育媒体平台涵盖了丰富的教育媒体资源，数据库也会实时更新资源数据，教师可以定期浏览相关的教育媒体平台，摄取相应的养分来获取技术专长培养的方法。教育媒体平台最大的特点就是涵盖的资源具有时效性，并可实现资源共享。教育媒体平台拥有多种资源获取渠道，如短书平台这样一个专注在线教育工作的平台，其适用于各大自媒体教育者浏览查阅。教育者通过定期浏览这些教育媒体平台，可以从中获取培育技术专长的资源，感受技术媒体带来的革新。

2. 系统整理有关教育信息成果

教育成果可以充分反映一个教育工作者的能力水平和知识素养，部分能力强的教育者通过写文章、做研究、搞设计创造出大量的教育信息成果，经过系统的整理、浏览，厘清相关技术理论知识。教师可以通过定期浏览相关技术类文章，了解技术理论知识，拓宽自身思维，从文章中探索现代信息技术的发展趋向；此外，教师还可关注某些教育技术研究成果，针对其研究方法、研究带来的效果来获取教育技术资源开发的思路和方向。总之，有关教育信息成果给教育者带来了相关技能的培养契机，教育者要牢牢把握这些机会，系统地整理、分类这些信息成果，利用好这一渠道提高自身技术素养水平，为发展成为卓越教师做进一步准备。

3. 逐步完善教育信息资源库

尽管教育信息资源库中涵盖的教育资源广泛分布在教育事业领域的方方面面，但还存在许多不足之处，仍需系统地完善资源，做到百密无一疏，更好地为培育技术专长提供完整且优质的教育资源。尽管我国在教育技术资源库的建设上已取得一定成果，但不可忽略的是，目前我们的技术资源仍有一些弊端，还会时常感觉到教育资源的紧缺，而且向某些企业出资购买的技术资源，内容更新升级速度缓慢，某些资源库里的视频、音频等文件也只是进行简单的分类和汇总；另外，各个学科教师的信息技术应用水平参差不齐，无法在资源库建设上提供相应的帮助，导致资源库建设发展停滞不前。信息数据时代下的教育对每个教育者来说都是一个新的机遇和挑战，我们必须结合国际基础教育技术化的发展趋向，加强技术资源库的建设，逐步完善我国教育信息资源库，并进行合理利用，达到技术专长化的目的。

（四）创新改革信息教育模式

1. 信息技术与课堂教学高度融合

课程标准规定：要主动开发和有效运用各类课程资源，实现现代信息技术与课程高度整合的目标。作为一名教育工作者，教师要合理运用教育信息技术，促进自身技术专长的发展。图文并茂的教学课件令枯燥乏味的学习内容变得更生动、形象，创设了一个多感官刺激的教学环境，提高学生的学习兴趣。做到技术与课程的高度整合，教育工作者仍需从学习兴趣、学习动机、学习投入、学习环境、学习评价方式等多种核心要素出发，寻求信息技术与课堂教学进一步融合的最佳途径。从技术教育的发展现状来看，教育技术对课堂教学的变革一触即发，教师需要针对学生的学习习惯和发展动机，衔接课前、课中、课后学习环节，对教学活动过程进行及时评价与反馈，实现学习的整合。

2. 创建教师、学校教学管理系统

以信息技术为代表的新研究、新软件应运而生，改变了相沿已久的师生教育、学习模式，产生了新的教学方式、教学模式、教学资源，为了适应发展需要，教师应创建新的教学管理系统以适应教育技术的发展，由此培育教育技术专长。

在教师方面，要创建教师课堂教学管理系统。课堂教学管理最重要的就是课堂秩序的管理，维持好课堂秩序可以整体提高课堂效率、确保教学活动有效完成、促进学生身心发展，掌控教学进度，完成教学计划。创建教师课堂教学管理系统，首先，教师要掌握必要的管理理论。其次，教师传统的以否定式语言约束学生行为的教学方式会使学生产生抵触、压抑心理，抑制学生发展，因此，教师需寻求一种新的课堂管理模式来优化课堂。最后，教师可适当使用技术来创建特定的管理体系，辅助教学活动的开展。

在学校方面，要创建学校教学管理系统。信息化教学想要在学校建设中发挥作用，则需要结合本校的实际对教学管理进行长远规划，并制定长期发展的管理机制。学校可以根据教师的教学管理即时反馈，具体分析实际情况，制定本校的管理大纲，对教师的教学方式、教学活动进行管理监督，由此督促教师规范自身行为；学校还可创建教师教学评价与考核制度，促进学校人才管理能力的培养和相关规章制度的制定，保障学校教学管理系统的有效构建。①

---

① 王忠政. 教育现象学视角下的高校信息化教学管理体系的构建 [J]. 电化教育研究，2016，37（5）：82-86，91.

3. 利用信息技术开展教学评价

开展教学评价是实现学生长足发展的有效途径和方法，利用现代信息技术开展教学活动评价已成为我国现代教育的一个重要手段，对培养教师技术专长具有一定的实际作用。教学评价是基于一定教学目标，对教学过程进行具有意义性评判的教育活动。作为教学活动中最常见的评价方式，教师要利用适宜的信息技术，创设多元化评价方式。教师可以根据学生的个性特点，在计算机系统录入指定的程序，再根据情况作用于某些学生。在技术的作用下，教师不再使用简单、重复的评价语，而是进行多元化的教学评价，使教学活动愈加有趣和灵活，学生的成就感得到有效提高，教师职业认同感也获得提升。

4. 使用信息技术进行家校联系

和谐的家校联系可以实现学校与家庭间的信息传递交流，利用信息技术可以实施家校联系方案，实现家校教育目标一致，为培育技术专长提供实践意义。传统的家校互联模式存在明显局限性，家校沟通的方法过于片面、单调，随着高新技术的迅猛发展，以互联网、计算机技术为基础搭建起来的新型家校信息交互平台，已然成为学校与家庭之间及时沟通的渠道。学校利用电子邮件、班级网站、学校主页、学校贴吧等方式，及时满足教育者、监护人、学习者信息交流的需要，并能够按时、迅速地收集、反馈和交换信息。在信息技术的作用下，家庭教育指导得到增强，家长不仅能够了解自己孩子在校的学习发展状况，学校也可以及时针对学生在家的学习表现，提出针对性方案，二者共同合作，促进学生的发展成长。

（五）增强教育技术伦理意识

1. 教育技术是为人的发展服务的

教育技术的研发和使用必须始终遵循一个前提，那就是为人类的发展服务。教育技术的发展解放了人的思想，躯体也不再受限制，教育工作和生活变得更加便利，从各方面都促进了人的发展。一方面，教育技术积极响应社会生产力发展的需求，在教育技术的作用下，全方位解放了人的脑力、劳动力，实现效率最大化，进一步提高人的生产力水平；另一方面，教育技术更好地实现人类的实践目的。相比传统的劳动工具，教育技术作为人类自我表达的工具，为人类提供了更复杂的服务，只有人类的体力劳动得到不同程度的解放，人类才能进行脑力方面的探索，促进人的不断发展与进步。教育技术始终服务于人的发展，并努力实现解放人类的目标，更好地满足人的发展需求。

2. 教育技术只是一种支持工具

从一开始，教育技术就为教育事业充当了一个服务、支持的角色，充当教育工作者的左膀右臂，推动教育工作的开展。教育技术作为人类实践的新型工具，在教育活动中不可或缺，其为教学活动提供越来越多的选择，最主要作用就是描述知识点，提高知识传递效率，支撑教育活动的进行。教育技术作为一个实现某种目的的工具，仍无法超越人类，更无法取代人类。因此，教师在使用技术时，要具备主动应用技术、发展技术的意识，明确教育技术只是一个辅助教育者开展教学活动的支持性工具，摆正技术的位置，并树立利用技术毕生学习的意识。

3. 教育技术不能替代人的灵性与能动性

人类可以根据主观臆想，能动地认识世界、改变世界，人类具有教育技术所不具备的灵性与能动性，因此，教育技术无法替代人、主宰人。人是自然社会下的产物，具备社会基本属性。人类特有的原生情感可对周围事物做出本能性反应，真实地表达喜怒哀乐，人类可以根据事物的发展随机应变，做出主观判断，有意向地选择自己所需品，不受外物限制。然而，作为一个教育工具，教育技术无法拷贝人类特有的情感表达。我们要始终明确，技术仅是人类生产发明出来的机械品，它被人赋予了特定的程序，具有机械性、死板性、不懂随机应变的特征。不管技术如何发展，它始终不会具备人的基本特征，更无法替代人的灵性和能动性，因此，教育者要时刻谨记技术只是人类改造世界的工具。

4. 教育技术不能遮蔽各类学科属性

教育技术被教育工作者在课堂教学活动广泛使用，并作用于各个学科的教学，教师在使用教育技术时，应继续保留学科本身特点，不要遮蔽各个学科的本质属性。教育信息技术仅是一个为教学实践活动发展提供支持的辅助工具，使用时切勿失去学科的本真。例如，上语文课时，课文需要依靠学生自主朗读体会形成语感，而不能过多地依靠视频、音频等教育媒体替代其基本的文字功能，失去朗读的意义；上数学课时，一些基础图形的绘画、实物的测量需要学生通过动手实践操作来直观感受，而不能过度依赖教学软件或技术代替学生基础能力的培养，逐渐失去数学的魅力。教师要合理掌控教育技术的应用方法，明确技术使用的意义和目的，培养技术应用的责任感和认同感。

第三部分 03

以专长通达卓越的关键素养

第八讲　教育理解

一、教育理解与教育误解

（一）什么是教育理解

1. 教育理解的内涵

（1）理解

狄尔泰曾言："自然需要说明，而人需要理解。"① "理解"意义颇丰。在日常生活中，"理解"意味着"了解、明白"。《辞海》把理解的意义诠释为：应用已有知识揭露事物之间的联系而认识新事物的过程。② 例如，在人际交往中，"理解"有时意味着在情感与意志上达成共识，有时表示谅解和同情；在事理认知方面，"理解"意味着对事理脉络的剖析与追溯或对事物本质的求证与认同。"理解"也因理解对象的不同而各有侧重，如在理解行动时注重行动的动机和结果，在理解言语时注重言语所传达的思想内涵。

哲学家们对"理解"的认识与解释学的发展密切相关，并且经历了从方法论到本体论的演进。柏拉图认为："理解是理性认知的形式与结果，理解依赖于理性自身具有的能力。"③ 亚里士多德进而解释理解的对象随着理解者的认知标准而改变，他说："理解只做判断，判断的对象不是永恒存在而

---

① 金生鈜. 理解与教育——走向哲学解释学的教育哲学导论［M］. 北京：教育科学出版社，1997：29.

② 同上。

③ 夏巍. 教师教育理解力的内涵、价值与培育［J］. 教育导刊，2019（7）：15-19.

不改变的事物，也不是所有生成的事物，而只是那些引起怀疑和考虑的事物。"① 海德格尔对"理解"的认识与以往不同，他指出："人们生活着并理解着，理解着并生活着，理解是人的生命，追求理解就是对生活意义的追求。"② 至此，"理解"不再是对文本内容的阐述或对文本内容阐述中生命意义的领会，而成为一种宏观的存在方式。海德格尔使"理解"开始了由方法论向本体论的转变，而伽达默尔继承并发展了海德格尔的理念，最终实现"理解"本体论意义探求的完全转向。

在学术研究中，"理解"被广泛地当作研究方法来使用。解释学将"理解"定义为"以历史间多元化主体的对话结构为基础的实践过程"。③ 换言之，通过多元化主体在实践过程中的对话以及主体与客体（或主体与自我）之间的修正误解、解决冲突、反思内化，"理解"得到意义的再创生。

（2）教育理解

从教育心理学的角度来看，理解是一种心理活动，贯穿于教育的全部环节。赫尔巴特在《普通教育学》中提出："教育学以实践哲学和心理学为基础，实践哲学说明了教育的目的；心理学解释教育的途径、手段与障碍。"在教育实践中，赫尔巴特学派凝练出"五段教学法"，即预备、提示、联想、总括、应用五个教学步骤。这五个步骤实际上是师生在教学过程中对文本内容从理解前、理解中、理解后三个环节所进行的诠释。④ 在加涅提出的学习层级思想中，智慧技能包括了辨别学习、概念学习、原理学习及问题解决。其中，除了辨别学习是以"刺激—反应"为基础，而其他学习无一不是建立在"理解"基础之上。⑤ 大桥正夫更加直观地从师生关系的角度对"理解"进行了解读。他认为，理解包括评价性理解（从自己的立场出发评价他人）和移情性理解（从他人的立场出发评价他人）。结合教育情境具体分析后他更加鼓励"移情性理解"，并详细划分了教师的移情性理解的五个阶段（熟

---

① [希] 亚里士多德. 尼各马可伦理学 [M]. 北京：商务印书馆，2003：183.

② 洪汉鼎. 理解和解释：诠释学经典文选 [M]. 北京：东方出版社，2001：112.

③ 靳玉乐. 理解教学 [M]. 成都：四川教育出版社，2006：3.

④ [德] 赫尔巴特. 普通教育学·教育学讲授纲要 [M]. 李其龙，译. 北京：人民教育出版社，1989：190.

⑤ 邓友超. 论教育的理解性 [D] 上海：华东师范大学，2004：10-11.

悉、和睦、理解、信赖和睿智）和学生的移情性理解的五个阶段（接近、安定、共鸣、信赖、觉悟与决心）。①

从教育哲学的角度来看，认识论解释学中也对"理解"有所研究。代表人物施莱尔马赫和狄尔泰认为"理解发生在心灵的认知过程、智力过程，认知主体因此获得认知客体的知识"。海德格尔认为"理解不是认知过程或智力过程，而是一种存在方式"。伽达默尔继承了海德格尔的思想，完成了教育理解从方法论到本体论的转型。②

我国学界对教育理解的定义还未形成统一的定论，其中较有代表性的是熊川武教授提出的观点。在他看来，教育理解区别于其他理解现象，因其发生在教育世界（或学校）而具有独特意义。教育理解来源于对话，师生作为理解主体与理解对象的文本通过对话，以具体形态再现一般理解的实质。③程玉梅副教授认为教育理解是教育主体基于自身对教育要素的内涵、教育本质的判别，在生命体验中产生的认知过程。理解主体在历经情景再现、亲身实践、意义创新等认知过程后方能生成教育经验，形成教育文化，实现人文同构。④

（3）教育理解与理解教育

"教育理解"和"理解教育"是一体两面、辩证统一的关系。"教育理解"是一种理解教育和教育地理解教育的能力。其将本体论的本性界定、认识论的认识方法、价值论的意义追求融为一体，是三方融汇后的统一。⑤ 前文已对"教育理解"进行了详细的论述，此处重点讲解"理解教育"。"理解教育"兴起于我国基础教育改革时期，目前已经过广泛的实践检验并形成了自身的理论框架和实践路径。"理解教育"主张通过消弭误解的方式增进师生理解，注重师生在教育全过程中的情感认同。该理论主张通过营造良好

---

① ［日］大桥正夫. 教育心理学［M］. 钟启泉，译. 上海：上海教育出版社，1980：136-137.
② 苏志磊. 理解教育：解释学的视角［J］. 潍坊教育学院学报，2010，23（5）：52-54.
③ 熊川武. 教育理解论［J］. 教育研究，2005（8）：5-10.
④ 程玉梅. 教育理解：一种本体论的分析［J］. 全球教育展望，2014，43（7）：23-31.
⑤ 夏巍. 教师教育理解力的内涵、价值与培育［J］. 教育导刊，2019（7）：15-19.

的师生共育环境，使师生扩展其生命的意义。不难发现，"教育理解"和"理解教育"看待"教育"的角度不同。"教育理解"是从教育本身出发，以教育为尺度去衡量外部发展；而"理解教育"是从外部视角看待教育的本质、价值和规律。"理解教育"是"教育理解"的有机构成，"理解教育"形成的理论架构和实践路径有利于丰富和完善"教育理解"，"教育理解"也有利于促进"理解教育"更好地实现。

（4）教师教育理解

教育理解来源于教育实践，是教育发展的"生命线"。孔子主张"学、思、习、行"，亚里士多德提出"教育遵循自然原则"，杜威提出"儿童中心论"，陶行知致力乡村教育并总结出"生活教育理论"，李吉林研究"情境教育法"，这些都是他们基于生命体验在教育实践中孕育的教育理解。长期以来，我们总是期待教师遵循各类教育理论、教育模式、教育主张，却忽视了教师自身教育理解的构建与生成。而教师在教学实践中，常把"理解"作为一种认知方式、一种获得知识的途径，将"理解"等同于课程目标中的"掌握""体会""学会"等词语。这样的理解在无形之中使教育理解变得苍白浅薄。教育理解决定着教师的专业发展的限度，引导着教师的教育实践，教师发展需要教育理解。

2. 教育理解的基础要素

（1）前见

前见又称前理解，是认识主体在理解文本或认识事物之前，在特定背景、文化环境、历史渊源下形成的主观意识、思维方式、规律经验。前见是认知的前提，是先天存在于认知主体意识中且无法改变的存在。教育的目的不是违背学生的认识发展规律，去否定前见、忽视前见，而应丰富前见、发展前见，让新知与前见衔接。因此，教师在教育活动中若能合理地运用前见，注重拓展学生的前见，就能有效地帮助学生衔接新旧知识，避免前摄抑制的干扰。在小学数学课程设计中就很好地利用了学生的前见——在小学数学《平行四边形的面积》中，教师教学时合理地利用了学生对几何图形的前见，通过了解学生对长方形、正方形面积计算方法的理解情况，在迁移和同化理论的基础上将平行四边形与同底等高的长方形面积计算联系起来教学，使新旧知识融会贯通，纳入学生的知识体系中。

（2）文本

"文本"通常是具象的书本化呈现。当文本迁移到教育领域便产生了教育文本，其外延进一步扩大，包括文化文本和人际文本。

文化文本又包括自然文本与人文文本，如校园中的一草一木、凉亭石凳、建筑展览等均能纳入自然文本的范畴；人文文本指人发挥自主能动性后所创造的物质文本、制度文本、精神文本等，如校训校规、校园文化建设等。人际文本也有他人文本与自我文本之分：他人文本指教师所在院校的教职工、学生、家长、教育管理者等，教师在与他们交往期间所获得的感受、认知将深刻影响其自身的教育理解；自我文本包括教师对自己教育过程的预想、反思、批判等因素。在对自我文本进行剖析时，教师将灵活运用教师用书、教材、课外文献等文本。其中，与一线教师关系最为密切的教育文本便是具有权威性、主导性、代表性的教材。基于教材的文本解读能力便是教师用自己的全部学科知识通晓教材知识、把握教材逻辑、领会教材精神后根据学生学情及教育规律外化输出的体现。在此过程中，教师与文本相遇，学习新知、重温已知，以一个学习者的身份体验学习的心路历程。经此过程后，教师经过联想、归纳、融会才能形成自己的教育理解。

（3）对话

"对话"是一种交互主体对所面临文本的"话语投入"行为，包括探究、解释、评论、质疑、反思等方面。这种对话并非"灌输式"地将确凿的知识内化，而是开放性地实现对话双方相互理解的一种有效手段。在教育活动中，教师专制型的独白教学虽然存在语言行为，但其通过促使学生服从外部的统一标准消除差异，本质仍是反对话的。依靠浅显的师生问答传递教科书的知识，这种行为也不是对话，因为学生可以轻易揣测出教师心中的标准答案，而这会导致他们放弃对理性的审思。我们所倡导的对话是师生合作探究的"对话"，在这种关系下教师与学生的角色被重构——教师是通过对话了解学生学习情况的同行者，学生是通过自主探究知识从而实现自我发展的学习者，师生双方均以一种自由独立的姿态进入教育情境中；我们所倡导的对话是实现师生视域融合的"对话"——师生通过多角度的"倾听"与"言说"走向视域的融合，共同倾听文本中的语言在"寂静处的轰鸣"，体悟教育的真谛。

（4）情境

社会心理学认为"情境"是影响事物或机体的环境条件。①

"情境"与"情景"不同，"情景"是客观真实、引人注目的景象，而"情境"的意蕴更加丰富。"情境"除了构成情景的诸多要素外，还包括各个要素背后相互交织的关系。情境进入教育领域便产生了"情境教育"。著名的儿童教育家李吉林从全学科情境教育实践中寻找共性、总结经验，概括出极具实操性的教育方法。通过"情境教育"能帮助教师把握学生过往的学习状况与当下的学习状态，在"形真、情切、意远、理蕴"的教学情境中激发学生的学习兴趣。教师对情境进行深入、透彻、深刻的分析与思考，还能更加全面地透过情境了解教育对象、理解教育现象、掌握教育事实，探清教育规律，形成自己的教育理解。

（二）现实中的教育误解

1. 教育目标：教育价值偏离化

（1）分数评判至上

分数评判至上的思想偏离了教育"促进学生个性发展"的内涵，且教育理解过于单一。教育问题往往牵涉政治、历史、文化、社会等多个方面。以"分数评判至上"来说，其渊源可追溯到科举制的形成与几千年的儒家文化"学而优则仕"思想的浸润。这种"分数评判至上"的思想积弊已深，一度使基础教育异化为"应试教育"。教师持有此般教育思想，不仅使自己成为麻木的"两脚书橱"、呆板的"教书匠"，还极易忽视教学规律，导致学生的片面发展。

现代教育思潮越来越重视人的主体性，教师应认真领悟教育在培养个人价值时"尊重人的主体性，注重形成人的健全人格"的根本特征，克服教育评价的短视化观念。《深化新时代教育评价改革总体方案》（以下简称《方案》）中也对"分数评判至上"的教育现象进行了批判。《方案》提出：教师应树立科学的成才观，坚持以德为先的目标导向，注重学生全方面能力的

---

① 杨治良，郝兴昌. 心理学辞典［M］. 上海：上海辞书出版社，2016：552.

培养，彻底改变用单一分数评判学生的做法。①

凡此种种，都在警醒着教师不能只停留于精进学科知识、研究命题趋势，更要增进自己的专业教育，更新教育理念，以正确的教育价值观指导教育实践。

（2）工具理性崇拜

工具理性崇拜偏离了教育"促进学生全面地、生动活泼地、可持续发展"的目标，对教育价值的理解过于功利。工具理性崇拜是指对技术和工具的崇尚，其主张通过精准的计算，达到个人利益的最大化。② 随着知识经济的兴起，重视知识与经济的融合，让知识成为社会发展的"加速器"已经成为社会的共识。在此背景下，自然科学依凭其功能性、实用性的特点更容易转化为经济效益，因此受到教师的青睐和重视。不少教师秉持"学好数理化，走遍天下都不怕"的观念，片面地理解教育；学生易在此类教师潜移默化的影响下，被实用主义、功利主义的思想钳制，成为"唯利所驱"的利己主义者。教师刻板的工具理性崇拜认识，不仅造成自身的教学视域狭小，专业发展受限，还将深刻地影响学生的学习动机和认知结构，甚至扼杀学生对社会科学的学习兴趣。

（3）人文精神遗落

人文精神遗落偏离了教育"着力提高学生社会责任感"的价值追求，教育理解过于狭隘。人文精神是教育的灵魂，没有人文精神，教育就只是徒有其表的教育。卓越教师的教育理解凝结在教师严以修身的师德修养中、学富五车的文化积淀中、蕴含温情的师生对话中、涉猎广泛的课堂讲授中，体现为教师"以生为本"的育人理念，表现为教师尊重学生的全面发展。而在极端功利主义的影响下，考试大纲成为教师教育活动的"指挥棒"，国家课程标准被"悬置"。基础考试学科圈重点、划范围，而考试学科以外的课程"开全课程、开足课时"成为奢求，这种"唯考试舍取课程"的做法，让学

---

① 中华人民共和国中央人民政府. 中共中央国务院印发《深化新时代教育评价改革总体方案》［EB/OL］. http://www.gov.cn/zhengce/2020-10/13/content_5551032.htm, 2020-10-17.

② 李丽丽. 作为一种文化现象的"学术资本主义"［J］. 文化研究，2020（1）：282-291.

生接受的是高度浓缩的"压缩饼干",而不是知、情、意相结合的"精神食粮"。学生的综合素养难以同步发展,尤其是人文精神的贯彻在教育过程中被遗落。而人文精神的遗落将直接带来"情感"和"意志"的失落。其中,"情感"带有审美性质,即五育中的美育;"意志"带有道德特质,即五育中的德育。教育原旨为造就丰盈的灵魂,但在错误的教育理解下,美育仅限于技能,德育则止于规范。学生对情与意、爱与美的感知大大弱化,这是人文精神遗落所带来的教育最大的悲哀。

2. 教育内容:文本理解浅表化

教育内容是指师生在教与学的交互过程中传递的知识与技能、过程与方法、情感态度和价值观的总和,具有动态生成性。长期以来,人们将教育内容与教材混为一谈,部分教师也将教育内容和教材等同起来。确乎需要注意,教学内容包括但不限于教材内容。教育内容是教师依据学情对教学内容作出的判断与选择。教材则作为教育内容集中呈现的"载体",不仅承载着文本的语言符号功能,还因文本开放的召唤性结构而包含多重意义世界。文本的内涵丰富,外延广泛,以下将以教材为切入点以期能以小见大地探讨教育的文本理解。

文本理解过程中,在生活体验、人生阅历、思考方式、历史背景、文化水平等因素的综合影响下,教师在文本理解视域中出现偏差以至浅表化地理解文本,具体表现为缺乏文本的历史对比、缺乏情景生成、缺乏主体关照、缺乏创新重组。

(1)缺乏历史对比

理解是人的历史存在方式,历史也将对人的理解产生先决性、内隐性的影响。因此,我们无法消除历史的特殊性和局限性,也不必执着于消除其特殊性和局限性,而应正确地评价和适应历史。教师在教学时不仅应看到文本积淀的历史性,还应把握文本具有的动态生成性。任何理解都是历史中的理解,任何文本的理解都在实践中不断生成,延绵不断。以语文教学为例,教材中的文本是专家学者在卷帙浩繁的人类文明中精心挑选的经典,是历久弥新的文化线索,是语文教学的学习支架,但教材不应该是教师的《圣经》,一旦一味地忠于教材、依赖教材、敬畏教材,就会过度沉浸于单篇文本的历史解读,而忽视文本在整个历史时空中的时代意蕴及师生创新精神的培育。

例如，王崧舟老师在《枫桥夜泊》一课的教学中，从歌曲《涛声依旧》中的歌词入手，一句"流连的钟声，还在敲打着我的无眠"带学生进入教学情境中，依凭时间的线索，与学生一同追溯这钟声的来源——从清代王士祯"十年旧约江南梦，独听寒山半夜钟"，到明代高启"几度经过忆张继，叶落乌啼又钟声"，再到宋代陆游"七年不到枫桥寺，客枕依然半夜钟"揭开谜底：这千年钟声的回荡归因于唐代张继的《枫桥夜泊》。通过各个历史时期诗歌的链接式补充，展现出"羁旅之愁，家国之忧，生活之艰"在不同历史时空中的多种表达。这种在教育中增加历史对比的方式使学生对诗歌文本的理解更具有历史的纵深感，让学生在更宏大的视野中增强对诗歌的整体感知。

（2）缺乏情景生成

教师的文本理解能力是其专业技能的显著表现。自然科学类教师注重理解时准确、客观地呈现公式原理的推演过程，让学生知其然更知其所以然；人文社科类教师更注重运用自己的学识分析文本、用自己的情感感悟文本、用自己的生命与经验对文本做出重组和创新。但无论教授哪一类学科，教师在文本理解时都应注重文本与外在现实的联系。文本源于生活和社会，脱离情景的文本解读犹如"无源之水、无本之木"。目前对于文本的情境理解，有的教师主次不分，抓住只言片语便对文本进行"碎片化"理解；有的教师离题万里，因"创造性"误读而扬扬得意；有的老师希望文本解读面面俱到，却在不经意间导致文本解读产生"泛目的"和"随意化"的倾向。以朱自清先生的《背影》为例，有些老师授课时侧重于文章选取场景、描写人物的艺术手法；有些老师为了让学生体会文章中的真挚情感，将"父亲"对作者的关心和作者对"父亲"的怀念作为教学的重点。前者重视文本的艺术内涵，后者看重思想内涵，两者各有侧重。但从文本的"情境理解"来看，两者的解读都在不同程度上有所偏颇，其原因在于教师进行文本解读时未能联系自身的生活经历和生命体验，未能挖掘出"父子有隔阂的爱"这一深层含义。这启示教师在教学时应把握青春期学生的心理特点，让学生在理解文本的基础上由生活体验联想到父母与自己虽因小事而有矛盾、有隔阂，但正是因为有隔阂，才使得这种爱虽不完美却真挚、感人，加深学生对文章情感的体悟。

（3）缺乏主体关照

文本理解的主体包括师生双方及文本本身。文本理解就是师生共同通过文本这种语言符号系统与文本作者进行对话的过程。教材文本选自名家，有立体的解读层次和丰富的文化意趣，值得师生细细品读。但在现在的课堂中，课堂活动办得风生水起，如模仿秀、辩论赛、猜谜语等，名目繁多，却缺乏了对文本主体的深度关照，甚至一节课结束后学生还对教材内容茫然无知。诚然，此类活动调动了课堂气氛，呈现出"师生欢声笑语"的景象，但当课堂气氛"降温"之后，冷静下来、仔细反思却发现知识也"雁过无痕"。师生共享欢愉的同时，课堂中缄默的第三个主体——文本却被遗忘于角落，缺少师生的关照。更有甚者，教师让学生合上书本听课，在授课全程只通读一次文本。在这样的课堂里，阅读主体（教师与学生）对解读的文本缺乏关照，课堂缺乏对文本主体的深度思考，课堂教学偏离了教育的既定航线。

（4）缺乏重组创新

文本的重组创新能力对教师的专业发展来说，是考验，也是卓越教师成长密码破解的关键一环。教师不应沉浸于文本表面的"知识罗列"，更应在知识整合的基础上延展知识的广度和深度。在当前教育中，学科各自纵深发展，却忽视了学科之间存在着广泛、普遍的联系，这警示教师要树立起"融整"意识。其具体表现为教师不能只局限于完成本学科的课程教学，更要寻找课程之间的融合点，打破学科壁垒，拓展和延伸学生的学科能力。例如，在朱自清先生的《背影》中，"那年冬天"指的是五四民主精神洗礼后的冬天，朱自清受五四民主思想的影响，厌恶纳妾，且其父亲代领其工资，他一气之下携妻儿离家出走，父子感情产生间隙。这段背景对于学生理解文本具有很大帮助，教师教学时应综合学生的学情与文本的特点，贯穿以五四文化背景对文本内容进行删减、扩充、重组、创新等加工处理。

3. 师生关系：对话沟通单向化

教育文本一经进入教育情境之中，便转变为师生之间的一种言说，文本、教师、学生的关系就转化为师生关系。[①] 历史上的师生关系存在"单一主体说"和"双主体说"。

---

① 周险峰. 教育文本理解论 ［D］. 上海：华东师范大学，2006：91.

"单一主体说"包括"教师中心说""学生中心说"及"主导主体说"。教师中心说强调师道尊严经久不衰，但它成了"教师中心""教材中心""课堂中心"这"三中心说"的始作俑者，成了课堂失去生命活力、学生失去质疑精神的罪魁祸首。为缓和僵化的师生关系，杜威、卢梭等提出"学生中心说"，主张教师应重视学生的经验，让学生在文本理解过程中占据主导地位。"学生中心说"在一定程度上调动了学生的学习积极性，但其并不利于学生学习成绩的提高。"主导主体说"源于师生文本理解不对等的客观事实，是对"教师中心说"和"学生中心说"的综合概括。"主导主体说"认为教育过程是以教师为主导与以学生为主体的辩证统一，但该类学说无法说明师生关系处于动态转换的现实，也无法指导信息化背景下的教育实践。"双主体说"顾名思义，认为教育主体是由教师和学生共同构成的复合主体，意在实现师生的协同与统一，但也因此模糊了教育者和教育对象之间的基本关系，存在着局限性。①

卓越教师尤其要注意自身多重身份的定位，注意在多重身份的调适下培育良好的师生关系。师生彼此尊重、相互理解是良好师生关系的前提，而对话是达成师生理解、实现师生视域融合的有效方式。这种对话绝不是单调的问答，而是立足于师生思想沟通、视野碰撞、经验总结之上的融会贯通，是师生克服偏见、达到意义创生的"对话"。

（1）单向度的教师独白

"教师侃侃而谈，学生昏昏欲睡""教师一问到底，学生机械式回应"是当今教育场域中"单向度教师独白"的两种典型表现。究其根源，其现象正是由僵化的"教师中心论"带来的。在前者中，教师主宰整个教学活动，师生之间没有情感的碰撞与共鸣，也没有对当下的回顾与反思，更没有达成教育教学的目标原旨。在教师承包传授、体验、解答的全过程的情况下，学生的主体意愿和自我感受长期得不到表达，而后索性放弃，独留教师"一个人寂寞的狂欢"。在后者中，师生"一问一答"看似"对话"，但对话的目的全在于完成教师的教学预设，学生看老师的脸色就能知道问题的答案。在师生"默契"的配合下，教师完全忽视学生的个体差异和课堂的即时生成。如

---

① 周险峰. 教育文本理解论［D］. 上海：华东师范大学，2006：91.

此单向度的教师独白，也体现了教师教育性的缺乏，唯有打破"单向度的教师独白"、达成"双向平等对话"，教师才能走进学生心灵，丰富师生生命体验，实现情感共鸣。

(2) 学生合理前见的悬置

通俗地说，"前见"是在了解事物之前已有的看法和观点。伽达默尔的解释学将这种先前理解定义为一种"偏见"或"期待视野"。在当前的教育中，许多教师不但不能恰当地利用学生的前见，反而采取忽视的态度，导致学生合理的前见被悬置、师生的对话缺乏共识。教师忽视学生的合理前见的行为，使得学生受到认知上"前摄抑制"的干扰，新旧知识无法融会，而且长此以往也不利于学生联想、理解、反思能力的培育。《空气占据空间》是苏教版小学科学三年级的学习内容，教师对于课程的预设结果是"学生将装有纸团的杯子的杯口向下浸入水中后，发现纸团不会湿"，引导学生得出"空气占据空间"的结论。但学生在探索过程中极大可能会依据"纸团浸入水中会湿"的前见，无形中导致操作不当或故意将纸团弄湿。此时，教师若生硬地按照预设继续进行授课，就是一种对学生合理前见的悬置。那么在这堂课中，虽然增加了实验操作的环节，但课程结束后学生也只记得教师传授的结论，这样的实验教学并未达到预设的效果。教师不如顺势而为，向学生提问："要使杯子里的纸团变湿，你能想到哪些方法？"这样的师生对话立足于学生合理的前见，在对话中将科学探究引入深处，在师生对话中丰富并发展学生的合理前见，拉近师生的距离。

(3) 师生对话内容的窄化

师生对话的内容不应该局限于白纸黑字所呈现的文本知识，而应以丰富的课外知识辅以文本知识来扩展师生对话内容，使文本理解变得立体而生动。例如，叙述唐明皇与杨玉环婉转动人的爱情悲剧的长篇叙事诗——《长恨歌》，其诗歌主旨至今仍有争论。教师在与学生进行对话之前应坦言诗歌主旨无定论，从而打消学生怕犯错误的疑虑，随后鼓励学生叙述自己的看法并且说出理由。在这样平等的对话下，师生处于一个开放包容的教育环境中，师生双方都有自己的文化视域，并在交流、讨论、冲突中实现共生。此外，师生对话内容过度窄化也会导致教师局限于学生的片面特征，形成评判学生的思维定式，从而加深师生之间的误解，最终演变为师生对话内容越发窄化的恶性循环。

（4）对话与精神建构的分离

师生对话具有"唤醒"的作用。许多教师持有"重认知，轻感情"的教育误解，忽视教育过程中学生的心理需求和精神构建。尤其对部分学困生，教师从心底为他们焦急，但由于没有掌握足够的教育技巧而使师生对话变成不得要领的说教，这导致了师生之间的误解。在一项关于小学课程设置的调查中发现，小学语文的课程占比远超数学、英语及其他门类学科。其背后的深层原因是语文课在很大程度上要承担起思想政治、人文历史等学科的教学任务，承担树立学生正确的三观、培养学生情感和意志的重任。现在我们的教育提倡德、智、体、美、劳"五育融合"，其他学科也应在教育教学中承担起传授知识、培育技能、精神构建和情感熏陶的重任。师生对话便是达成这一目标的有效途径——在富有温度的对话中，教师走进学生的心灵，晓之以情，动之以理，化教育为无形春雨，于静默中丰裕学生的精神。

4. 教育方法：边界把握盲目化

（1）过度理解教材

许多教师在钻研教材上费了不少工夫，但其课堂教学仍达不到预期效果，甚至在课堂上出现一些偏离主旨、过度理解教材的现象。过度理解教材的常见表现有对文本语言过度挖掘、对文本内容不当延伸、对文章主旨的标准性预判等。①

以对文本内容的不恰当延伸为例——《永生的眼睛》里，"温迪"一家三代都愿意在死后将有用的器官捐赠给他人，但母女两人第一次听到这个消息时的反应却截然不同。文中有这样一个片段：我告诉小女儿温迪她的外公想要捐赠器官的心愿后，她热泪盈眶地紧紧拥抱外公，与当年我的反应有天壤之别。教师在教学时刻意提问："天壤之别是什么意思？"学生答："像天和地一般极大的差别。""课文中的天是谁？地又指谁？"学生无言。教师又问："为什么母女两人会有天壤之别的反应呢？"学生答："因为当年'我'听别人要拿走'我'的亲人身上的器官时又哭又闹，而女儿小温迪却能理解外公的一片善心。"教师追问："课文中的天指的是谁？地又是谁？"学生沉

---

① 刘冰. 文本过度解读面面观［J］. 教学与管理，2011（70）：26-28.

默。我们不妨从文本入手，反思一下造成这种尴尬场面的原因——文章主旨想传达的是这一家三代所具有的人道精神，文中的"天壤之别"运用对比手法，突出表现女儿所具有的懂事与仁爱，但教师不断地追问"谁是天？谁是地？"，逼迫学生对这对母女所具有的爱心做个排序和比较，这属于对文本的不当延伸。

文本细读的热潮使对文本精细化的解读成为教师展示自身专业素养的方式，但如何把握理解教材的"度"还需要教师自我审思，冷静地把握课堂上学生的理解程度。

（2）授课照本宣科

讲授法是教师在教学中最常用且最具实效的教学方法，但在实际教学中却有不少教师在授课时完全参照书本、逐字逐句诵读，缺乏对教材深入细致地解读，这样的授课方式我们称为"照本宣科式授课"。随着信息化设备与教育教学的加速融合，这种"照本宣科式授课"也被应用于新型信息化课堂的教学中。其表现有四种：其一，将授课内容制作成PPT，课堂上一字一句地朗读PPT；其二，教师对教育内容的讲授完全出自教材或PPT上的现有文字，没有用自己的话语进行归纳理解；其三，教师完全依凭于教材编排和教案准备教学内容的讲解次序；其四，教师不能恰当地举出实例去佐证教学知识点，无法超越教材延伸部分的知识。① 这样的教学方法是由于教师未能平衡好"备课与讲课"二者的关系，过度沉浸于课程准备，在精细化研读文本的同时完全忽视了学生的体验。

（3）教学虚有其表

教学活动的开展应以教学目标的达成为目的，而目前的教学活动五花八门，如观赏插图、绘本阅读、观赏影片、辩论赛、角色表演、专题讨论等，以学生喜闻乐见的形式开展，但其本身是否达成了既定教学目标或提高了学生的学科素养还有待商榷。例如，在讲授《雾凇》一课时，教师首先播放雾凇的视频录像，引出课题，并让学生自由朗读一遍；在学生还未将文本读准、读顺、读通的情况下，教师询问学生"雾凇美在何处"，要求学生读出

---

① 余久久. 新型课堂教学环境下"照本宣科"现象思考［J］. 电脑知识与技术，2015，11（19）：138-139，146.

雾凇的美来；紧接着，教师又出示若干张千姿百态的雾凇照片，让学生在体悟中学会仿写句子；最后，教师邀请学生到讲台上当小导游，向大家介绍"雾凇"。学生在观看视频录像时看得津津有味、欣赏雾凇的照片时兴致勃勃、仿写时兴致昂扬、做导游时积极投入，但在表达和叙述时却吞吞吐吐、词不达意。不难看出，这位老师的课程活动安排紧凑，学生也确实有所感触，但从学科能力的培育、学科素养的提升来看，这样的教育华而不实、虚有其表。教师教学活动的开展必须以明确的教学目标为基础，教师单单移植名师丰富多样的课堂活动、制作精美的教学课件，却感悟不到其活动之下的内蕴情意，这又何尝不是一种虚有其表的教育短视行为呢？

二、教育理解的意义

（一）教育目标：深度唤醒自我意识

1. 通过教育理解，达成目标的理解性

教育是促进人的发展的活动。人的全面发展，既是教育的目标，也是人类社会的发展目标。科学主义冲击下的"工具理性的崇拜"，驱赶着教育目标神圣的价值取向，"唯分数""唯升学"成了不少教育工作者和受教育者所推崇的教育信仰。我们期待教育理解能够重构教育世界的意义认识，消除教育误解，达成教育目标的理解性。[①]

这启示教师要遵循教育的普惠性和公平性，不仅要教给学生知识、技能、思维，还要培养学生的品格、品行、审美、秩序、情感和意志。现在，分数评判至上、工具理性崇拜等教育短视化行为的改进、全国教育督导的验收，都促使我国教育教学的初衷重新回归到教育本位的发展之路上。但"路漫漫其修远兮"，教育的未来还需诸位教师携手并进，这样方能行远自迩，踔厉奋发，开创教育事业未来的光明图景。

2. 通过教育理解，厘清目标的关系性

虽然我国教育目标在不同时期各有侧重，但我国社会主义的教育目的始

---

① 宁本涛."五育融合"与中国基础教育生态重建［J］. 中国电化教育，2020（5）：1-5.

终坚持四个基本要求：第一，人才培养坚持社会主义性质；第二，教育与生产劳动结合；第三，培养德、智、体、美等方面全面发展的人才；第四，依社会发展突出强调部分素质。现阶段我国的教育目标是培养"德智体美劳"全面发展的社会主义建设者和接班人，而"德智体美劳"的关系先后经历了"五育不全"到"五育并举"，再到"五育融合"的发展历程。①

"五育融合"不是"德智体美劳"的简单叠加，而是"德智体美劳"内在核心素养之间的相互交叉与渗透。比如，在体育教育过程中，除了要有基本的健康知识与竞技技能训练外，还要有体育道德、体育智慧、体育审美的培养，通过"以体树德、以体启智、以体健美、以体促劳"的方式，提升教育过程中的整体育人效应。②

陶行知先生提出"教学做合一"的教育思想，确乎如此，教师的教育理解既需要科学认知，也需要躬行实践。如果没有教育实践的支持，教育理论也只会是镜花水月、南柯一梦。我们的教育应以现实和生活的需要为出发点，面向时代与社会，承担起健全人格的使命与责任。教师的教育理解既然来源于生活中的教学实践，就要运用到教学实践中去。因此，教师要注重在实践中培养学生操作、体验、解决问题的能力，注重在实践中体现教育目标的生活性。

（二）教育内容：动态重构文本解读

1. 依托教育理解，实现文本内容解读的历史对比

人是一种历史性的存在，历史对人的影响具有先决性，师生在文本理解时自然也潜移默化地受到历史的影响。以处于 6～12 岁年龄段的学生来说，他们能够熟读文本，却对语言背后的意义很难进行深入地剖析。此时教师应当选取有关文本内容的历史背景，找准文本解读的切入点，引导学生进行剖析。学养更为丰富的教师则重视文本内容的资源整合——通过选取不同历史时空下的文本对比解读来扩大课堂容量，增加学生的文化积淀。以前述《枫

---

① 《教育学原理》编写组. 教育学原理［M］. 北京：高等教育出版社，2019：145-147.

② 宁本涛."五育融合"与中国基础教育生态重建［J］. 中国电化教育，2020（5）：1-5.

桥夜泊》为例，王崧舟老师通过层层追溯钟声的来源，使学生对不同历史时空里抒发相同情感的诗歌做出对比，以宏观视角感悟文本意蕴。

2. 依托教育理解，实现文本内容解读的情境生成

一部文本从不同的情境去理解，便会衍生出多重解读，目前文本解读存在着从只言片语切入的"碎片化文本解读"、脱离主题的"创新型文本解读"、不顾作者本意的"随意化文本解读"等误区。因此，教师在文本解读时要注重整体把握文章，根据上下文语境进行分析，依据情景语境与文化传统语境找准切入点。

3. 依托教育理解，实现文本内容解读的自我观照

教师与其花大工夫将徒有其表的课堂活动迁移到教学中，不如潜心于文本细读，以学习者的身份重新浸润于文本之中。有如此之准备，方能在课堂上用充满激情、富有趣味的语言抒发感悟，创造课前期待、课中满足、课后留恋的课堂。卓越教师的文本细读之秘法可概括为品鉴词语、对比理解、还原场景及咀嚼细节。

以还原场景为例，《最后的常春藤叶》一课中，青年女画家琼珊因肺炎而一病不起，寄托希望于风雨中飘摇的常春藤叶上。为此，老贝尔曼冒着疾风暴雨用颜料画了一片常春藤叶在墙上。正是这片常春藤叶唤醒了琼珊对生命的渴望，但也正是因为这一片常春藤叶使老贝尔曼生病去世。这篇小说运用欲扬先抑的手法，意在表现老贝尔曼人格的伟大，故教师在引领学生细读和精读时，要注重通过分析人物的形象、心理、语言去还原小说中的场景、解析人物的性格特点。比如初见老贝尔曼时，通过细读文本还原他酗酒成性、脾气暴躁、穷困潦倒、好高骛远的人物形象；再见老贝尔曼时，通过语言和行为还原他关心他人、体贴细致的性格特点；不见老贝尔曼后，感悟他舍己为人的高尚人格。通过这种还原情境进行文本细读的方法，学生能沉浸在文本中，以自己丰富的想象力，联想并搭建自己的故事框架，使人物形象呈现得更加立体饱满。

4. 依托教育理解，实现文本内容解读的创新超越

批评家巴尔特曾说"作者死了"，这意味着"读者的诞生"。读者个性化的见解和文本的开放性召唤结构使超越文本成为可能。教师依托教育理解，可从三个方面做到文本的超越：第一，联系时代背景。例如，在教授《坐井

观天》一课时，教师请学生根据课文内容自由想象，续写作文。大多数学生依据课文逻辑认为青蛙跳出井口后，眼界骤然开阔，但有个学生写到青蛙跳出井口发现外面的世界污染严重，深感还是井里好。这样联系现实处境的文本就是一种对文本的超越。第二，联系学生的生活背景。学生出生的时代与红军长征的年代相隔久远，使得他们在文本理解上有所偏差。在他们眼中，爬雪山是旅游项目，吃野菜是轻食主义。他们的生活背景和生活经历决定他们难以深切体悟"爬雪山""挖野菜"的艰辛，更难以体悟红军伟大的革命精神。第三，对文章的全息解读。文本是作者、读者、编者三方的视域融合，而全息解读实现了文章的多元意义探求。以《去年的树》为例，其主题有多种解读——被编者所广泛推崇的是"通过描写鸟与树跨越生死界限的友情，表达对生命和友谊的赞美"。在读者眼中衍生出"应禁止滥砍滥伐，实现人与自然和谐共处"的主题；立足文本的抽象性，文本还衍生出"通过描绘小鸟的情绪变化，告诉人们不同情况下应适当转换心境"的主题。这样，不同主体通过不同主题下的思想交锋，实现对单一文本的创新与超越。

（三）师生关系：创设对话，打破规限

1. 凭借教育理解，实现师生多维互动

师生的对话形式丰富多样，除了常见的面对面对话外，还有依靠微信、QQ、短信等媒介进行交流的对话形式。而传统的信笺、便签、字条，也因通过亲手书写的笔迹和墨痕而传达出的细腻、真挚的情感，同样受到学生的喜爱。在多种多样的对话方式下，师生对话打破规限，共同直面情感的表露，而这更要求师生换位思考，用对话表达自己的情绪、观点和态度。

2. 凭借教育理解，尊重学生合理表达

"以生为本"的教学理念强调关注学生本身的学习成果与学习兴趣。这就需要教师通过语言、神态等方式，耐心、细致地引导学生表达自身的看法与意见。在这个过程中，老师要时刻将学生放在平等位置，认真聆听、有针对性地鼓励学生发言，让学生敢于表达自己的真情实感。教师在聆听发言时不要轻易打断学生话语，以免打击到学生的语言表达诉求与积极性，给学生造成心理上的伤害，这将进一步影响师生对话与互动的展开。

在教授《柳叶儿》的过程中，为了让学生更好地理解文本，教师根据教学内容向学生提出几个问题让学生选择性地回答。问题问完，许多小手高高举起，学生热切地想要回答问题。这样的教学设计适应了处于各个理解层级的学生，无论哪一层级的学生都能自由表达。而教师则走到一个没有举手的学困生身边，示意他来回答问题。教师不断地给予其眼神鼓励，认真地听完他磕磕巴巴的叙述。经过这次课堂发言，学困生感受到了教师的关爱与尊重，便会投入更多的精力和时间去学好语文，以便能在以后的语文教学中更好地表现自我。

3. 凭借教育理解，拓展师生对话视域

教师自身的学科素养和教学艺术也将极大地扩展师生对话视域。例如，体育老师帮助学生解答数学难题，数学老师以音乐乐理为例讲透数学知识。这些老师在教学过程中融会其他学科的知识，使学生听课时耳目一新。教师个人知识的魅力，打破了沉闷的课堂气氛，使课堂对话焕发活力。而教师的教学艺术，如生动活泼的语言、旁征博引的事例、催人泪下的讲授，也将带领学生在教师诉述的知识海洋里遨游，从而拓展师生的对话视域，破解知识的密码。

（四）教育方法：以生为本，关注体验

1. 以教育理解勾连教材与学生的意义世界

教师的教育理解是勾连教材与学生意义世界的一道桥梁。教师教育理解的发展过程也是教师自身文本解读与学生认知水平相统一的过程。这一过程中，教师需要不断地丰富自身学养，扩展教材以外的素材，从而最大限度地满足学生对学习内容的需求，勾连学生的意义世界。同时，教师也要注重自身教育方法和教育手段的精进，用信息技术手段拓展文本知识，创造性地使用教材，开发学生的意义世界。

2. 以教育理解融通教师与学生的现实需求

教育理解可帮助教师融通自己与学生的现实需求，而在融通过程中师生双方均以一种自由独立的姿态进入教育情境中。教师深入了解学生学情，满足学生急切的现实需求。教师也在学生的反馈中反思教学方法，促进教学专长的提升。另外，学生因教师教学水平的提升而促进了其学习成绩的提高，教师也从学生提高的学习成绩中获得成就感。

3. 以教育理解实现教学与学习的深度融合

师生平等地出现在教育环境下，并通过教育理解实现教学与学习的深度融合。教师在研读、细读文本时重新以学习者的姿态体验文本理解的困难，并使知识在经过自己的归纳、融会后，以饱含生命体验的表达话语在课堂上深刻地感染学生。而每一位学生也都是小老师，学生深入理解文本后能在与同伴的互动学习中，相互指导、互学互助，共同学习、成长。师生在教学活动中真正实现了教学相长，探索教育新方法、新路径，扩展教与学的思路和视野，丰富学养，夯实基础，提高教育效果。

三、提升教育理解力的重要途径

（一）在教研结合中提升教育反思力

1. 教然后研，通过经验总结提升反思力

教学需要反思，反思是理解的高级形态。反思能够促进理解的进一步加深，故而反思是一种带有解放性的理解。教师身处一线教育情境，在教学实践中将不断地面临新问题、新挑战，处于不同成长阶段的教师也在教师发展之路上不断地产生新困惑、遇到新障碍，而教研活动为教师指明了出口。在教研活动中各位教师共同讨论确定目前面临的迫切问题，以专题形式对特定问题进行探索。经过教研活动的探索和反思，教师总结教学经验、解决教学问题、研究教学方法，从而提升教育反思力，并指导下一步的教学实践。

2. 研然后教，通过实践检验提升反思力

在教研活动中，教师能及时获取学科前沿信息，实现专业知识的拓展和深化。通过教研活动，教师能够科学地筛选学科教学知识、仔细地对比教学方法、游刃有余地把握学科难度，使自己的教学实践在科学的探讨下更容易被学生接受和认可。同时，教研活动研究讨论产生的共性理论并不绝对适用于个性化的教育活动中，这就需要教师通过教育实践检验理论成果，并在教育实践中继续总结经验，提升教学反思力。通过实践的反思，教师还能发现自身教育习惯对现有教育现实的不适之处，及时改进教育习惯，在反思中获得独特的教育理解。

3. 边教边研，通过阶梯设计提升反思力

传统工匠型的教师仅按照既定目标完成教学设计，而新时代的教师不仅需要具备教学能力，还需要具备科研能力。这要求新时代教师在教中研，在研中教，研教并举，有机融合。教师在教学中从事科研、在教学中留心科研，在科研的过程中从事教学，实现教学与科研成果共享，可以梯度化地促进学科内容的更新、教学方法的改进、教学水平与科研能力的双双提升。这样，教育过程又将继续产生与教师现有教育理念不相符合的新问题，新教研成果也将在实践中遇到个性化问题，教与研相互促进，不断达到新的高度。

4. 建设教研共同体，通过群体智慧提升反思力

教研共同体群策聚力，汇聚群体智慧，现已成为学校内促进教师发展的共识。教师在教研共同体中，科学把握学科内容，集中突破学科重难点，及时分享最新科研动态。在教研活动中教师还可以倾听其他学科的教研活动，打破学科壁垒，促进多学科的交叉融合。

（二）在师生共育中提升教育协同力

1. 学生可以教学生，以此提升教育协同力

分组讨论、小组学习是常见的学生互助模式。分组讨论往往常见于授课过程中，学生之间畅所欲言、灵感碰撞，最易激发创新活力。在聆听别人意见的同时，学生自身的眼界得以开阔，对话进一步拓宽，思考继续深入。而在教师组织下的互助式的小组学习中，学生自我管理、自我组织、互帮互助、共同进步。在小组合作中，学生主动分工，遇到困难时互帮互助，自主解决困难。比如在课后作业的核查中，学生在讨论中解决上课留有的疑难，在彼此的倾听和言说中加深对知识的领悟。

2. 学生可以启发教师，以此提升教育协同力

学生的课堂表现和课下接受能力往往是对教师教学能力和教学水平的直观评判，教师应在一次次地观察学生的接受水平后反思教学方法，提高教学水平。学生也在老师不断地调试教学方法后，逐渐适应教师的课堂教学方法，获得知识和技能的启迪和教化。处于儿童阶段的学生有着天真烂漫的语言，教师在对儿童的教学过程中发现此特征，并受到启发，从而通过对比现在僵化的写作教学，探索新的写作教学模式。在此过程中，教师帮助了学生

进行写作训练，学生启发了教师在写作方面进行理念创新。

3. 师生可以超越教材，以此提升教育协同力

师生教育协同不仅有助于师生达成阅读主体（师生）与文本的视域融合，还有助于师生超越教材的既定理解，使教育过程充满生命活力，积淀情感和生活经验。特级教师窦桂梅提出教育要突破以"教师、教材、课堂"为中心的三中心论，超越"教材""课堂"和"教师"。在教育活动中，她与学生一起躬行检验理论成果。除教材文本外，她与学生一起阅读不同种类的书籍，对教材的内容进行补充、延伸、重组、再创造，让教材成为师生灵感的源泉。而在教材之外，师生协同进行社会实践，回归生活，体验教材中的意义世界。

（三）在情境分析中提升教育评鉴力

1. 学生个体的起点不同，评价标准不同

长期以来，因教育受世俗功利化和工具理性崇拜的影响，教育评价存在"五唯"顽瘴痼疾，用统一的标准来评判学生，一度忽视学生的个性化特征。而学生的个性起点不同，评价的标准也应不同。例如，对于美术特长生，评判便不应该将重点放在文化课的学习分数上，而应关注其艺术文化知识与技能、艺术感知力、艺术鉴赏力等。

2. 学生的努力程度不同，评价指标不同

评价指标作为一种统计指标常用于考核、估评、比较。教育评价也应立足学生努力程度的不同而划分不同的评价指标。例如，学习过程的专注度、遇到困难时主动解决的积极性、学习成绩的提升、学习态度的好坏、学习计划的设定等。

3. 学生进步的幅度不同，评价尺度不同

评价尺度是指对某一行为的度量标准。在评判学生时，教师要注重在情境中根据学生进步的幅度不同，采取不同的评价尺度。例如，一学生成绩由40分上升到60分，另一学生从110分上升至130分，虽然两个学生进步的幅度都是20分，但前者的提升是由于掌握了更多的基础知识，后者的提升是由于攻坚克难，在难题上花费精力，因此在这时教师需因生而异，客观地认识学生的进步幅度。

4. 学生的学习结果不同，评价表述不同

学生的学习结果是学生确立个性目标后，经过科学的自我规划，并为之付出努力而最终达成的学习成果。教师在进行学生学习结果的评价时，应灵活应变。以学生朗读训练为例，学生读准字词、把握停顿、自然抒发情感，教师可评价为："情真意切，让人如临其境，如闻其声，你还能读得更好！"若学生朗读时字词多出现读音错误、诵读不连贯等现象，教师可做"老师明白你内心热切的期盼，但别着急，诵读前仔细阅读文本，读准字音才能自如地表达你自己"这样的评价表述，既让学生深受鼓舞，又让学生知晓不足，明确努力方向，值得赞赏。这也启示教师增强语言表达能力，灵活地根据学生个性化的学习成果做出多样化的评价表述。

第九讲　创新勇气

一、教师为什么要创新

（一）创新让教师提高工作效率

1. 什么是工作效率

"效率"一词起源于美国管理学家哈林顿·埃默森（Harrington Emerson），目前学术界对于"效率"的理解主要分为管理学意义上的效率和经济学意义上的效率。我们这里讲的效率指的是管理学意义上的效率。管理学意义上的效率强调投入与产出的关系，用公式表示为：工作效率=工作有效结果/投入量①。工作效率高，并不仅仅意味着速度快，它还意味着质量高。工作效率包含工作速度和工作质量，而教师的工作效率应该包含教学的速度与教学的效果。②

2. 效果不变的前提下，创新让教师找到投入相对较少的方法

在这个提倡万众创新的时代，教师亦应紧跟时代的步伐，勇于创新、善于创新。创新让教师在教学效果不变的前提下，找到时间和精力投入相对较少的方法。例如，一位老师在给他的学生上《分数的初步认识》一课时，能够创新性地用一些办法来讲授本节课的内容，教学进程就会很顺利，并且教

---

①　周福萍. BIM 协同模式下团队工作效率影响因素研究［D］. 深圳：深圳大学，2019：23.

②　岳梅，张叶江. 互联网+在现代医学教学中的应用场景研究［J］. 中国继续医学教育，2020，12（4）：49-52.

学效率很可能会大大提高。而且他不需要在课后花费过多的时间与精力让学生巩固分数相关内容。因为学生会因为教师创新的、独特的教学而对这节课的知识理解透彻，对教学内容印象深刻。

3. 投入不变的前提下，创新让教师找到更快达成目标的途径

在这个飞速发展的时代，每一个人都在追求速度，教师也无法独善其身，而创新能让教师在投入不变的前提下找到更快达成目标的途径。创新让教师以现有的思维模式提出一些异于他人或者不同于平常的想法或见解，然后以现有的物质条件和知识储备改进或创造新事物，从而完成教学目标，获得一些研究成果。例如，在给学生讲授《20 以内的退位减法》一课的内容时，教师采用一些新颖的方式给学生上课，更容易引起学生的注意，让学生积极地投入他的课堂中，从而让学生更好地掌握相关内容，教师也因此更快、更好地完成了他的教学目标。

4. 相同时间内，创新让教师工作质量更高

工作主要指的是劳动，教师的工作包括给学生上课、教学生做人，即教书育人。质量主要指的是品质。教师的工作质量主要指的是教师教书育人的水平、品质。如果把教师的一堂课比喻成在一定时间内产出的一个产品，那创新无疑是教师把这个产品的质量变得更好的手段之一。创新让教师在相同时间内工作的质量更高。换言之，当教师根据教学目标给学生上课时，创新会让教师突出完成教学目标的可能性大大提高。在投入相同时间的情况下，创新让教师育人的完成质量也大大提高。

（二）创新让教师感受职业快乐

1. 什么是职业快乐

快乐是由于人类身心都感到舒适而产生的一种精神上的愉悦，它表达的是人发自心底的一种高兴、开心的情绪。[①] 教师的职业快乐是指教师对自己的工作非常喜爱，在工作中感到开心、愉悦，有一种从心底而生的幸福感、满足感，从而表达出一种发自心底的快乐情绪。

---

① 潘娟. 把幸福教育融入幼儿一日生活之中 [J]. 教育导刊（下半月），2017（2）：69-71.

2. 创新让教师独树一帜，因有别于同行而快乐

创新可以让教师的教学风格新颖而又独一无二，自成一家，即创新让教师能够独树一帜，有别于同行。因为创新意味着变革，与过去、现在或者是常规做法不同。当教师具备这种与同行不同的能力时，教师会感到非常快乐。因为大多数人都希望自己在工作岗位上有别于同行，这样他们就有比较大的竞争优势，具有不可替代性。那样他们的工作就会比较稳定，他们就不会有那种随时要失业的焦虑感，也就比较容易感到快乐。而教师也是一种职业，教师站在工作岗位上当然也是希望自己有别于同行而不会轻易地被其他教师取而代之。这样一种因为创新而有别于同行的能力，能让教师内心安定、自信，也能让教师更容易得到学校、家长和学生的喜爱，从而让教师从心底感到愉悦。

3. 创新让教师获得回报，因自我认同而快乐

创新可以让教师获得相对满意的回报，教师会有一种自我认同感，从而获得职业快乐。自我认同是指对自己的感情、经验、想法等能自我肯定。[①]教师的自我认同主要是指教师在工作岗位上实现自我价值，由于获得学校、家长、学生的认可和称赞而产生的对自我的肯定。当教师用创新的方式给学生上课时，学生会感到新奇，从而提升对课堂的投入程度，学生的听课效率因此而提高。久而久之，学生的学习成绩会越来越好。同时，家长也会很高兴，教师也会受到学校、家长的表扬。教师获得认可、受到表扬，看到学生获得好成绩就会自我认同，从而产生发自内心的快乐。

4. 创新让教师理解职业，因形成归属感而快乐

创新让教师更容易理解"教师"这个职业，从而形成归属感，教师也因此而感到更加快乐。当教师有创新意识的时候，教师将从不同的角度去看待"教师"这个职业，从而更理解这个职业。马斯洛的需要层次理论中第三个层次是归属与爱的需要。[②] 由此可见，归属感是人类相当重要的需要。归属感是个体对所属群体的认同和接受等方面的心理表现。一般来说，教师对学校、对教师这个职业产生的归属感越多，就越能投入教育工作中。教师越能

---

① 辞海编辑委员会. 辞海 [Z]. 上海：上海辞书出版社，2000：368.
② 刘佳，陈克宏. 普通心理学 [M]. 西安：西安交通大学出版社，2014：152.

够在岗位上安心、专心地工作，教师的工作效果就可能变得更好，也就越容易受到学校、家长和学生的喜爱，并且更容易从教书育人中获得快乐。因此，当教师形成归属感的时候，教师就容易体会到作为一名人民教师的快乐，而这是因为教师理解了教育工作。创新让教师越来越理解这个职业。

（三）创新让教师发现新的教育规律

1. 什么是教育规律

狭义的教育指的是教育者按照一定的需求，有目标、有组织、有规划地教导受教育者。① 教育规律是指教育者按照一定的要求教导受教育者过程中的本质联系和必然趋势。

2. 创新让教师总结已有的教育规律

虽然创新需要灵感、需要刺激，但它更需要积累和总结。如果没有积累和总结，就算教师有了创新的灵感、创新的火花、创新的想法，教师在把想法变成可行的计划时也会非常艰难，非常耗费教师自身的时光和心力。因此，创新非常需要教师的积累与总结，总结已有的教育规律。一方面，教师如果想要创新，想要在把创新想法变成可行的计划时不用那么辛苦、那么艰难，那他需要去总结已有的教育规律。总结已有的教育规律可以让教师对教育存在的内在联系有自己独特的看法和感悟，获得一些创新的想法或者懂得把一些想法变成可行性计划的大体的、相似的程序步骤。因此，创新让教师总结已有的教育规律是因为创新需要教师这样做，创新促使教师这样做。另一方面，当教师善于创新时，就可以用一些创新的方法来总结已有的教育规律，从而让自身在教师岗位上更加游刃有余，并慢慢成为一位卓越的教师。

3. 创新让教师辩证地看待现有教育规律

辩证地看待现有教育规律是指能将现有的教育规律看成一个整体，从其发展规律方面进行观察，以便能系统而全面地看待教育规律。辩证地看待现有教育规律有助于进一步培养教师的思辨思维，能够帮助教师系统而全面地看待教育规律。当教师能够比较轻易地在教育上进行创新或者对教育创新有很多自己的想法和做法时，那教师就已经学会辩证地看待现有的教育规律了。与此同时，因为创新，教师会养成辩证地看待现有教育规律的习惯，系

---

① 项贤明. 教育学原理［M］. 北京：高等教育出版社，2019：44.

统而全面地看待教育规律，体会教育规律内在的运动、变化及联系。因此，创新让教师辩证地看待现有教育规律。

4. 创新让教师形成新的教育规律

在教师对教育规律进行辩证的看待和总结之后，教师对教育规律就有了比较透彻的了解，也奠定了教师形成新的教育规律的基础。在教师能够辩证地看待和总结教育规律后，创新会让教师形成新的教育规律。因为教师在辩证地看待已有的教育规律之后，会对教育规律有比较全面而系统的了解，而经过教师的总结，教师在辩证看待教育规律时发现的一些问题、学习到的一些东西就可以比较简明扼要地表示出来。在此基础上，教师加入一些自己的创新、正确的想法，那教师就可以探索出新的教育规律了。因此，创新让教师形成新的教育规律。

（四）创新让教师实现专业发展

1. 什么是专业发展

教师专业发展指的是教师在职业思想、教育知识与技能、教育研究等方面不断改进和完善，由一位新手教师变成一位卓越教师的过程。① 实现教师的专业发展，对教师来说至关重要。

2. 创新丰厚教师的知识素养，助力教师实现专业发展

知识指人类探索世界后所产生的认识成果或结晶。② 素养是指一个人的修养。知识素养是指人关于认识成果方面的修养。之所以说创新能丰厚教师的知识素养，是因为如果一位教师想要创新，那他就需要学习非常多的知识，他需要看许多的书籍，尤其是关于教育、创新及教育创新方面的书籍；他需要剖析国内外名师创新的典型范例，从中获得他想要的创新信息；他需要总结其他名师以及自己的创新经历。所以，教师在浏览、细品这些书籍的时候，也在积累他的知识；教师在剖析国内外名师创新的典型范例的时候，也学到了一些非常有用的知识；教师在总结其他名师以及自己的创新经验的时候，也收获了一些知识，并有了自己的思考。而且当教师尝试用一些创新

---

① 汪丹丹. 民办高中英语教师专业发展现状及对策研究 [D]. 安庆：安庆师范大学，2020：5.
② 辞海编辑委员会. 辞海 [M]. 上海：上海辞书出版社，2000：2094.

性的方法去阅读书籍、剖析国内外名师创新的典型范例、总结其他名师以及自己的创新经历的时候，教师自身的知识素养会因此变得更加深厚，而丰厚的知识素养可以使教师更好地发展自己，从而有能力进阶成为一名卓越教师。因此，创新丰厚教师的知识素养，助其实现专业发展。

3. 创新提升教师的教育技能，助力教师实现专业发展

教育技能是指教师运用教育方面的实践知识和经验进行有目标的活动的能力。① 创新可以帮助教师更好地组织教学，锻炼教师组织教学的能力。因为当教师给学生上课的时候，创新性地用一些新奇的活动来开展教学，就能够引起学生的注意，让学生更加积极地学习，让教师的教学活动开展得更为顺利，进而达到一种比较好的教学效果，同时锤炼了教师组织教学的能力。创新能够帮助教师从不同的方面了解学生，锻炼他观察学生的能力。教师只有在真正地了解了学生的实际情况之后，才能做到有教无类，因材施教。而创新能够帮助教师打破常规，站在不同的角度、维度，用一些新颖、新奇的方法、方式来观察学生、解读学生，从而让教师更加了解他的学生，同时进一步提高了教师观察学生的能力。而组织教学的能力、观察学生的能力都属于教师的教育技能。因此，创新能够帮助教师提升教育技能。而且教育技能提升了，教师就可以更好地开展教学、组织教学，从而提高自身的工作效率。并且，显而易见，教师教育技能的提升能够帮助他们更好地在教师这个领域发展。因此，创新提升教师的教育技能，助其实现专业发展。

4. 创新开阔教师的眼界视野，助力教师实现专业发展

眼界有两个意思：一是视力所能到达的范围；二是见识的范围。② 这里的眼界指的是见识的范围。视野的意思是眼球看向一处地方所能看见的空间范围，引申为人的认识、见识的领域。③ 这里的视野指的是人的认识、见识的领域。我曾经听过一场讲座，这个讲座的主讲人是一位非常优秀的小学校长。她在讲座中说过的一句话让我感触颇多，从而让我放在心上、记在脑海中，并且会常常想起。她说："教师的眼界与视野决定了学生的眼界与视

---

① 辞海编辑委员会. 辞海 [Z]. 上海：上海辞书出版社，2000：810.
② 辞海编辑委员会. 辞海 [Z]. 上海：上海辞书出版社，2000：2016.
③ 辞海编辑委员会. 辞海 [Z]. 上海：上海辞书出版社，2000：1917.

野。"老师作为人类灵魂的工程师，承担着教书育人的责任，非常需要拥有开阔的眼界视野。而创新能够开阔教师的眼界视野，一方面，创新需要教师主动学习非常多的知识，阅读很多的书籍，还需要教师去和名师交流，而教师的眼界在这学习、交流的过程中会变得越来越开阔；另一方面，当教师改变自己以往的看法与角度，而创新性地用一些新的思维与角度去学习、阅读、工作时，教师的眼界视野也会愈加开阔。而当教师拥有开阔的眼界视野时，教师就会对自己的教育、教学有新的看法，同时能教学生一些新的东西，拓宽学生的视野眼界，从而帮助教师更好地实现他们的专业发展。因此，创新能够帮助教师开阔他们的眼界视野，助其实现专业发展。

5. 创新提高教师的工作质量，助力教师实现专业发展

教师工作质量主要指的是课堂教学的品质、质量。提高教师的工作质量对教师、学生来说都至关重要。对教师来说，工作质量是教师能够完美达到教学效果的前提。由此可见，工作质量对教师来说是非常重要的，而创新能够提高他们的工作质量。一方面，教师在尝试创新的过程中，可以通过与其他名师的交流学习到很多提高教师工作质量的方法；在总结其他教师的创新经验的时候，教师也可以了解到更多创新性地提高工作质量的方法。另一方面，一些创新性的教学方式可以引起学生的注意，启发学生的思考，从而提高老师的教学效率，进而提高他们的工作质量。例如，在给学生上《认识图形》一课时，老师可以用一段小动画来进行课堂的情境导入，动画的角色是各个图形。在给学生进行巩固练习的时候，教师可以让学生自己用各个图形做成的人物来进行一段皮影戏表演。这些做法都可以引起学生的注意，让学生对本节课的内容产生好奇及喜爱，让学生学到有趣的创新方法，从而让学生喜欢创新，进而培养他们的创新性思维。学生的学习兴趣提高了，就会更加专心地听课，就能更好地掌握本节课的知识，教师的工作质量也就可以提高了。教师的工作质量提高可以帮助教师在专业上得到更好的发展。因此，创新提高教师的工作质量，助其实现专业发展。

二、教师创新的途径

(一) 剖析国内名师创新的典型范例

1. 总结国内名师的共同素养

素养指的是一个人的修养，共同素养指的是大多数人都具备的修养。国内名师的共同素养指的是我国著名老师都具备的、相同的素养。国内的每一个名师或许都不一样，但他们总会有一些共同的素养。例如：吴正宪老师在给她的学生上《平均数》一课时，在创设各种问题情境时用了一些巧思，极大地激发了孩子的求知欲，做到了用情境促进学生产生求知之情；在给她的学生上《商不变性质》一课时，吴老师创新性地把一些枯燥乏味的数学内容变为趣味盎然而意味颇深的故事，做到用情境导入知识，用知识促进学生深入情境。① 这些老师典型的、有名的教学案例，体现了他们所具备的良好的知识素养、能力素养。总结像他们这样的国内名师的共同素养，可以让教师无形之中受到他们的熏陶，便于教师更好地向这些名师学习。除此之外，总结国内名师的共同素养，也是教师创新的途径之一。因为在总结名师共同素养的过程中，教师会看很多名师的教学案例以及他们的生平，而教师在观看总结的时候，会遇到一些能激发他们创新灵感的东西。因此，总结国内名师的共同素养，会让教师找到新的创新途径。

2. 模仿国内名师的教育风格

风格指的是个性和特色。② 教育风格是指教育者在教育、教学上表现出来的个性和特色。每一位卓越的教师都应该有自己的教育风格，而一名教师想成长为一名卓越教师，想形成自己的教育风格而又不知道应该怎么做时，不妨先模仿国内名师的教育风格，比如吴正宪、钱守望、钱梦龙、窦桂梅等老师的教育风格。这些老师都是我国非常著名的教育专家，他们十分优秀，也有自身独特的教育风格。模仿像他们那样的国内名师的教育风格，可以让

---

① 百度文库. 小学数学吴正宪经典案例 [DB/OL]. https：//wenku. baidu. com/view/bd-cfd4a86037ee06eff9aef8941ea76e59fa4a7f, 2020-11-30.

② 辞海编辑委员会. 辞海 [Z]. 上海：上海辞书出版社，2000：1852.

教师在形成自身的教育风格的路上不再迷茫，而且能够慢慢地形成属于自己的独一无二的教育风格。模仿国内名师的教育风格，是教师的创新途径之一。虽然前期是在模仿，但是之后教师在不断进行教育教学实践中，就会慢慢地形成自身的教育风格，而这对教师本身来说也是一种创新。因此，模仿国内名师的教育风格是教师的创新途径之一。

3. 发现国内名师的成长规律

成长规律指的是一个人在长大成人、身心变得成熟和稳重的过程中所表现出来的、稳定的内在联系。发现国内名师的成长规律，可以帮助教师在成长为卓越教师的过程中不再那么迷茫。探索国内名师的成长规律，可以帮助教师更好地规划自己的人生，可以让教师更踏实地在工作岗位上奋斗。当然，在发现规律之前，教师要认真、细致地了解国内名师们的成长经历。他们的成长规律就藏在他们的成长经历、工作经历中。从他们的成长经历和工作经历中，我们能够发现国内名师当初在从事教师这个工作的时候，都是非常尽责的，他们尝试了解学生，寻找教师、教材与学生之间都能相通的点。他们非常敬业，他们喜欢并且善于与孩子沟通，最重要的是他们具备创新勇气、探索精神、实践能力，而教师在了解与发现名师的成长规律的过程中，会产生一些创新的想法。因此，发现国内名师的成长规律是教师的创新途径之一。

4. 学习国内名师的精神品质

精神品质指的是人的意志、思维和情感等方面的内在意识。① 教师一般都具有服务精神、敬业精神和仁爱精神，而这些精神品质在名师身上可以非常明显地展示出来。除了这些精神品质外，我国的名师还具有一些非常独特而出色的精神品质，比如他们的进取精神、创新精神。学习名师的这些精神品质，可以帮助教师更快地成为卓越教师。因此，学习国内名师的精神品质是教师创新的途径之一。

---

① 辞海编辑委员会. 辞海 [Z]. 上海：上海辞书出版社，2000：2330.

（二）总结自我教育创新的成功实践

1. 从教育微创新做起

这里说的"微"指的是细小、轻微。① 微创新是比较细小的、轻微的创新。"微创新"一词是 360 安全卫士董事长周鸿祎在 2010 年中国互联网大会"网络草根创业与就业论坛"上提出的。② 他在提出的时候指的是互联网方面的创新，教师可以把它应用到教育领域中。从一位普通教师变成一位卓越教师，可以从教育微创新做起。任何事情都不是一蹴而就的，创新也是如此。因此，教师要敢微创新、能微创新、善微创新。例如：教师在给学生上《长度单位》一课的时候，有别于过去直接问学生"你知道自己家离学校有多远吗"，而是用一个在操场跑步的小动画给学生进行课堂情境导入。这对老师来说就是一种微创新。当教师开始进行微创新之后，他就会发现其实微创新并没有那么难，它只需要教师花费一点点心思，就会取得与以往不同的教学效果。因此，教师的创新可以从教育微创新开始。

2. 把微创新扩大到其他教育领域

教育领域有学前教育、小学教育、中学教育，教师可以在了解学生的学情、学生的身心发展的情况下，把自己微创新的想法进行相应的调整，再应用到其他的教育领域。比如前文提到的那个小动画，教师可以改变一下场景，再应用到中学的课程中。把微创新扩大到其他领域，这样做不仅能够锻炼老师的创新能力，还能够提升老师的工作能力。当教师能够熟练地把微创新应用到其他教育领域的时候，那教师将不再是一名某一教育领域的普通教师，他具备了成为其他教育领域优秀教师的能力。因此，把微创新扩大到其他领域，能够帮助教师锻炼自身的创新能力，让教师成为一名卓越教师。

3. 系统总结自己的教育创新

教师可以这样系统地总结自己的教育创新：总结教育管理方面的创新、总结教学方面的创新、总结师生交流方面的创新等。教师系统地总结自己的教育创新不仅可以锻炼自己的归纳总结能力，还可以让教师在系统总结的时

---

① 辞海编辑委员会. 辞海［Z］. 上海：上海辞书出版社，2000：971.
② 百度百科. 微创新［DB/OL］. https://baike.baidu.com/item/%E5%BE%AE%E5%88%9B%E6%96%B0/9982874，2020-11-30.

候受到启发，改进自己教育创新的不足，从而让教师做到再创新。因此，系统地总结自己的教育创新是教师创新的途径之一。

4. 形成自己的教育创新主张、理念或思想

主张是指对事物所持的见解。① 理念是指一个人的看法、思想。教师可以从教育微创新开始，多进行教育微创新，然后把微创新扩大到其他领域，从而锻炼自己的创新能力，之后再系统总结自己的教育创新，最后形成自己的教育创新主张、理念和思想。当教师能够真正形成自己的教育创新主张、理念和思想的时候，那么他的教育创新能力可以说是非常卓越了。除此之外，教师形成自己的教育创新主张、理念和思想，那么他对创新就会有自身独一无二的见解。在遇到一些课题的时候，教师会自然而然地想到一些创新的想法，从而有自己独特的创新思路。

(三) 移植其他学科创新的先进经验

1. 鼓励学生用文科的理解力学习理科

理解力指的是运用已有知识揭露事物之间的联系而认识新事物的能力。② 鼓励学生用文科的理解力学习理科是教师在教学上的一种创新。理科学生有一个比较明显的短板就是理解力相对较弱，而大家公认的一个事实是文科学生的理解力比理科学生更强一些。所以，当理科学生真正能够做到用文科的理解力来学习理科的时候，那理科学生的这个比较明显的短板就能够补齐了，而这种用文科的理解力来学习理科的能力将会使理科学生受益匪浅。然而，现在基本上没有教师系统地、明确地提出这样的做法，并且鼓励学生这样做。因此，当教师能明确地鼓励学生用文科的理解力学习理科时，这就是教师在理科教学上的一种创新了。

2. 引导学生用理科的逻辑力理解文科

逻辑力指的是让思维具有规律性的能力。③ 在一定成长阶段内，文科学生有一个比较明显的短板就是逻辑力相对较弱，而大家普遍认为的一个事实是理科学生的逻辑力比文科学生更强一些。所以，当文科学生真正能够做到

---

① 辞海编辑委员会. 辞海 [Z]. 上海：上海辞书出版社，2000：1452.
② 辞海编辑委员会. 辞海 [Z]. 上海：上海辞书出版社，2000：1467.
③ 辞海编辑委员会. 辞海 [Z]. 上海：上海辞书出版社，2000：1227.

用理科的逻辑力来学习文科的时候，那文科学生在一定成长阶段所表现出来的比较明显的短板就能够补齐了。而这种用理科的逻辑力来学习文科的能力，将会使文科学生受益匪浅。然而，现在基本上没有教师系统地、明确地提出这样的做法并引导学生这样做。因此，当教师能引导学生用理科的逻辑力学习文科时，这就是教师在文科教学上的一种创新了。

3. 帮助学生文理交融形成高效学习方法

众所周知，理科生有理科生比较明显的短板，文科生有文科生比较明显的短板。既然他们各有各的短板，他们如果能做到前文说的用文科的理解力学习理科、用理科的逻辑力去认识文科，从而做到文理交融学习，那他们的短板不就能够很好地补齐了吗？当然，文理交融形成高效的学习方法并不是简简单单就能够做到的。它需要教师在平时的课堂、作业中辅助学生，让学生能够熟练地运用文理交融的学习方法进行学习。当教师能培养出能够熟练地运用文理交融学习方法的学生，并且这些学生因这个方法而比其他学生的学习成绩优秀时，这对教师来说未尝不是一次成功的创新实践。

4. 指导学生用现代的技术学习各学科

在这个信息时代、在这个互联网飞速发展的时代，我国建立了许多具有自身特色的网络学习平台，网络课程也在如火如荼地开展。学生也经常用一些学习软件在网上进行学习，但他们大多数只是看着手机屏幕里的教师讲课，而不懂用现代的技术学习各个学科。比如在学习抛物线、双曲线或者椭圆时，学生不知道用哪个软件画这些曲线或他们不懂得怎么使用这些软件。如果学生会用现代的技术来学习这些内容，那他们就能清晰地看到这些曲线的形成过程，这样他们学习这些内容的时候就不会那么困难、那么痛苦。因此，指导学生用现代的技术学习各学科至关重要。然而，现在大多数教师自己都不会用这些软件，又怎么会指导学生用现代的技术学习各学科呢？因此，指导学生用现代的技术学习各学科对教师的教学来说何尝不是一种创新呢？

（四）升华学校同事创新的细小点滴

1. 试试别人的创新方法灵不灵

教师的时间和精力是有限的，因此教师不可能只靠自己就能想出非常多的创新方法，所以教师要学会试试其他教师的创新方法。试试别人的创新方法，要求教师在用此方法上课时更认真、更细致、更耐心地了解学生的学习情况，这样教师才能清晰地知道别人的创新方法到底灵不灵。如果灵，那对教师与学生来说将是一次成功的体验；如果不灵，那就需要教师想办法再帮学生好好地巩固、梳理一下那一节课的知识了。而此次试试别人的创新方法灵不灵的体验对教师来说，可以说是尝试学校同事创新的细小点滴的一次行动。

2. 更加系统地运用他人创新经验

教师应该学会系统地运用他人的创新经验，否则，很可能会因为运用不当而使自己的教学变得很糟糕。而更加系统地运用他人创新经验不仅可以让教师达到事半功倍的教学效果，也可以让教师的创新少走一些弯路。因此，教师应该学会更加系统地运用他人创新经验。

3. 改造他人创新形成自己的方法

在尝试他人的创新方法、更加系统地运用他人创新经验之后，教师可以根据教学效果、学生的学习情况等改造他人的创新方法、经验，从而形成自己的创新方法。改造他人的创新方法、经验，可以让教师"站在巨人的肩膀上思考"，从而让教师的创新达到事半功倍的效果，形成自己的创新方法。因此，教师可以通过改造他人创新形成自己的方法。

三、点燃创新火花的若干习惯

（一）多阅读

1. 阅读要杂一点，正史、野史都可阅读

阅读要杂一点，正史、野史都可以读。阅读杂一点，可以扩大教师的视野和看世界的视角。读书为教师提供了一个更高的立足点，让教师思考更加理智。时间久了，教师所读的书就能水到渠成地转化成教师自己的东西了。当教师养成了"杂阅读"的习惯后，就会在日常的阅读中有不同的见解，感受到不同思维的碰撞。而这些从"杂阅读"看到的见解，感悟到的思维碰撞会在无形中培养教师的思维能力和创新能力，丰富教师的知识经验。而点燃创新的火花，则需要想法的碰撞和丰富的知识储备。因此，阅读杂一点，有助于教师点燃创新的火花。

2. 阅读要广一点，历史、文化、哲学等均要涉猎

阅读可以广一点，各种类别的书都可以读。阅读广一点，可以帮助教师接触各类的知识，增加教师的知识储备。读历史类书籍，可以让教师更明智；读哲学类书籍，可以让教师辩证地看待问题；读文学类书籍，可以提高教师的文学素养。因此，阅读广一点，可以让教师变得更明智，更懂得辩证地看待问题，有更高的文学素养，而当教师养成了"阅读广"的习惯时，教师就拥有了变得更好、善于创新的基础条件。点燃创新的火花，需要教师阅读广一点，它可以帮助教师更善于创新。

3. 阅读要深一点，关于教育的要深入阅读

教师阅读要深一点，尤其是教育类书籍要深入阅读，要精读。深入阅读需要教师在阅读的时候更懂得思考，更专注，不焦躁。关于教育领域的书籍，教师阅读要深一点。阅读深一点，可以让教师深入学习相关知识，并且对书籍的内容有自己独到的看法与体会，当需要运用到这类知识的时候，教师就能迅速地想到并且灵活运用。教师阅读深一点，更容易点燃创新的火花。因为经过教师的深入阅读，书籍里面的某些内容对教师来说应该印象非常深刻，一经刺激，就可以产生许多美妙、独特的想法。因此，教师对于教育领域方面的书籍的阅读要深一点。唯深，才有独到的创新想法。

4. 阅读要专一点，涉及一个或几个关键领域

教师的阅读要专一点，专注地阅读教育领域或与教育领域方面相关的书籍。因为在这个世界上所有人拥有的时间都是一样的，都是不够用的，尤其是教师。教师除了备课、给学生上课之外，可能还需要在课外花一些时间关注学生等。因此，教师阅读的时间是非常少的。在有限的时间内，教师的阅读应专一点，才容易读有所得。阅读专一点，可以让教师在相对短的时间内获得更多的相关知识。阅读专一点，能够帮助教师点燃更多的创新火花。因此，阅读专一点，可以让教师获得相关的又不一样的创新想法。

（二）会观察

1. 观察优秀教师的教育行为

教育行为是指教师外显的教学活动和行动。① 教育行为是教师在教育的过程中为达到教育目的而做出的行动。观察优秀教师的教育行为可以让教师学习他们的优点并发现自己的不足。并且在观察学习优秀教师的教育行为的过程中，教师可以想到一些关于教学、教育方面的创新想法，点燃教师关于教育方面的创新火花。

2. 观察典型学生的学习状态

学习状态是指学生在学习时表现出来的形态。② 典型学生的学习状态是指有代表性的学生在学习时表现出来的身心状况。观察典型学生的学习状态，有助于教师了解学生、理解学生，从而创造出一些新的教学方式和方法。当教师懂得如何观察典型学生的学习状态时，教师就可以更加接近学生、明白学生。更重要的是，当教师养成了这一习惯后，教师会更加容易地想出并做出许多让学生喜爱的授课方式。这些创新性授课方式的产生，是因为老师养成了观察典型学生的学习状态的习惯，这个习惯让教师点燃了许多创新的火花。

3. 观察卓越教育管理者的工作风格

工作风格是指在人们的工作中展现出来的个性和特色。③ 卓越教育管理者的工作风格是指出色的教育管理者通过其独特的行为方式对教师进行管理，充分发挥教师队伍的力量从而形成的一种风格。观察卓越教育管理者的工作风格可以让教师具备"要有自己独特的教学风格"的意识，也可以让教师了解不同的风格，从不同的风格中学习。当教师经过观察、了解、学习这一系列过程后，教师对工作风格会有更深的了解与体会，对形成自己的工作风格也会有不同的、独特的想法。因此，观察卓越教育管理者的工作风格，可以点燃教师关于教育管理风格创新方面的火花。

---

① 辞海编辑委员会. 辞海 [Z]. 上海：上海辞书出版社，2000：958.
② 辞海编辑委员会. 辞海 [Z]. 上海：上海辞书出版社，2000：1018.
③ 辞海编辑委员会. 辞海 [Z]. 上海：上海辞书出版社，2000：2330.

4. 观察校园世界的细微变化

观察校园世界的细微变化，可以让教师养成细心、细致的好习惯。这个习惯可以让教师更容易感知到学生的情绪，了解学生的情况。当教师养成观察校园世界的细微变化的习惯时，教师能够更容易地感悟到校园内人、事、物的变化，从而能够从这些变化中找到不同，找到新的东西，点燃创新的火花。

（三）勤记录

1. 开会、培训、学习记录为先

正所谓："好记性不如烂笔头。"记性再好，也总有忘记的时候，只有用笔记下来，才能在忘记时更快地找到自己需要的东西。教师在开会、培训、学习的时候，应该养成勤记录的好习惯。开会、培训、学习的时候勤记录，可以让教师更加投入，在记录信息的时候教师已经开始记忆和理解信息了，并且在记录、记忆、理解的过程中，教师还可能会因此而产生一些创新的想法。当教师养成了勤记录的习惯后，教师便具备了产生无数创新火花的条件，因为每一次教师翻看笔记时，都会因为心境、环境、知识的储备的不同而产生一些不同的想法，而这些想法就是那些让教师能够创新的火花。

2. 边记录边批注

批注是指对文字加入自己的见解。边记录边批注是指在记录的同时加入自己的见解。边记录边批注，有助于教师记录下瞬间的想法和理解，而那瞬间的想法往往都是非常关键且有用的，因为很多时候，创新的想法都是灵光一现的。当教师养成了边记录边批注的习惯时，教师就相当于养成了记录创新想法的习惯，而这样的习惯，能让教师产生更多的创新火花。

3. 写教育日记或周记

写教育日记或周记可以帮助教师记录下自己的日常生活和关于教育、教学的想法。坚持写教育日记或周记，可以培养教师的毅力，锻炼教师的文笔。除此之外，坚持写日记还可以培养教师的真诚感，从而让教师对自己、对学生都能越来越真诚。对学生更真诚，能够让教师更加顺利地进行师生交流；对自己真诚，能够让教师更加了解自己。而且教师在写日记或周记的时候，就会有一些关于教育、教学的体会，而这些体会能够帮助教师点燃创新的火花。

4. 记录中反思自我

曾子曰:"吾日三省吾身;为人谋而不忠乎?与朋友交而不信乎?传不习乎?"教师应该善于在记录中反思自我。[①] 当教师能够做到在记录中反思自我后,就会发现自己在日常生活中和教学中犯的错误或者做得不足的地方,从而改进自己,不断地提升自身对学校、社会、国家的认知能力。而教师这种在记录中反思自我再改进自我的习惯,就容易让教师点燃创新的火花。

5. 尽量采用电子化记录方式

教师在记录的时候尽量采用电子化记录方式,因为纸质版的记录可能存在被虫咬、易受潮等方面的问题,十分不易保存而且每次查找都很麻烦。而电子化记录方式则不会有这样的困扰,不用担心被虫咬、受潮等问题,还比较容易查询。只要教师保存好、会分类等,基本上不会有找不到自己的记录这方面的困扰。而电子化记录方式,则保证了教师的所有智慧结晶都能很好地保存下来。而教师的这些智慧结晶,是他们能够顺利创新的重要东西。

(四) 善交流

1. 不放过任何与卓越教师交流的机会

首先,不放过任何与卓越教师交流的机会可以让教师学到非常多的东西。尤其是对处于瓶颈期的教师,多与卓越教师交流可以让他们多受到一些新的触动,帮助突破他们的瓶颈期。并且,交流本身就具有锻炼逻辑思维能力、语言组织能力和口语表达能力的功能,尤其是与卓越教师交流,更能锻炼教师的逻辑思维能力、语言组织能力和口语表达能力。而这三种能力对教师来说至关重要,尤其是语言组织能力和口语表达能力。因为教师可以说是"靠嘴吃饭的人",教导学生,教师应该具备良好的语言组织能力和口语表达能力。其次,不放过任何与卓越教师交流的机会有助于教师更好地思考,还有可能让教师形成"头脑风暴"。这对教师点燃创新的火花是尤为重要的。因为创新需要思考、灵感与刺激。

[①] 侯佩文. 提高职业高中美术教师教学能力的有效途径研究 [D]. 武汉:华中师范大学,2018:34.

2. 交流态度要诚恳

诚恳是指教师与卓越教师交流时，态度要诚实恳切，真心真意。教师在与卓越教师交流时态度恳切，容易获得卓越教师的好感，让其在交流过程中能对自己知无不言、言无不尽。这样的交流对教师来说是非常有用的，也更加能够让教师形成"头脑风暴"，从而产生一些创新的火花。

3. 与专家的交流中要善于追问

教师在与专家的交流中要善于追问，这十分有益于双方的和谐交流。① 交流之所以称为交流，是因为双方都参与其中，你说我讲。而与卓越教师交流时，教师可以通过追问的方式营造出一种非常和谐而又活跃的交流氛围。此外，教师在与专家的交流中善于追问可以提高教师在交流中的专注度。因为追问是需要思考和投入的，当教师在交流中做到善于追问，那么他一定是非常沉浸在双方的交流之中的。因此，当教师能够做到在与卓越教师交流的过程中善于追问，那么教师今后与卓越教师之间的交流将是非常积极、专注和高效的。而善于追问而变得积极、专注和高效地交流，是非常有利于点燃教师创新的火花的。

4. 交流后反观自己的教育现状

一味地交流而不懂得反观自己是不行的，因此，教师应该懂得在交流后反观自己的教育现状。教育现状指的是当代社会教育、教学方面的状况、局面。在交流后反观自己的教育现状，可以让教师知道自己在教学、教育方面的优点，让教师更加自信。更为重要的是，在交流后反观自己的教育现状，可以帮助教师知道自己关于教育方面的不足，从而激励教师努力变得更好。而在教师努力变得更好的过程中会产生许多的想法、做出许多的行动，而这些想法和行动有助于教师点燃创新的火花。因此，教师要养成在交流后反观自己的教育现状的习惯，这是点燃创新火花的习惯之一。

（五）常反思

1. 反思工作效率

教师应该养成常反思的习惯，常常反思自己的工作效率。教师应反思自己在做课件、上课时所花费的时间与精力与自己得到的回报之间的比值是否

---

① 辞海编辑委员会. 辞海 ［Z］. 上海：上海辞书出版社，2000：478.

是一个可观的数字。换言之,教师应该反思自己工作效率的高低。教师常反思自己的工作效率,可以让教师明确地知道自己在一段时间内的教学状态和教师所教学生的学习情况。当教师在反思中知道自己这一段时间内的教学状态、学生的学习情况都很好时,即在教学方面的效率相对较高时,教师就会受到激励,教学状态就可能会变得更好,工作效率就会提高,从而让教师在工作中形成一个良性循环,越来越好。当教师在反思中知道自己这一段时间内的教学状态、学生的学习情况不太好时,教师就会反思自己在这一段时间内的教学状态是否"在线"、教学方法是否合适,从而让教师及时地发现并调整自己的状态与教学的方式和方法。而在教师反思让自己变得更好或者改正自己的不足的过程中,就可能点燃创新的火花。因此,教师要常反思,常反思自己的工作效率。

2. 反思工作效果

教师应该养成常反思工作效果的习惯。工作效果是指由劳动而产生的结果。教师常反思工作效果,能够让教师知道自身的教学情况,对自己的情况做到心里有数。在反思中,教师可以更清楚地知道自己的工作效果如何。反思之后,如果教师认为自己的工作效果不错,那教师将会变得更有动力,从而让自己的工作效果变得更好;如果教师认为自己的工作效果不太好,那教师在感到有些沮丧的同时,会更加努力、想方设法地让自己的工作效果变好。而教师在这些想方设法、尽力提高自己工作效果的过程中,就很有可能会有所创新。因此,教师应该养成常反思工作效果的习惯,这有助于他们点燃创新的火花。

3. 反思有无更佳方案

教师在工作时应该养成常反思有无更佳方案的习惯。正所谓"没有最好,只有更好",教师应该常怀"还有更好"的思想,在教导学生之前,反思一下有无更佳方案。这样做可以帮助教师不断地提高自己,锻炼自己的思维能力。并且,教师在反思有无更佳方案的时候,会更加容易产生一些新颖、有趣的创意,而这些创意其实就是一些创新的想法。因此,教师在工作中养成常反思有无更佳方案的习惯,有助于使教师点燃创新的火花。

4. 反思有无规律可循

点燃创新的火花,需要教师常反思,反思有无规律可循。这里说的规律指的是事物之间存在的内在必然联系。教师在反思有无规律可循的过程中，会有意或无意地给一些东西进行整理分类、归纳总结以及拿它们来互相做对比。这样做，可以让教师更容易发现这些东西是有规律还是无规律的。这样一个反思的过程是非常能够锻炼教师的分类、归纳总结和对比能力的。除此之外，它还能锻炼教师的观察能力和发现能力，而这些能力对点燃创新的火花非常重要。因此，教师在工作中应养成常反思有无规律可循的习惯。

5. 反思但不要苛求自己

教师应该常反思，但不要苛求自己。这一点很多人都无法做到，许多人会反思自己的工作效率、工作效果好不好，但很少人会在反思自己的同时想到不要苛求自己。然而，反思但不要苛求自己对唤醒创新的火花也是非常重要的。因为当一个人苛求自己的时候，精神很容易处于一种紧绷的状态、心情也会比较焦虑，这样的状态是非常不利于创新，不利于自身的工作的。当教师能做到反思但不要苛求自己时，教师的心态就相对会变得很好，心情也会比较愉悦。在这样的状态下，教师会以一种非常饱满的精神状态去面对自己的教学工作，并且因为心态好、心情愉悦，教师会比较有动力地去改变、去创新，从而让自己的工作效率和工作效果变得更好。因此，教师应该养成反思但不要苛求自己的习惯，这能够帮助教师点燃创新的火花。

第十讲　发展规划

一、教师发展为什么需要规划

（一）增进自我认知，定位发展目标

1. 规划能帮助教师客观认识自我的发展起点

自我认识主要是指认识主体对个体自身以及自身与其所处环境的关系的认识，一般包括对自身存在状态的认识，以及对自身生理、心理、社会特征等方面的认识。自我认识能够促使认识主体通过对自身的觉察，结合自身过往的经验，对自身多个方面的特点有一定的了解，将自身与周围其他的人和事物区别开来。自我认识可以通过自我感觉、自我观察、自我剖析和自我评价等途径来实现。①

认识自身不仅是教师进行教育教学的基础，也是教师自我发展的基础。教师要想制定一份适宜的、合理的发展规划，使规划能够对自我的发展真正起到促进作用，首先就要做到客观地认知自我，正确地认识自我。在进行自我认知的过程中，教师可以通过各种方式手段来观察自身的行为，从而获取自身相关信息，并根据信息分析自我思维、感受和情感，对自我进行评价。通过自我认知，教师能够认识到自身的特征，即自我的发展起点，从而根据自身的特征进行规划的制定与实施。

---

① 佚名.自我认识[DB/OL]. https://wenku. baidu. com/view/e5204df284868762caaed5d1. html？fr=search-1-aladdin-income2，2020-11-28.

2. 规划能帮助教师厘清自身的优势和劣势

教师在对自身开展认知活动的同时，将对自身的优势和劣势进行审视。教师的优势即教师所拥有的潜在能力。比如教师的优势可以体现在教师的性格特点上，如一些教师感情丰富充沛，在课堂教学中情感投入迅速，能够有效促进学生融入课堂、投入感情；一些教师开朗乐观，积极面对困难和挑战，不畏打击、勇往直前；一些教师稳重冷静，做事稳妥，容易获得同事和学生的信任。教师的优势还可以体现在管理、人际、技术等众多方面。

在客观看待自身优势的同时，教师不能忽视自身劣势，即发现自己的不足。教师的不足可能是性格上的弱点。例如，一个随心所欲、自主性很强的人会很难和他人长期团结在一起，成为一个合格的团队成员；一个做事犹豫不决、自主性较弱的人很难担任组织者、管理者的角色；一个暴躁易怒的人很难在团队中成为一个决策者。教师可能还忧心于人性的弱点，但其实人性的不足是可以改进的，改进的关键是要正确认识人性的弱点，不恐惧弱点、认真对待弱点，努力去完善自我。教师的不足也可能是经历和经验方面的欠缺，这是个体阅历的差异、所处环境的局限等导致的，是每个人都无法避免的。而这同样需要认真对待，坚持积累经验，努力克服弱点、提高自我。① 人无完人，教师要正确认识自身劣势，扬长避短，根据优势选择发展的方向，根据劣势规避不适宜的发展道路。

3. 规划能科学描述教师未来愿景

愿景是一种意愿的表达，是人们通过想象而对理想的未来做出的思考和规划，既包含了人们有待实现的美好愿望，也包含了具体生动的未来蓝图，是人们以一种理想的方式对可能的未来进行的描绘。愿景具有三个本质特征：其一，愿景是对"尚未发生"的某种未来情景的构想。被称为愿景的构想内容或对愿景的表达是对未来的期许，而不是对已存在事物的解释，愿景与信念、目标等概念存在差异。其二，愿景是对理想未来的追寻。愿景是基于现实的想象，是对于比现实更好的未来的美好设想及可能实现的理想图

① 池根生. 职业学校教师职业化的自我塑造——职业学校教师职业发展规划的设定 [J]. 当代教育实践与教学研究，2018（6）：78-79.

像。其三，愿景是对现实刻意改变以期实现美好未来的需要。① 愿景促进改变的生成，并指导变革的发展。若没有变革，未来愿景就会是对今天现状的复制，那么愿景本身也就失去了规划实现的意义。

教师的未来愿景是教师个人发自内心追求的终极目标，而规划是教师通往未来愿景的途径，教师的未来愿景也在教师的发展规划中得到体现。当教师的自我愿景聚焦于教师形象，关注自身知识水平、文化素养、教学成就等方面时，教师把拥有良好形象这一愿景纳入规划之中，思考如何提升形象，并将思考结果落实为计划并逐步去实现；当教师愿景聚焦于学生发展，专注于帮助学生形成自我价值感时，教师把学生能够达到较高发展层次这一愿景纳入规划之中，为构建有效课堂列出规划步骤，让学生能够在课堂中得到自我价值感的发展。教师的未来愿景通过自身的发展规划为教师提供发展方向和发展动力，促使持有清晰愿景的教师能够更积极、更有效地开展实践活动、主动寻求发展。

4. 规划能区分重要目标和次要目标

当教师在撰写规划时，可能会有多个目标，这些目标相互之间有着或多或少的联系。当教师同时执行两个或多个的目标时，这些目标的执行可能会共同促进教师的发展，也可能会产生冲突，在教师的发展道路上形成障碍。教师需要在发生冲突的两个目标或多个目标之间选择更重要的一个，而教师能够在合理的发展规划的指导下清楚地区分重要目标和次要目标。从时间轴横向维度来看，在一定的时间里，两个或多个目标在比较下会有一个更重要的目标，而其他目标就成为次要目标。这个重要目标可能是在多个目标的对比中对于教师发展意义最大的，也可能是对于其他目标的完成度影响最大的。例如，教师在一个学期里，不但需要完成必要的教学工作，还需要参与教师教学培训，提高教学能力，那么在这个学期里，完成教学任务、参与教师培训就是两个目标，当这两个目标发生冲突、无法调和时，教师就必须选择其中一个目标作为重要目标去实行。仅仅从教师专业成长的角度看，参与教学常规任务、课题研究培训项目，提升教学能力应该成为重要目标并受到教师的重视。虽然参与培训项目这个目标对于教学目标的完成有一定的阻碍

___

① 贺敬雯. 教师愿景与教师发展的关系研究 [D]. 长春：东北师范大学，2014：27-29.

作用，但从长远来看，它为教师能够高质量地完成教学目标提供了有力的帮助。从时间轴的纵向维度来看，多个目标会在对比中产生一个重要目标，相较于其他次要目标，重要目标对于教师的意义更为显著而长久。对于教师来说，最重要的目标应该是培养优秀学生、实现人生价值，而在此目标之外的次要目标，都可以适当地延后进行。教师对于自身的多个规划目标有着清楚的重要程度的排序，从中辨认出重要目标和次要目标，根据目标的重要程度进行规划，使规划体现出教师发展的重点。

（二）分析环境基础，形成发展策略

1. 规划能分析教师工作单位的环境

规划不仅能促使教师增进自我认知，还能帮助教师充分分析自身所处的工作环境。对工作单位环境的分析是规划内容中的一部分，其包括学校所能提供的发展前景、学校风气、人际关系和物质条件等。教师对所处的工作环境进行剖析时，除了要考虑到现阶段工作单位所提供的发展机遇和发展局限外，还需要了解学校的发展目标、发展战略、人事晋升制度等相关硬性规定。教师在对工作单位的环境进行分析后，便能够在工作单位环境发生变化时及时调整自身的发展规划。教师的规划和发展没有固定不变的模式，教师应对自身的发展特点和所处的发展环境进行分析后，做出明确的规划。

2. 规划能分析教师发展的社会环境

教师的发展规划不可能只是其个人的行为，其个体的发展需要依托于时代的发展背景、依靠社会的发展条件。规划能够促使教师分析自身所处的社会环境，促使教师的发展能够符合社会的发展要求，使得教师在顺应潮流的情况下能够获得更多的、长足的发展。教师在制定发展规划时，通常会通过社会政治、社会文化和社会经济等方面对社会大环境进行分析，同时对社会上的教育热点和难点、教师职业的社会地位、专业发展趋势、社会发展对自身发展的影响等方面做出全面的思考。① 抓住这些社会发展的大趋势，将帮助教师熟知教育发展的社会需要，使教师自身的规划选择紧跟社会发展的节奏、顺应时代潮流，在顺流中稳步发展前进。

① 池根生. 职业学校教师职业化的自我塑造——职业学校教师职业发展规划的设定 [J]. 当代教育实践与教学研究, 2018 (6)：78-79.

3. 规划能形成教师发展的内部策略

内部策略是指教师在发展过程中关于自身行为方式的表达，一般包括自我认知分析、目标执行方式、时间分配管理等。规划能够促进教师在撰写规划文本的过程中形成自身独特的内部发展策略，例如：一些教师规划培养研究专长，而一些教师规划培养管理专长；一些教师通过持之以恒的毅力执行规划目标，而一些教师通过不易动摇的定力实现规划目标等。

4. 规划能形成教师发展的外部策略

规划对分析环境基础、形成发展策略的作用，还表现为其可以促使教师发展的外部策略的生成。外部策略是教师借助外在因素促进自身发展的方式手段，一般包括外在监督、外在激励及外部资源等。教师分析外部环境，获取外部资源，整合最优资源，逐步形成有利于自身发展的外部策略。教师发展的内部策略因个体的独特性而具有多样性，外部策略也因教师个体发展起点的不同以及外部环境和外部资源的不同而具有多样性。教师应在规划文本的撰写与执行的过程中，形成良好的外部策略，充分、有效地利用外在因素促进自身的顺利发展。

（三）聚焦核心任务，整合发展资源

1. 规划能甄别围绕发展目标的核心任务

发展规划能够促使教师在发展过程中注重发展目标的实质性，并仔细甄别目标任务是否为核心任务，从而在实行目标任务时针对核心任务投入较多的时间和精力，在有限的时间里达到事半功倍的规划效果。当教师规划中的阶段性目标较多时，目标不同，与之相应的核心任务也会不相同。例如，当教师以培养研究专长为阶段目标时，目标的核心任务是树立处处可研究的教育研究意识，那么教师就要聚焦核心任务，不断树立主动开展研究的意识、研究促进专业发展的意识等。教师应甄别规划目标的核心任务，紧紧围绕核心任务发展自身。

2. 规划能将若干任务按重要程度排序

教师发展规划目标较多、工作任务较重，有时难以在琐碎的时间里处理多项既定目标。但教师识别、甄别任务的重要程度后，可以对众多任务的重要程度进行排序，从而能够对时间进行优化分配，高质量地完成规划发展目

标。教师可以使用不同的划分标准对若干任务进行重要程度的排序，例如：以对教师发展的意义作为划分标准，以任务的紧急性作为分类标准等。教师将课程教学、研讨交流会、家庭私事等日常任务或阶段任务罗列出来，然后根据自身情况和现实需要确定任务的重要程度，依照任务的重要程度从而确定执行任务的顺序。

3. 规划能识别发展资源的重要程度

在发展过程中，教师直接或间接地获得多种多样的资源，但是这些资源却不一定适合教师自身的发展特点，而不适合教师发展特点的资源将无法对其发展起到最大的促进效果。教师在发展规划的指导下，当面对各种资源时就可以主动甄别其是否符合自身发展的需要——对于适合的资源要抓住机会，并充分挖掘资源带来的发展动力，使潜在的发展变为现实的发展成果；对于适合的资源进行深度分析，识别其对发展的重要作用。[①] 例如，教育政策资源、教育技术资源都对教师的发展起促进作用，但从重要程度来说，教育政策资源一般比教育技术资源要重要得多。教师要认真识别资源的重要程度，让行动配合着资源展开。

4. 规划能重新组合发展所需资源

资源对教师的发展有着促进作用，各类资源的重要程度不同，对各类资源的利用程度也会不相同，因此，各类资源在重新组合、优化配置后才能充分地、有效地发挥作用。举例说明，教师在寻找所需的人力、物质、教学等资源时，应分别选择适合自身发展特点的最佳资源，如在物质资源类别下选择最合适的网课资源，将最佳资源合并成为最优组合，使其对自身发展发挥最大影响效果。

（四）排除干扰因素，确保发展质量

1. 规划能排除烦琐事务，围绕中心发展

完整的发展规划里包含规划目标、需求资源、执行策略等多个组成部分，详细具体的规划文本将为教师的发展提供有力的支持，促使教师紧紧围绕自身的规划目标开展行动。教师日常事务繁多，不仅要专注于教学本位，

---

①　佚名. 教师职业规划之个人成长与学校发展及计划 [DB/OL]. https：//www. wenku365. com/s-57910160. html, 2020-11-28.

还要负责行政事务管理、家校沟通、班级和学生管理，以及完成上级安排的杂务等。在各种外在因素的影响下，教师的发展容易偏离发展中心，而规划能够帮助教师在时间的管理效率上得到进步，排除烦琐事务的干扰，始终为达到发展目标而行动。

2. 规划能消解心理干扰，坚定发展信心

规划文本能够促使教师形成独特的发展策略，凝聚教师的发展动力，使教师在执行规划的过程中不受外界浮躁、消极因素的影响，不困顿于自身的倦怠、害怕、颓唐等心理干扰，能够保持坚定发展自我的决心和信心。例如，当教师在发展的道路上遇到挫折、打击，对未来感到迷茫时，通过规划，可以让其消解眼前的迷惘，站到教育制高点去看发展的前景，从而坚定自身的发展信心。

3. 规划能开展过程诊断，以确保发展质量

发展规划的动态发展要求教师能够对自身进行反思，即反思规划执行的效率、效果等，并不断地对规划执行过程进行诊断，发现问题、判断正误，辨别优点和不足。发展规划为教师的发展提供过程诊断，让教师在已发生的事情中获得发展经验，更好地认识到自身发展的情况和发展的支持条件，保证教师的发展质量，从而帮助教师在保持良好的发展质量的情况下获得更进一步的提升。

4. 规划能进行方案调整，以提高发展质量

规划能够促使教师进行发展过程的诊断，而准确的过程诊断又能够促进发展方案的调整和改进。教师的发展进程是缓慢多变的，发展目标、发展实行的策略可能会随着现实情况的改变而发生变化，而规划就能够在此时发挥调整作用。规划在发挥调整作用时，会依托规划本身的目标等内容，使发展方式适应改变的需要。

二、教师规划文本的撰写

（一）规划目标的撰写

1. 目标描述要清晰

发展规划是关于实现教师职业目标的一整套的行动计划，清晰的、科学

的目标描述能够增加规划实现的可能性。教师在描述目标时，可以科学地分解目标。① 分解目标首先需要确定总目标，在总目标确定后，可以制定出各个阶段的分目标，然后将一个大目标分解成若干小目标，分阶段地去实现，这样不仅能够使得对于目标的描述较为清楚明确，还有利于目标执行后期对目标完成进度的监督和检查，并根据目标完成的实际情况，总结经验，及时调整措施和步骤。

准确、明晰的语言表达是规划目标科学性的必要条件。规划目标要说明教师自身要做什么、做到什么程度，不能使用"可能""左右""估计""大约"等不确切、模糊的词语。此外，还要避免在描述目标时掺杂说明、解释性的词语和阐明目标意义的语句。② 如以下目标描述即存在此类问题：随着社会的发展，技术工具越来越广泛地应用于人们的日常生活中，也广泛应用于教育事业中，而教学技术在教育领域里发挥了重要作用。所以近期要加强对教学技术的学习和运用，大约在半年后掌握教学技术。

目标描述要明确、具体，即目标要量化，不能泛泛而谈。譬如，教师制定的目标为"进一步增强教学专长"，那么这个目标就不够明确和具体，因为对于以往的能力如何、在哪些方面进行增强、增强后应该达到什么效果等方面的描述都没有在目标撰写中出现，所以这样的目标无法体现规划目标的科学性。

2. 从数量、质量两个方面预设目标

预设，即预测和设计，是教师在活动前对将要进行的活动过程进行有目的、有计划的设想和安排。预设目标是提前对目标进行的设计规划，目标先于实践活动而存在，具有先在性的特点。③ 预设目标是保障规划执行的方向不偏离的基石，也是衡量规划完成进度的标尺，目标的预设对于教师发展规划的撰写有着举足轻重的作用。

---

① 张凤燕，邓涛. 初任教师职业生涯规划探析 [J]. 中小学教师培训，2014（1）：19-22.

② 蒋上树. 工作计划目标怎么写 [DB/OL]. https：//wenku. baidu. com/view/f381012e 2079168884868762caaedd3383c4b5c1. html，2020-11-28.

③ 蔡政煦. 高中思想政治课教学目标预设与生成研究 [D]. 南京：南京师范大学，2012：6.

教师在撰写规划目标时，可以对目标的数量进行预设，即根据现实情况和个人情况等考虑个人能力，确定能够完成的目标的数量。目标的数量不宜过多，过多的目标会在实行期间使得教师疲于行动，降低教师发展动力；目标的数量也不宜过少，过少的目标会促使教师生成懈怠心理，对规划的执行不免带有轻视意味，这同样会对教师的规划发展产生阻碍作用。

教师在撰写规划目标时，可以对目标的质量进行预设，即根据目标能够对教师发展产生的影响、起到的作用来选定目标。有质量的目标的相反方面是无意义目标，教师预设目标时要深入思考：目标是否有质量，是否对自身发展有意义？有什么样的意义？这种意义是深远长久的，还是浅薄短暂的？教师要避免设定无意义目标，尽量避免对自身的时间和精力造成浪费。

无论是对目标的数量还是质量进行预设，教师都要遵从适当原则，避免两个极端的现象发生。目标的数量和质量之间有着密切的联系，一般情况下，数量越多，质量越低。但是当数量减少时，质量却不一定会提高。一些教师为追求快速的发展而设定较多目标，而当教师不能顺利按时完成目标时，慌张急迫的心理可能会促使教师草率完成目标，这将对目标完成的质量造成影响。但是当教师为追求发展的质量而对目标的质量提出要求时，教师会对目标的数量进行限制，一方面，对目标质量的要求促使教师采取有效的行为方式去实现目标；另一方面，较少的目标对教师发展起到的作用也较小。教师要注意目标的数量和质量两者的矛盾变化情况，平衡好数量和质量两者的关系，努力达到又多、又快、又好的发展境界。

3. 区分长期目标、中期目标、短期目标

短期目标、中期目标和长期目标，三者能以目标的实现时间的长短进行区分。对于短期目标、中期目标和长期目标，教师要清楚地认识三者之间的区别，从而能够更好地进行规划，顺利实现发展目标。

短期目标通常是指规划时长在 1~2 年内的目标，是中期目标和长期目标的具体化、现实化的表现，是最详细、最清晰的目标。中期目标是指规划时长在 3~5 年内的目标，在一般情况下中期目标的设定会受到长期目标的影响，而成为长期目标的具现化。长期目标是指规划时长达到 5 年以上的目标，是个人所期望的最终发展结果。教师的长期目标一般较适合教师自身特点，并对目标的完成进度及完成时间有较明确的时间节点，可以根据现实情况进行适当调整，能够激励教师不断为实现长期目标而采取行动。①

三者之间的关系密不可分。长期目标是经过多个短期目标所要达到的最终目标；中期目标是短期目标和长期目标之间的过渡，起到承上启下的作用；短期目标是根据现实情况采取行动，在短期内能够实现的目标。教师在撰写规划目标时，要把长期方向和短期、中期结合起来，统筹考虑，合理计划。

（二）需求资源的撰写

1. 列出所需人力资源

教师在发展过程中需要多种资源，其中一种资源就是人力资源。当教师对人力资源进行分析时，可以从以下方面切入：在发展过程中将与哪些人交往沟通；哪些人能够对自身的发展起到影响，这种影响是好的方面还是坏的方面；教学中会遇到什么样的学生，又对自己会有什么样的影响等。② 教师对人力资源做出分析后，详细列出所需的人力资源，其一般主要包括校领导、同事、学生及其家长、教师家人及友人等。

2. 列出所需物质资源

教师在发展的过程中对物质资源有一定的需要，这里的物质资源主要指促进教师发展目标达成的各项物质要素。物质资源种类较多、内容丰富，教师对物质资源进行分析时，可以从自身发展情况出发，考虑并确定资源是否为所需资源、是否为有效资源。在对物质资源进行分析之后，教师依次列出所需的物质资源，如相关网络学习资源、学校培训资源、教学的物质条件、自身经济条件及其他物质要素。

3. 列出所需时间、空间安排

教师在目标执行过程中需要时间及空间上的安排。教师为完成规划需要时间去执行策略，需要时间节点来督促自身发展；教师为完成规划还需要空间去执行策略，需要去往不同地方获得发展资源，而不是被约束在学校里

---

① 佚名. 短期目标，长期目标，中期目标的定义［DB/OL］. https：//wenwen. sogou. com/z/q753078569. htm，2020-11-28.

② 池根生. 职业学校教师职业化的自我塑造——职业学校教师职业发展规划的设定［J］. 当代教育实践与教学研究，2018（6）：78-79.

"闭门造车"。例如，教师为完成培育技术专长的目标，不仅需要时间去学习相关课程、浏览教育信息，还需要空间，即到达某地去参加有关培训。教师的提升发展不仅需要大量的时间去完成目标任务，还需要广阔的空间去进入发展平台、获得发展机遇，所以教师应仔细地列出规划所需的时间和空间安排。例如，教师大概需要5年的时间完成规划，需要在学校、家里、外地进行发展活动。

（三）执行策略的撰写

1. 描述规划者自身如何行动

规划的实质在于规划行动。执行策略的撰写在规划文本的撰写中占有重要地位，有效的执行策略能够减少教师在执行规划时遇到的阻碍。教师在撰写执行策略时，应当要清楚地描述自身将怎样开始行动、行动步骤是什么、能够凭借的行动动力是什么等。教师除了思考行动步骤、行动动力外，还应设想将会遇到的问题，以及将会通过什么方法解决问题等。

2. 描述规划者如何借助外力开展行动

教师在撰写目标执行策略时需要知道，目标的达成不仅需要自身的努力，一些时候还可以借助外力开展行动。教师在撰写执行策略时，应清楚地描述将会在怎样的情况下需要借助外力、如何借助外力开展行动。教师可以设想，当无法解决面临的问题时，可以借助什么样的外力去解决问题；当自身发展遇到瓶颈期，如遇到自身压力居高不下、疲惫倦怠不时侵扰、发展情况停滞不动时，可以借助怎样的外力去突破瓶颈，从而进入发展的新阶段。教师可借助的外力因素颇多，如教师在倦怠期时，可以借助学校制度督促自身发展；遇到发展问题时，可以借助网络资源向业内专业人士请教等。教师要借助外力、发挥内力，凝聚合力共促自我发展。

3. 描述既定策略失效情况下的变通策略

教师在撰写目标的执行策略时，不仅要详细地描述自身如何开展行动、如何借助外力促进行动，还要对已定策略可能会失效的情况及发生原因进行多方面的考虑，并制定变通策略。教师的发展过程具有复杂性，教师面临着较多突发情况，而在一些突发情况下，教师已定的执行策略可能会失去效用，影响教师的发展。例如，在规划培养时间管理能力时，教师以调动学生参与教学管理为目标，以促进学生参与教学组织为执行策略，但在执行过程中，学生参与教学组织时，语文学习小组与数学学习小组责任混乱、冲突不断，这样的突发情况使得教师的执行策略失效。教师应预先制定变通策略，能够根据不同情况做非原则性的变动，预防既定策略失效时慌乱无措的情况发生。比如在上述例子中，学生方面出现问题，教师的执行策略失效，但当教师已准备变通策略时，教师能够快速地反应过来，改变小组分类标准，重新确定学习小组。变通是通往成功的捷径，在必须发生改变的情况下，教师需要学会变通、善于变通。

（四）时间节点的撰写

1. 根据事件的轻重缓急确定时间节点

时间节点是教师预测能够完成某一个规划目标、进入某一个发展阶段的时间点，确定清楚的时间节点能够确保发展有序推进。教师在撰写时间节点时，要根据事件的轻重缓急，即其重要和迫切程度来确定时间节点。教师需要区分事件的轻重缓急，对各项事务的重要性与迫切性进行排序，坚持重要性优先、紧迫性提前的原则。善于规划的教师做事亦能够有条有理，当能够根据事件的轻重缓急确定时间节点时，遇到繁重的工作也不会手忙脚乱、顾此失彼。

2. 设置时间节点考虑寒暑假及节假日

教师这一职业的劳动特点与其他职业有着很大的不同，其劳动时间便是其中一种差异。教师的节假日较多，一般每年都会有固定的假期，包括寒假、暑假、节日假期等。教师规划目标的执行在假期时会不可避免地受到阻碍，如在寒假时与亲人同过春节，在暑假时与亲朋好友一起旅行，在节假日要参与计划之外的单位活动等。因此，教师在设置时间节点时要考虑到寒暑假及节假日，规划放假期间的发展内容。由高度紧张的工作生活节奏到愉悦轻松的假期生活节奏的转变，可能会导致教师产生发展懈怠心理，但教师的发展不应是断断续续的过程，即使在假期教师也应该坚持进行发展活动。若教师无法避免受到发展上的阻碍时，可以在寒暑假及节假日适当降低对自身的发展要求，但是一定不能放弃对发展的要求。

3. 预留机动时间

教师在撰写规划目标时，不能将各个目标、各个时间节点无缝连接，不留余地，而是要空出一段时间以灵活应对突发事件，即预留机动时间。机动时间不仅能让教师在遇到突发事件时有缓冲的时间，从而能够冷静地解决问题，还能让空留期成为教师的休整期，让教师能够在这期间稍稍放松情绪、降低压力，并反思和评价已完成的规划目标，促使教师个人规划动态发展。教师可以在固定的工作繁忙期预留机动时间，如期中、期末等时间段，也可以在疲倦期时，将之后的规划目标稍微延后，空出机动时间。无论教师计划如何预留机动时间，预留多少时间，都应根据自身情况仔细考虑，应坚持适当原则，机动时间不宜过多，也不宜过少。

（五）目标达成度的撰写

1. 从完成目标数量角度撰写达成度

教师撰写规划文本时，需要对目标达成度进行详细的计划安排，以便在执行规划的过程中对照检查目标完成进度，而目标达成度的撰写可以与之前撰写的规划目标的数量紧密联系起来。在规划目标的撰写中，教师已经从规划目标的数量方面对目标做出了预设，所以在撰写目标达成度时，可以从目标的数量方面对达成度进行规划，以目标的数量作为衡量目标达成度的标准。比如，教师预计共有 20 个目标，那么当完成 4 个目标时，目标数量达成度为 20%。

2. 从完成目标质量角度撰写达成度

教师在规划文本的撰写中，对于目标达成度的描述，可以从目标完成的质量角度展开。在进行规划目标的撰写时，教师已对目标的质量做出了预设，而在目标达成度的撰写中，可以将预设目标的质量作为目标达成度的衡量标准。例如，教师在培养创新能力时，通过阅读书籍达到培养目标，那么教师就要思考完成目标的质量，如选取的书籍是否专业、作者观点是否深入、阅读过程中自己是否沉浸地投入、阅读后自己是否将书籍内容内化等，从而完成目标达成度的撰写。

3. 对照目标时间节点撰写达成度

教师在规划文本的撰写中，可以对照目标时间节点进行目标达成度的撰写。教师在之前已经撰写目标的时间节点，那么在目标达成度的撰写中可以利用时间上的目标任务安排，对照时间节点进行规划。例如，教师计划在一年之内通过学习相关课程、参加有关培训、研读前沿论著等，构建起自身的教育技术理论体系，那么在一年的期限内，教师是否完成目标、完成了多少，即为衡量目标达成度为多少的标准。

三、教师发展规划为什么会落空

（一）规划目标太高或太低

1. 好高骛远，目标不切实际

任何发展规划都必须从实际出发，教师的发展规划也不例外。教师的规划目标要把个人具体情况、所在学校发展的实际情况、时代的发展、社会的需要作为出发点。教师的规划目标若脱离现实，就会像空中楼阁一样，没有实现的可能。规划目标不切实际的原因可能是教师没有准确认知自我，忽视规划目标对于教师自我能力的要求，对规划目标的定位过高，目标超出了自我能力范围。规划目标不切实际的原因还可能是教师过于重视规划的作用，夸大规划的影响，主观地认为只要目标远大，敢想敢做，就会有实现的可能，但实际上这种目标实现的可能微乎其微。虽然发展规划能够对教师发展起到重要的促进作用，但若是急于求成，设定的目标不符合实际情况，那么规划的作用也会受到限制，这不仅浪费了教师的时间和精力，还会使得教师在面临理想和现实的落差时，产生挫折感和挫败感，对教师的发展动力造成损害。

2. 妄自菲薄，目标缺乏动力

一些教师低估自己的能力和潜力，对自身的信心不足，设置的目标低于现实的发展情况。这不仅使得教师自身的发展目标失去对自我的管理作用，还使得目标对教师的发展上升空间形成限制，降低教师发展动力，阻碍教师长远地发展。教师妄自菲薄即是其缺乏自信心的表现。自信心是教师自我规划成功的重要保障，而自信心不足的原因可能是教师专业知识水平的不足，还有家庭条件、经济条件或生理条件等其他方面的原因。教师可以通过以下方式解决缺乏自信心的难题：第一，准确评估自我；第二，善于表现自我，发掘自我的潜力。只有在自我付出达到一定的程度后，才能充分了解自我、充实自我，在工作的同时提高自身水平、增强自信心。①

3. 表述模糊，目标无法评估

规划目标的明确与否影响着教师的发展能否顺利进行。在撰写规划文本时，教师无论选择哪种发展目标、哪种发展路径，都应确定短期、中期和长期发展目标，确定在各个阶段的具体目标。但是一些教师在制定规划目标时，会出现目标表述不清晰的情况。例如：努力成为优秀教师；通过教学，让学生在考试中取得优异成绩；提高自己的学识素养；等等。这类目标的表述不仅较为笼统，还使用了不确切的词语表达，没有达到规划目标撰写要表述清晰的要求。模糊不清的目标表达，不仅使得教师在制定执行策略时难度增加，还使得教师对目标的完成进度、完成效果等方面的情况无法准确评估。

（二）发展所需资源分析不明确

1. 资源与目标之间的关系不明确

教师发展规划落空的原因之一，是对发展所需资源的分析不够明确。资源与目标的关系不明确是其中的突出表现之一，具体表现为教师对发展所需资源的分析不准确，对资源是否能够促进目标的实现、怎样促进目标的实现的分析不明晰，造成对资源的利用效率较低。例如，教师对时间资源的认知较狭窄，仅仅知道规划目标是需要时间来完成的，却不知道还有时间资源的分配管理等其他方面。

2. 各类资源的重要程度不明确

教师发展所需资源主要包括人力资源、物质资源、时间资源等，而各类资源对教师发展的影响是不同的，因此各类资源的重要程度也不同。若教师对各类资源的分析不明确，对各类资源的重要程度也不明确，便可能使得教师对重要的资源缺少利用，对次要的资源过多依赖，资源分配不当。例如，教师规划培养研究专长的目标，那么在目标的完成过程中，能够提供教育观察能力、教育反思能力等关键能力培养环境的信息资源，很有可能比政策资源重要得多，但是若教师对信息资源的重要程度分析不足，反而对其他的次

---

① 李伟. 中小学教师职业生涯自我规划问题研究［D］. 曲阜：曲阜师范大学，2010：18.

要资源利用得更多，就不能有效地完成培养研究专长的目标。

3. 获取资源的渠道手段不明确

教师对发展所需资源的认知不明确、分析不明确，造成了不知道资源从哪儿来、不懂得怎么获取资源的情况。例如，教师对教学资源的认知模糊，不知道教学资源的内容包括什么，更不知道教学资源来源于哪里，又怎么获取教学资源。教师要想明确了解获取资源的渠道和手段，可以通过询问专业人士、网上查询等途径。当教师对资源的内容能够有更多的了解，便能够从中分析出资源获取的渠道。

（三）执行策略出现偏差

1. 不讲方法，策略执行手段失效

一些教师没有明确的方法指导，在执行规划的过程中不注重目标策略的执行方式，这使得策略执行手段失去促进发展的效用。教师盲目执行规划，为忙而忙，不看重执行规划的方法，认为只要能完成规划目标就可以了，不在乎目标完成的质量。"巧干能捕雄狮，蛮干难捉蟋蟀"，教师在执行规划时要讲究方法，要让目标执行策略充分发挥作用。

2. 效率低下，策略执行进度缓慢

一些教师工作效率低下，付出的时间与应得的结果不匹配。这可能是因为在行动前花费太多的时间去分析探究路径，或是忙于无关紧要的事情，又或是需要比常人更多的时间去完成同一件事情，抑或是自我情绪低沉、态度消极等。教师若执行效率低下，就不能在单位时间内完成规划的发展目标，发展策略的执行进度缓慢。而要提高效率、加快进度，教师就需要保持一个健康的工作态度，积极向上；每天列出计划表，将任务细化，按事情的轻重缓急决定什么时候去做、要做多久；做事前准备好将要用到的资料或工具，减少规划目标执行中的琐碎工作；善于借助他人完成执行策略。

3. 缺少反思，策略执行过程失调

从教师的专业发展来看，教师的成长离不开教学实践，教师在实践中获得教学的基本经验。但是教师如果缺乏对已有经验的反思，那么个体所形成的经验不过是狭隘的生活积累，对自身专业发展的作用将十分有限。[①] 教师

---

① 范靖. 优秀教师教学反思的个案研究［D］. 重庆：西南大学，2016：1.

在进行发展活动时，若只是一味执行已规划好的步骤，反思意识淡薄，对自身行为不做评价和改变，就不能及时发现自身在发展中存在的问题以及规划在实施过程中显现的问题。有相当一部分的教师迷失于千篇一律的机械工作中，即使已对自身发展做出了规划，但在执行规划的过程中遇到问题时，仍习惯按经验办事，做规划以前是怎么做的，现在还怎么做；别人是怎么做的，我就怎么做，不思考规划以及执行规划对工作和生活带来的改变和挑战。这种完全专注于执行、随大流的工作方式也正是教师缺少反思能力的体现。

教师需要在执行规划的策略中不断进行反思，在反思中调整步骤，增强自我能力。教师在行动中即可进行反思，如进行课堂教学活动时，学生无精打采、昏昏欲睡，教师可以反思这种情况发生的原因是不是教学方式有不足之处，从而改进教学方式，提高教学能力。教师在行动后也可以进行反思，如通过教师的记录或自我回想对已完成的实践活动的过程及结果进行审视。

反思对教师的发展起到重要作用，正如叶澜教授所说："对职业活动的反思，在职业活动中的反思，和为了更好地从事职业活动而进行的反思会使教师在自我觉察的反思中寻找到自己发展的有效途径。"① 教师应主动地和创造性地反思自己行为的原因和结果，在规划策略落后于现实发展或不适宜现实的发展时，及时调整规划策略以便顺利实现发展规划。

（四）缺乏时间管理观念

1. 一曝十寒，不能长期坚持执行发展规划

规划的意义在于执行，一份完善的教师发展规划如果没有得到贯彻实施，无异于一场空谈。在执行发展规划的中期阶段，教师可能会产生懈怠感、疲倦感，从而慢慢减少了对规划的执行力，甚至放弃执行规划。教师不能长期坚持执行发展规划，原因可能是教师对自我职业产生了倦怠。教师职业承受的压力较多，如对学生的教育压力、与家长的沟通压力、自身的经济因素、社会教育因素等。当教师长期处在过多的压力下，且不能及时、有效地对自身承受的压力进行调节，焦躁、压抑的情绪未能得到及时缓解时，教师对工作的热情会受到影响，发展动力会受到削弱，可能会有得过且过的想

---

① 范靖. 优秀教师教学反思的个案研究 [D]. 重庆：西南大学，2016：1.

法，甚至会有放弃教师职业的消极想法。

教师在繁重的任务、沉重的负担下，势必要消除职业倦怠，重新激发发展动力，继续坚持执行发展规划。教师可以给自己一个恢复期，恢复发展动力，而在恢复期内，教师首先要认识到自己产生倦怠感是正常的，正视压力倦怠，建立合理的期待，平复低落的情绪，以教师个人方式尝试释放压力。①

2. 虎头蛇尾，没有对照时间节点检查进度

教师在规划执行前期信心满满、斗志昂扬，面对未来有无限遐想，对规划的执行摩拳擦掌、动力十足。但在教师的发展过程中，教师对规划中的时间节点没有进行对照检查，对规划的执行进度无法准确把握，这又打乱了教师后面的规划执行步骤。例如，教师在完成培育教学专长目标的过程中，培育科学创新的教学设计能力时，对准确解读教学文本的规划步骤没有按照时间节点准时完成，那么当教师进行到整合教育资源、形成教学设计文本等规划步骤时，已经落后于计划的进度，越来越落后的进度对教师后来的规划步骤造成时间上的压迫。教师对规划执行步骤的逐渐混乱，使得教师不复规划执行前期的踌躇满志，教师的发展活动过程变得虎头蛇尾，发展的结果远远达不到教师的规划设想。教师要改变这种情况，就要注意将目标进度与规划时间进行比照，检查进度，及时调整发展前进的速度和步伐。

3. 自乱阵脚，缺乏执行规划的时间统筹

教师执行规划的过程中，一些时候多有重复性工作和机械性工作，如在教学专长的培养中，为能准确解读教学文本，需要反复地进行文本阅读训练；一些时候面对同时进行的规划目标会有手忙脚乱的情况出现，不知道要怎么高效地完成同步发展……这些都是教师缺乏执行规划的时间统筹的表现。教师在发展的过程中，需要有统筹思想，总览全局，对执行规划的时间和内容做出整体安排。良好的时间统筹可以帮助教师在该努力时就奋斗，该休息时就放松，保持发展活力，而时间管理得越科学，可供教师支配的时间就越多，教师又有更多的时间全面发展自身能力。在做时间统筹管理时，教师可以将最重要的事情放在第一位；教师想要实现的目标要即刻开始行动；

---

① 迟大庆. 小学教师职业生涯规划的策略研究［D］. 沈阳：沈阳师范大学，2011：18-20.

合理安排时间，充分利用时间间隙；有时可以将互不冲突的两件事情同时进行，提高工作效率；在日常工作中可以选择在精力最充沛的时间完成最有难度的工作；在几个大目标衔接处插入几个小目标，促使在完成大目标的空闲休息时继续努力等。

（五）意志力与执行力薄弱

1. 随遇而安，缺乏自律能力

人只有根据社会发展的需要，通过自律，发展有意义的欲求，扼制和限制有害的欲求才能使自己获得发展。人们生活在社会上，有各种各样的因素对人的成长产生影响。[1] 特别是在社会经济快速发展，对物质财富的追求日益增加的趋势下，人需要自律使自我保持清醒，得到长远的发展。作为一种以教书育人为本位的特殊职业，教师也需要在职业的要求下不断提高自律能力。

教师的发展规划要求其必须具备较强的自我控制能力，但在当今社会环境下，一些教师容易受到外界因素的影响，心性浮躁；教师的发展需求、发展活动等都被淹没在不断重复而忙碌的机械运动中，教师不仅无法判断自我的不足和缺点，甚至逐渐淡化寻找不足和缺点的意愿，没有了自律的意识，变得随遇而安，这使教师的规划执行慢慢被搁浅，教师的发展慢慢陷入困境。

教师可以通过定期对工作生活进行反思，养成自我检查、自警自励的良好习惯。在教育工作中，教师需要注意自身言行一致、实事求是，树立良好形象；在生活中，保持简朴的生活习惯，不被外界浮华所诱惑，做到廉洁自律，不贪图享乐。[2] 教师要不断提高自律意识和自律能力，树立"有所为"的良好自律意愿，不断提高自身作为人民教师的荣誉感和使命感，为培育出国家的未来栋梁之材而不断努力。

2. 得过且过，缺乏紧迫意识

部分教师对实现规划重要性的认识不够，没有强烈的规划执行动力，没

---

[1] 杨泉良. 论教师的自主与自律 [J]. 湖南第一师范学院学报，2016, 16 (4)：35-37.
[2] 赵艳. 师德建设大背景下教师自律的应用、困难及优化 [J]. 决策探索（下），2018 (7)：59-60.

有"发展进度不快，就是退步"的紧迫意识。部分教师任务繁重，时间紧迫，在执行发展策略的过程中出现的问题较多，但却仍保持原有的行动速度和执行动力，而不是随着发展的进度向前、难度增大去提高行动力，加强自身发展动力，教师自身的规划完成进度逐渐落后。

教师要充分认识到规划是实现教师发展的重要路径，培育紧迫意识，增强发展主体意识，促进自身快速适应发展的变化，不断提高自身发展动力和行动效率。在遇到问题时迎难而上，投入更多的时间、更多的精力、更多的作为，以时不我待、只争朝夕的精神状态，严格要求自身发展实践，将目标愿景落实到行动上，坚决克服困难。在平常的发展活动中，也要奋发向上，不断激励自己，不能得过且过，偏安一隅之地。

3. 随波逐流，缺乏监控机制

一些教师可能会产生随波逐流的无所谓心态，认为发展是自己一个人的事情，自己是否能够得到发展、能得到多少发展都不在乎，对自身的发展规划的责任感不强，在没有他人介入的情况下，只顺应大多数普通教师发展的大潮，将规划置于无用之地。教师应提高自我发展意识，在必要的情况下请求他人监督，利用他人对自我的监控，不断强硬要求自身巩固发展意识，增强规划策略的执行力。教师可以借他人的帮助监督、监控自我发展。例如，教师可以通过学校的规章制度对自身的日常行为进行规范监督，使学校制度对教师发展起到良好的推动作用。教师还可以通过同事的监督、学生的监督、家人的监督等，将监督的场所遍及教师工作和生活的每一处地方，建立起监控机制，充分发挥监控、监督的作用。只有在强有力的自律教育和监控机制的结合作用下，才能使教师严格要求自我，高效执行规划策略。①

① 赵艳. 师德建设大背景下教师自律的应用、困难及优化 [J]. 决策探索（下），2018（7）：59-60.

第十一讲　时间管理

一、教师的时间分布现状

（一）体力劳动多于脑力劳动

1. 体力劳动耗时长于脑力劳动

部分教师体力劳动耗时多于脑力劳动。对不善于时间管理的教师而言，其工作中体力劳动占比很高，备课、上课等都会变成体力劳动。尤其是小学低年级学生还没有养成独立自主的习惯，很依赖教师，很多事情需要教师的帮助才能完成，如上厕所、穿衣服、系鞋带等。另外，如同孩子渴望得到父母的关注一样，学生也渴望得到教师的关注，他们有时通过故意犯错来获得教师的关注，如通过欺负同学获取教师的关注。前述两种情况导致了部分教师在体力劳动上花费的时间比在脑力劳动上多。

2. 体力劳动者人数多于脑力劳动者

部分教师更多地从事体力劳动，这种现象在教师队伍中呈现为体力劳动者人数多于脑力劳动者的人数。相对于快感和成就感获得延迟的脑力劳动，人们更愿意做见效快的体力劳动，教师亦如此。需要注意的是，脑力劳动者并非不进行体力劳动，体力劳动者并非不进行脑力劳动，区别是二者在体力劳动、脑力劳动分配时间的比重倾斜——在体力劳动上花费较多时间的人称为重体力劳动者，在脑力劳动上花费较多时间的人称为重脑力劳动者。教师队伍里重体力劳动的氛围也会潜移默化地影响其他教师。

3. 体力劳动挤占了脑力劳动机会

教师在体力劳动花费较多时间、精力后，很难全身心进行脑力劳动，只能减少脑力劳动机会。习惯体力劳动的教师容易养成习惯：体力劳动是本职工作，更有甚者认为体力劳动是主要工作。人有惯性，同样的事情重复多次后，本人和旁人会习惯这个节奏。他人的潜移默化，会不知不觉地改变本人的意识与行为。如果本人认为自己只适合体力劳动、只能从事体力劳动，当脑力劳动机会来临时，也难以抓住。例如，当教师技能比赛、科学研究项目、论文著作撰写工作等机会来临时，有人平时不提升能力而临时抱佛脚，有人认为事不关己而不参与，甚至有人妄自菲薄而不参与。这三类教师无疑皆是可悲的。其中，妄自菲薄者（认为自己不配——只适合、只能从事体力劳动的教师）是最可悲的。错误的认知与定位扼杀了参与脑力劳动的可能性。

（二）机械性工作多于创造性工作

1. 重复性工作种类较多

很多职业均以重复性工作为主，风靡一时的"一万小时定律"也在强调长期的坚持重复才能成功。重复确实能带来一定的效益。教师工作中存在较多重复的工作，一方面是教育教学工作，另一方面是学生管理，这是教师职业的主要工作。教育教学重复工作是指工作中重复地备课、上课、布置与批改作业、课外辅导学生等；学生管理重复工作指工作中机械地管理班级纪律、管理学习情况、管理学生身心情况等。比如，教授知识是重复地讲解同样的知识点，教师若要同时授课同年级中的几个班级，同样的知识不得不隔三岔五地重复。虽然学生不同，反馈亦会不同，这只影响教师的授课方式和反馈，但教师的知识是客观存在的，讲授的内容不会有很大差别。即使教师在同一时期只授课一个班级，教师也会迎来一批又一批的学生，教授的内容大致上是相同的，不得不重复教学。

2. 机械性工作耗时较长

机械性工作是指一些经过长时间的试错、训练后，达到不需要大脑思考只凭借记忆即可完成的工作。比如，骑自行车很熟练骑车动作后，大脑不再需要思考怎么骑，就能熟练无误地骑行。在教师工作中有很多机械性工作，比如批改作业。初来乍到的教师刚接触作业批改，不掌握高效批改技能——既有速度，也有质量，会先努力学习怎么批改作业，小心翼翼地批改，一天天地熟练以后，会发现大部分的批改只需要对照参考答案，不需要脑子考虑。再如，小学常见的诸如分发早餐杂事，很琐碎但又不得不做。机械性工作除了难以学到本领外，还有一个特点是数量多、耗时较长。

3. 创造性工作时间较短

创造性工作的时间较短主要有两个方面原因：其一，创造性工作机会少；其二，创造性工作时间投入较少。机会是创造性工作的基础，如果没有机会，创造性工作无从谈起。教师工作很多是重复性工作、机械性工作，挤占了创造性工作的时间，教育部门、社会各界等也注意到了这一点，不想劳累教师或者认定教师没有创造性工作的能力，导致教师的机会较少。此外，开展创造性工作中，部分教师投入时间较少，主要由于教师自身长期以来形成的习惯，缺乏创造性工作的意识，按照常规步骤远比创造性工作轻松。学校教育已经出现了很长一段时间，有比较完善成熟的教学制度，按照已有的规章制度、教学方法轻松就能做好教书育人的工作，不需要教师过多创造。创造需要承担一定的风险，如果创造成功，促进教育的发展，个人声名大噪，甚至名垂千古；如果创造失败，学校、家长、学生的批评和指责与家人、同事的不理解将会接踵而至，甚至影响学生的发展。部分教师惧怕承担后果，便不敢也不愿进行创造性工作，因此，投入时间较少。

4. 改革性工作项目较少

在传统观念中，社会只要求教师上好课，上好课的教师就是好教师，对教师的科研能力要求不高或者不要求。近代以来，国家、学校、家长提高了对教师的要求，认为教师不能只是一个教书先生，还要具备科学研究的能力。传统的刻板印象遭到一些质疑与反对，教师工作中的改革性工作占比有些许改善，但传统观念早已深入人心，很难在短时间内彻底转变。因此，教师能得到的改革性工作项目较少，也存在对教师的研究较少，所以教师的改革性项目减少的情况。一般来说，从高校到中学以至小学，高校里教师的理论水平和研究能力要求更高，中学次之，小学最少。发达地区的教师比不发达地区的教师多一些，因为改革性工作项目离不开经费，发达地区一方面本身较为富裕，对教育的重视度更高；另一方面更加受到国家和地方的重视。

（三）惯性工作多于反思性工作

1. 工作流程按部就班，缺乏工作主动性

伽利略指出，一切事物具有惯性。人属于事物中的一种，同样有惯性。教师的惯性在于习惯固有的规章制度、工作流程，并按照固有的规章制度开展工作，不融入自己的思考。工作流程按部就班是指能够按照一定的步骤、顺序进行，保证圆满完成任务，不出现大的错误。但是工作中长期地按部就班，可能会导致部分教师逐渐变得麻木、缺乏主见。部分教师极少主动地寻找工作机会、推进工作、完成工作，工作中的步骤需要外在的提醒、催促才愿意进行，更有甚者，很多教师对于工作抱着"不求出彩，但求无过"的心态，得过且过。

2. 工作得过且过，缺乏反思性

教师被解聘的比例极低，即使不合格，也以转岗和提前退休为主。除违法乱纪和师德出现问题之外，因工作不胜任被解聘或清退的几乎很少出现。[①]在过去，稳定、不轻易被裁，有事业编制、吃国家粮的教师岗位被看作铁饭碗，人人争破头脑想挤进教师行业。部分教师认为挤进教师队伍后就轻松自由了，懈怠教学、懈怠学生，随意应付教学任务，拒绝教学的培训学习。工作得过且过，每天踩点上下班，应付式地等待时间过去，不理会花费的时间是否有所收获，任由时间流逝，更谈不上反思，做了就是做了，不管结果如何，认为只是混口饭吃，没必要付出太多时间与精力。这种现象在公办学校较多，在私立学校较少，因为公办学校的教师薪资由国家发放，通常较少设置或不设置年终奖、花红、双薪等福利待遇，教师之间的薪资差异较小，而私立学校的薪资与教学效果挂钩，激励作用略高于公办学校。

二、教师的时间管理策略

（一）形成工作效率意识

1. 提高教学准备效率

所有教师都需要进行教学准备，新教师需要比老教师多付出一点心血。

---

① 杨卫安. 教师"铁饭碗"能打破吗 [J]. 辽宁教育，2016（17）：5-8.

教学准备主要包括三个方面：教学内容的准备、教学过程的准备、教学用具的准备，其中又以教学内容的准备为主。提高教学准备效率有多种途径，充分掌握学生情况，制定专属的教学内容，根据学情选择适用的教学手段，比如学生来自农村家庭或城市家庭，学生中留守儿童的比例，生活经验能否帮助本课学习。比如在教学《平行四边形和长方形》中的面积对比时，对极少见过汽车停车位的农村学生采用汽车停车位来讲解可能收效甚微，用篱笆围成鸡舍效果更好；熟悉教材，便于有选择地制定教学内容；挖掘教材的隐性知识，否则很可能只看到表层知识，学生视角中课本知识是比较表层的，教师需要看到更深层次的知识；通过教师集体备课，备同一节课中每个人的想法汇集后数量颇丰，也便于吸收对方的精华。

2. 提高教学执行效率

教学执行效率的提高，可从多个方面入手：其一，熟悉教学流程，对整个教学流程做到心中有数，教学流程设计之后多看，多对空演练，尽量避免授课中间忘记教学步骤而卡顿，或者遗漏重要环节重要知识点；其二，多进行学生预设，尤其是提问环节处，尽可能多地进行假设，当学生回答时能够灵活衔接，这对于经验浅薄的教师尤其重要，部分新手教师根据教案按部就班，当预设不能应对学生提问、回答，很容易不知所措，课堂进度缓慢，难以实施原计划，而经验丰厚的教师在长期的教学中，积累了较多经验，但是同样需要准备，若学生长期得不到满意回复，教师威严势必受到影响；其三，熟悉教具及其使用方法，确定自制道具是否安全，多媒体的使用是否熟悉等。

3. 提高课后工作效率

课后工作是教学中的重要一环，是课堂教学的延续。课后工作有课后作业的布置与批改、作业辅导、学生家访、撰写总结报告等。在开展课后工作时，做好统筹规划，提前安排，避免因为时间紧急，匆匆忙忙地完成，或者情绪过分紧张，效果不佳且耗时间。比如在作业布置上，按照先前经验、学生情况可以提前计划好一个学期的作业，在学期中有条不紊地安排，或者提前列出课程知识点，布置作业会较为简单轻松。

4. 提高进修培训效率

提高进修培训效率的方法多种多样：其一，合理争取培训前的时间，在预判交通情况、突发状况，确保准时或者提前几分钟到达现场，不用提前太多时间到场。若是提前到场较多时间也有与参会人员交流，旁听到会议准备中的小道消息等好处。其二，优化使用培训间隙的时间，在间隙时间里，消化吸收专家的培训要点，能力强一点的还可以将这种知识转变成其他知识，联系正在或即将开展的工作，趁热打铁，比如张老师需要撰写一篇职称论文，可以利用创新思维的培训内容为论文增添色彩。其三，培训内容联系生活，在接受培训时，要将知识要点与个人近期工作联系，便于培训内容的高效利用，只听不用既浪费时间，也浪费培训学习机会。很多培训学习以理论为主，枯燥乏味、深奥抽象的理论知识培训看似无趣，实际上是最能收获知识的途径，联系实际生活能在主观上减轻其理论性。

5. 提高学生管理效率

提高学生管理效率是相当有必要的，教师很容易被学生缠着，打小报告、问这问那，学生渴望得到教师的关注，尤其是在小学，学生对教师的依赖性极高。提高学生管理效率的方法多种多样：其一，采用"小老师"制度，选择几个学生担任小老师，负责组织学生放学、组织收集作业，这些事是学生力所能及的事，同时放学、收集作业的过程容易出现多种牵连杂事，比如学生拖拖拉拉、不及时离校，不交作业还讨价还价、拖到最后一刻才愿意交作业等，这些工作也属于机械劳动，不需要使用脑力；其二，拒绝在深夜回复家长信息，在任教某一班级初期与家长协商下班以后的回复信息时间，固定最晚的回复时间，一般在晚上 8 点前比较适宜，不要回复晚上 12 点后家长发来的消息，几次不回复之后，家长便不会再发。

（二）调动学生参与教学管理

学生是教学管理工作的主体，使其参与到教学管理工作过程中，可以激发学生的主观能动性，提高学生学习自主管理的积极性，实现高素质人才培养计划，这是教学工作"以生为本"的体现。[①] 调动学生参与教学管理可以凸显学生的主体地位，提高学生主人翁的意识，对学习也会产生兴趣。

---

① 王金兰. 高校学生参与教学管理的思考［J］. 教育理论与实践，2016，36（15）：27-28.

1. 学生参与知识梳理

知识梳理是学生学习中必不可少的环节之一，知识梳理有利于学生对先前学习的知识加以巩固，对先前学习知识的掌握有利于学生对一个学期、一个学年、一个阶段知识要点的整体认知。同时，先前学习的知识往往与后续学习的知识有密切的关系，先前的学习内容有利于学生的后续学习，是后续学习的铺垫。知识梳理的方法有很多，其中，最常用的是思维导图，思维导图的特点有图像记忆与大脑发散性思维关系紧密等，方便使用还能提高效率，除此之外，还有树状图、条目式等梳理方法。通常情况下，知识梳理由大包大揽的教师开展，学生更多的是倾听，学生参与知识梳理，教师发挥组织者、引导者的作用，与学生合作梳理知识体系，知识梳理效果更佳。

2. 学生参与阶段复习

阶段指在学期内的关键时间节点，如单元末尾、期中、1/4 学期。学生参与阶段复习，是指学生在每一个学生应当参与的复习之余，参与到组织、准备、总结中，在教师的指导下充当小老师完成教师工作。其可行性还体现在阶段复习的重要性不比期末复习，可以给予学生机会练手，期末复习关乎学生整个学期的学习情况，关键时刻需要教师全部完成相应工作。学生参与阶段复习也能减轻教师一些负担。教师应当组织、引导学生参与阶段复习。

3. 学生参与互帮互学

学生之间应当形成互相帮助、互相学习的风气。"三人行，必有我师焉"。学生与学生的交流中，学生知识经验的不足，导致交流收获知识可能比较慢，比不得与"听君一席话，胜读十年书"的教师交流的收获成效。但是大多数教学采用班级授课制的方式，一对多，教师不可能时常与全班同学进行交流，但学生与学生之间的交流是比较多的。学生互帮互学，一则能够营造良好的学习氛围，感染全班学生；二则效率颇高，学生相近的年龄，相似的知识库，接近的思维能力、逻辑水平使学习方法、处世技巧更彼此适用；三则增多沟通交流，班级凝聚力会不知不觉提高。

4. 学生参与教学评讲

组织、引导学生参与教学评讲。其一，教学评讲需要评讲者掌握较多的知识，才能传授给同学知识，学生多数好面子，不愿意在同学面前出糗故而参与讲评的学生会更积极地增长知识；其二，学生一般不敢也不想辜负教师的期待，大多数会认真准备，认真倾听教师的授课，这就达到提高教学效率的效果了；其三，学生参与教学评讲，极大地发挥了学生的自主权，学生长期作为倾听者，可能会成为被动者，凡事依赖教师。学生参与教学评讲并不意味着教师很轻松，事实上，在这种习惯、能力培养过程中，教师需要付出更多的精力。学生的本职工作是学习，需要经过训练才能掌握教授技能，未训练前学生只有作为学生的学习技能，教授是较高难度、略高于学生原本能力的事。

5. 学生参与学习监督

组织、引导学生参与学习监督。其一，学生在学习监督过程中，必须自身做好榜样，否则难以服众。当作为监督者的部分同学认真学习时，在群体作用与氛围下影响越来越多的学生朝着好方向发展，这是学生参与监督工作的积极方面。教师之于学生，不是平等身份：于教师，可能会认为教师是更厉害的人，对教师的示范与鼓励，学生的认同感没有那么高；于同学，大家都是学生，你能达到，我也能达到，激励作用更大。其二，相对而言，学生时间比较多，教师由于处理职称评定、教学准备、科学研究、成绩评定、荣誉评比等事务很忙，很难监督到全体学生。学生参与监督，能够让大多数学生受到关注，在一定程度上解决教师只关注到优等生、后进生，忽略了中等生，或者只关注优等生等难题。

6. 学生参与教学组织

组织、引导学生参与教学组织，学生参与后，便能知道教师的艰辛、教学工作的不容易，站在教师的角度换位思考，体谅与宽恕教师。学生对教师有怨言通常是因为不了解教师工作、教学工作，外界只看到教师工作表面的轻松，这种观念影响着学生，学生天真地认为"教师不就是上上课而已，简单又轻松"。教学组织指对一节课的前前后后做好安排，包括教具准备、授课内容、作业批改、教学反思等，可以用一个例子诠释：张老师在讲授小学语文《爬山虎的脚》一课时，需要准备爬山虎图片或视频或模型或实物、课件等，明确教学内容，布置与批改作业，课后针对教学过程进行反思。

（三）通过团队协作降低工作强度

1. 师生协同团队减少机械劳动

教师与学生组成协同团队，教师帮助学生提高能力，掌握基本技能，学生在协助下完成教师的基础工作。在此过程中，很多人可能只会看到表面现象——教师的工作量减少，还有人会指责教师偷懒，不做本分工作。事实上，参与协同工作的学生提高了能力。学生的能力是可以被挖掘和培养的，适时给予学生一定难度的挑战，更能激发其潜力，让其实现最近发展区。例如，学生协助教师制作课件，教师需要指导学生圈重点内容、找资源、找模板、排版与配色等。在过去，师生之间的互动更多的是教学中的合作、课堂上的互动。近年来，师生协同教学被更多人注意到，正在探索、试验中，相信在不远的将来，组建师生协同团队将越来越广泛被应用。

2. 教师共同体减少无效劳动

教师之间要形成一种互相学习、团结协作的良好氛围，实现教学相长。组建教师共同体是其中的方法之一。组建可由学校安排，也可由教师自发组建，根据兴趣、年龄、学科等特点自主组成共同体。在共同体内部，成员之间以提高教学能力为宗旨，协助彼此更好地进行教学工作，学习对方的长处及好的教学技巧，最终实现共同进步。比如，充分利用集体备课的时间，汲取其他教师的知识精华，学习高效的教学方法，在目标一致的情况下，教学可以取得更大成效，这样也会大大节省备课的时间。①

3. 师徒帮扶团队减少低效劳动

师徒帮扶团队是指新教师作为徒弟教师，有经验教师作为师父教师，共同组建团队，师父教师向徒弟教师传授经验和技能，同时师徒之间相互学习能给师父教师带来提升。新教师一般指刚从学校毕业的教师，较少理解为新到某个学校的教师。刚踏上教师行业的新教师，对教学工作不熟悉，对任教学校不了解，对学生特点不领会。在工作中可能会经常做低效劳动，在巨人的肩膀上看世界，吸收他人成功的经验，是高效的学习方法。师徒结对同样对师父教师有积极意义，师父教师在任教多年后，容易形成较为固定的思维习惯，也称思维定式。在教学上固定思维，不易接受新事物，很难有突破，而新教师正值青春年华，能带来思维的碰撞。

（四）建立教育资源库减少重复劳动

教育资源库是指依据一定的规范与标准，将多种媒体素材的教学资源进

---

① 王柳柳. 教师怎样进行有效的时间管理［J］. 初中生世界，2020（8）：8-9.

行收集与管理，并为教学提供支持性服务的系统。它一般由多媒体素材库、课件库、案例库、试题库及网络课程等几个部分组成。①

1. 个人教育资源库减少自身重复劳动

个人教育资源库是指个人收集教育资源后，在互联网上，以 QQ 群文件、百度网盘、网站、在线文档等为载体，储存在固定位置。个人的还有电脑储存条、移动硬盘等便于储存、提取的设备，电脑储存条和移动硬盘不便于多人中传递，于个人是足够的。在教学工作中，许多资源可以一物多用，比如，一个制作精美的微课视频，可以参加全国职业院校教师微课大赛，也可以参加中国微课大赛，也可以参加全国中小学优秀微课征集活动，也可以参加全国高校微课教学比赛，还可以参加其他的一些小型比赛。建立个人教育资源库有利于资源的收集，不容易遗漏，当有好的教育资源时，快速上传到资源库，需要时直接提取，快捷方便。存储时应当尽量分门别类，这将更有利于资源的查找与提取。在上述例子中，如果每当有新需求时就重做新微课，这就属于重复劳动，需要花费很多时间。反复制作中，制作技能得到锻炼，但是无益的重复劳动是没必要的。

2. 学科教育资源库减少教学重复劳动

设立学科教育资源库，同学科的教师在同一位置共享素材、课件、说课讲课案例、教育政策、教学方法等。不同学科有不同特点，按照学科进行再组合恰到好处。按照学科分组，有利于同一学科的教师根据教育资源探究深层次的知识，避免不同学科的教师可能对于某些教育资源产生不必要的矛盾、冲突。按照学科分组，减少无用资源的数量，更快捷地检索所需资源。虽然不同学科之间有相通点，接触与学习本学科外的知识，特别是本学科里没提及的知识点或者与本学科冲突的知识点，思维的碰撞能给教师带来一定的灵感、启发，对学科教育教学也有促进作用，但是，按照学科分别设立的好处是显而易见的，比如语文与数学的教育资源如果合并在一起，思维方式不同的教师看待问题视角不同，可能带来一定的沟通障碍。学科分组被一直沿用，很好地证明了学科分组设立教育资源库利大于弊。

---

① 王立珍. 教育资源库现状分析与建设策略 [J]. 中国现代教育装备，2006 (4)：89-92.

3. 校内教育资源库减少管理重复劳动

校内教育资源包括学校里关于教育教学的通用资源与教育管理资源。教育教学的通用资源，每一个学科都能使用，与按照学科分组的教育资源相比，缺乏了针对性，增加了广泛性。课堂管理得好，一节课的讲授就成功了一半，教育管理也是教学中的重要组成部分，在管理失控的情况下，很难进行教学活动。教育管理资源除了管理学、心理学书籍等正式资源外，还有许多实践资源是非正式资源。管理的实践性很强，知识运用在实践中才能体现价值。建立校内教育资源库将会直接缩短缺乏管理经验的教师获取经验的过程，减少了重复劳动。

4. 共享教育资源库减少校际重复劳动

同区域的学校之间应当进行教育资源共享，同区域学校在办学理念、生源情况、校本资源存在相似或者相同之处，这样的教育资源对教学是有帮助的，因为适用性强，甲学校的资源能够适用于乙学校。比如，在同一个省/直辖市/自治区内的学校，弘扬地方精神文化的教育资源即可共同使用。学校间进行教育资源共享，能够减少学校与学校之间的工作重复。同层次的学校之间应当进行教育资源共享，同层次学校在师资能力、办学条件、生源情况等方面等存在相似、相同之处，各个学校之间的资源能够相互适用，如师资能力相近意味着教师的接受能力相近，教育资源能最大化地发挥效果。同水平的学校之间应当进行教育资源共享，同水平学校在同层次学校的下一级，因此比同层次的学校合作更有针对性，教育资源的适用性更强，可采纳的资源也就更多，采纳资源多也证明了效率高。

此外，学科内、校内或校际的教育资源库，都会面临一个严峻问题——共享是否公平？是否存在教师、学校偷偷保留资源而不分享到教育资源库的情况？公平分享很难用已有的规则约束，部分不分享也很难察觉，更多地靠教育资源库的成员的道德感、归属感、认同感自我约束。在学校里，教师与教师之间、学科组与学科组之间、学校与学校之间都存在着这样那样的竞争关系。在竞争中，别具一格的教育理念、教学方法都能为竞争胜利添砖加瓦。竞争与合作，从来都是并存的，目光长远的人认为共同进步后的竞争会激励新的创新，是双赢；目光短浅的人只想着赢得眼前的晋升、培训、比赛机会。理应建立大部分共享者认同的共享原则、规则，用原则规范大方向，用规则具体要求。

（五）利用现代教育技术提升工作效度

1. 技术丰富教学手段

在过去教育技术欠缺的年代，教学手段比较单一，很多教师采用讲授法陪伴学生走过一个又一个阶段。传统的"一支粉笔、一块黑板、一张嘴"教学方式在资源匮乏的年代被广泛应用，并盛行了很长时间。教育技术的发展给予教师更多的选择，人们也渐渐发现传统教学存在的一些弊端，比如不能保障学生全面发展、教师是课堂主体、"灌输式"教学等。现代教育技术只是丰富了教学手段，比过去的教学手段增多，并非取代传统教学方法，也很难取代，传统教学仍有不可取代的优势。

2. 技术改进教育评价

教育评价是根据一定的教学目标、教育宗旨，对教育活动、教育成果、教育手段等进行评价。现代技术的成熟对教育评价有很大的帮助，在现代技术的帮助下，以不同的视野、角度看待教育的相关内容，让教育评价更加科学客观。例如，以前的教育评价可能只看到教育活动与教育成果，现代教育评价会关注到教育目标是否体现了教育宗旨。

3. 技术简化培训流程

在过去教育技术不发达的时候，教师参加培训学习的流程非常复杂。现在先进的技术解决了培训中的空间问题，过去只能是面对面进行培训，处在地区偏远的教师想要到培训地点需要较长时间，现在已有的腾讯会议、钉钉会议、视频电话在网上可以语音通话、视频通话、共享文档等，实时开展会议。再者节省了空间资源、场地费、服务费等。培训中资料的呈现方式也得到了很大的改善，如会议培训时，参会人员的材料展示，现在大多数采用多媒体的投影技术，轻而易举即可让全体人员观看，没有此技术前，较多的是印发全部材料，培训人员、汇报人员不能很好地圈点。

4. 技术加快业务进程

教师工作并非只有外人眼里的上课，自教师职业诞生以来，业务处理是伴随着教学存在的。随着时代的发展、制度的精细化，社会对教师能力的要求升高，教师要处理的业务包括职称评定、论文撰写、教学准备、科学研究、成绩评定、荣誉评比等较大类型的业务，以及其他一些比较小的事项。好在工作难度增大的同时，现代教育技术也在提高，教师可以利用技术加快业务进程，提高工作效率。一个绝佳的技术改变教师工作的例子是，过去教师对班级学生成绩进行排序时只能用肉眼比较数字，还容易出错，如今 Excel 表格中运用数据筛选功能，几秒就能解决且几乎不出错。

三、排除时间干扰的技巧

（一）列出工作清单

1. 列清单要有先后顺序

工作清单便于提醒教师当天、明天、近一周、近一个月需要完成的事情。根据知觉对象的选择性可知，在不做任何标记的情况下，清单的第一项最容易受到关注。如果列清单的时候不排序，按照接收事项的时间顺序排序，完成清单可能按照此顺序开展，如此容易造成完成早下发的，没有完成本该最早处理的重要且紧急的事项。比如张老师在前几天接收到较繁重的修改微课视频任务，当天又收到校长的加急制作文件任务，按照接收任务的时间处理，优先修改微课视频，很可能不能完成校长布置的任务。列清单时要有先后顺序之分，要求教师捋清楚事项的顺序，辨别需要先完成的事项与不需要先完成的事项。

2. 列清单要有缓急之分

缓急之分是根据工作的截止时间区分，有些工作需尽快完成，有些工作稍晚完成也可。缓急分明有利于在工作繁杂时清楚处理工作的顺序，在同等情况下，率先完成急事项，稍后完成缓事项。这将有利于整体工作的开展，列清单的原始目的是清楚事项内容，有条不紊地处理事项。缓急之分则促进这一目标的实现。举个反例，假设在本该先处理急事情时，先处理了缓事情，结果急事情没有处理好，很可能带来不必要的麻烦。区分方法由个人习惯和爱好具体而定。接下来介绍两种参考方法：一种是等级法，在事项清单中标记等级，设置五个等级，从一级到五级依次累加，一级是不着急，二级是不太着急，三级是一般着急，四级是比较着急，五级是很着急；另一种累加法，用字符标记，在事项清单中标记，设置最高值即最多不能超过某个数值，需要有相关制约，否则很乱。字符越多，着急程度越高。

3. 列清单要有轻重之别

轻重之分是根据工作的重要程度区分，尽快完成重要工作，延缓完成相对不重要工作。轻重分明有利于在工作繁杂时，清楚处理工作的顺序。轻重与缓急是密切联系的，事项的轻重在一定程度上决定其缓急情况，事项的缓急在一定程度上影响了事项的轻重，是相互的充分必要条件。根据轻重之别与缓急之分，可以组成四个常见的事项搭配：重要不紧急、重要且紧急、紧急不重要、不重要不紧急。要有轻重之别有两重意思：第一重意思是列清单者心中有数；第二重意思是在清单上做出差别。在清单上做标记时可以采用标记缓急的方法，在同一个清单中，轻重与缓急标记的字符、方式要有差别，否则容易混淆。

4. 利用 APP 或日程表列清单

信息技术的发展造就了应用软件——APP 家族的壮大，应用商店有不计其数的 APP，只要搜索清单，便会有很多清单 APP。各个 APP 有自身特色、长处或短板，教师可以根据自身需求与性格爱好选择合适的。总之，大部分 APP 强调的优点是便利性，在手机上随时随地查看，不受时间的约束，不受空间的约束。APP 还可以设置定时提醒，是容易忘事的教师的提醒好物。此外，列清单不仅限于清单 APP，非清单 APP 同样可以具备列清单、提醒的功能，便签、日程表也可以做记录。日程表可分为线上日程表与线下日程表。日程表有区别于清单的自身优势，当在某一天标记任务时，线上日程表会提醒，线下日程表则便于识记与辨认。

（二）分清事项先后顺序

1. 主动处理重要不紧急的工作

传统的时间管理"四象限法则"，将重要且紧急的工作放在处理顺序的首位，重要不紧急的工作放在第二位。根据管理学得知，如果教师一直做重要且紧急的工作，永远被工作追着走，很难达到卓越程度。教师应当主动处理重要不紧急的工作，不等到不紧急的工作变紧急才开始做，这样的工作习惯可能会导致生活变得慌忙。只能解决紧急工作的教师，很难得到需要长时间付出的工作，而往往花长时间的工作是最能表现实力的机会。时间与工作量是相对应的，很少会给多余的时间，一个月的完成时间表明工作需要一个月完成。一直拖将不紧急工作拖成紧急工作，在剩余时间敷衍了事，用心与否是显而易见的。教师在接到任务之后应当迅速细化任务，越详细越好，细化后将有更清晰的认知。还要珍惜时间，若不珍惜时间，时间再多都不够挥霍。

2. 优先处理重要且紧急的工作

重要且紧急的工作，如立即上交的材料。应当优先处理重要且紧急的工作，因为重要且紧急的工作重要但处理时间不多。工作的处理会影响个人形象，决定他人对个人能力的判断。在重要不紧急、重要且紧急、紧急不重要、不重要不紧急四类工作中，先处理重要且紧急的工作，需要推迟处理重要不紧急的工作，暂时放下紧急不重要的工作，放弃不重要不紧急的工作。

3. 及时处理紧急不重要的工作

紧急不重要的工作，通常指不重要但又不得不立即解决的工作，比如正在认真工作时的电话铃声，接电话不是重要的事项，接听还会影响工作氛围与工作状态，但不立即接听铃声将持续，很可能影响工作情绪，导致工作低效；帮同事忙，当同事请求帮忙时，对于个人本身是不重要的工作，但不帮忙，与同事的关系可能会紧张，影响人际关系。教师面对此类工作时，需要及时处理，不要等到工作有限期完全结束后才处理。在上述电话铃声的例子中，等到持久的铃声使内心烦躁时再接听，已经影响了工作氛围与工作状态；在帮同事忙的例子中，不要等到彻底帮不上忙时再出手相助。

4. 靠后处理不重要不紧急的工作

日常的生活与工作中经常会有一些不重要不紧急的工作。生活中，比如给花花草草浇水、学习书法、听音乐等；工作中，比如归类文件、上传文件到网盘、删除无用文件等。相比之下，这些是不重要的工作，也不紧急，早一点或者晚一点处理不造成什么影响。教师应当靠后处理此类工作。靠后处理有助于其他三种类型工作的顺利开展。

（三）重要工作未雨绸缪

1. 根据个体经验提前预判重要事项

经验是指个体对知识内容与规律的掌握。经验的获取主要通过亲身经历、从他人处获取、从文献知识获取三种途径。个体经验则是吸收消化从他人处、文献知识获取的经验，转化成个体的经验。亲身经历的经验在可靠性方面略胜从他人处获取，因为他人经验并非都是亲身经历，有些是二次经验。信息的传递易受主观因素的影响，人们表达的意思通常是经过内化成个人所有物，很少直接表达原本意思。根据个体经验提前判断将会出现的重要事项，预判结果的准确性得到保障。

2. 根据前序工作历史挑选重要事项

未雨绸缪的同时仍要做好原来要做的事，人的时间精力是有限的，因此要挑选重要事项进行未雨绸缪。全部事项进行未雨绸缪，对某一事项的专注力也会下降，达不到未雨绸缪的功能。工作历史是真实存在的客观证明，根据先前的工作历史预测将会出现的事项，再高效选择会有更好的效果。工作历史除了个人自身的，还有他人的。例如，2021 年的重要事项应当从 2020 年的事项中挑选。

3. 根据未来发展趋势准备重要事项

未来发展趋势是较为宏观的事物，如整个世界、整个国家等的发展趋势。未来发展趋势一般能持续较长时间，不容易过时。典型案例有，互联网自 1969 年始于美国，在历史的长河里，从未被淘汰，互联网成了全世界的重要事项。在互联网时代，信息技术能力早已成为不可缺少的能力。在成为一名教师之前必先未雨绸缪，认真学习培养信息技术能力，在成为一名教师之后更要继续学习，为以后的教学使用打下基础。

4. 根据既定发展规划确定重要事项

发展规划是根据个人发展目标而制订的较为全面、科学的计划，重要事项是规划中最重要的部分。根据已经确定的发展规划确定重要事项将会比较准确。其实制定发展规划时，就会涉及重要事项，发展规划是比较重要、大方向的内容，不可能巨细无遗罗列。如果一个本科生的目标是考上研究生，政治、外语的学习，以及专业课的学习就是重要事项之一。

（四）删除无意义事项

工作中少不了无意义事项，耗时多、成效低，要学会删除。

1. 删除超越能力范围之事

超越能力范围之事，耗时长且成果获得概率小，教师应当删除此类事项。能力范围不是固定值，有一定的波动变化。定义过程主观性较强，自己或他人根据先前工作的表现猜测、判断。可能有些人教师能力很强，但缺乏展现机会被误判为能力差。这种现象容易被有心人曲解成：我不晋升加薪并非能力差，只是因为缺少机会，从而自欺欺人、欺骗他人。删除超越能力范围事项，应当明确能力范围。一方面，要敢于拒绝他人的任务、请求、起哄，尤其是上级领导分配的任务，委婉但立场坚定地拒绝；另一方面，超出能力范围的事项通常更接近荣誉、权力、金钱，教师应学会控制内心欲望，甄别并删除此类事项。

2. 删除过多人际应酬之事

人际应酬之事，耗费时间精力多且获得成效难，需要减少。人际应酬是培养同事关系、上下级关系的极佳途径。很多时候，工作中的人际应酬是不可避免的，有学校要求，即为了团结教师、营造友好氛围等，还有教师个人需求，如熟悉环境、联络感情等，也有个别教师为了巴结同事而应酬。人际应酬的资源获得并非一蹴而就，长时间的积累才可能见效。有些应酬还要斗智斗勇，说别人爱听的话，做别人爱做的事。真正能在人际应酬中获得人脉资源的人少之又少，并非每一个人都有人脉人缘，以及获得人脉资源的能力。因此，教师要学会甄别并删除不必要的人际应酬事项。

3. 删除效益兴趣双低之事

效益兴趣双低之事，无成效且缺乏兴趣，教师应当删除。效益是做一件事的重要目的，通过效益可以获得所需的事与物。为此，即使艰难、即使无趣也要坚持下来。兴趣是做一件事的重要原因，因为感兴趣，所以不计较是否有成效。工作中不乏效益兴趣双低的事，但不缺前赴后继者，可能有些人想让自己忙碌起来，看起来很努力，寻求自我安慰，可能有些人没意识到事情的效益不高，自己的兴致也不高。因此，教师需要学会甄别并删除此类事项。

4. 删除目标结果不明之事

目标结果不明之事，不清楚为什么要做、结果怎么样，需要删除。目标不明的事项，等于没有方向，没有方向则无法制订计划，没有计划很难做好事，努力但没有收获，或者开展途中怀疑是否值得继续坚持。成果不明时，比较容易缺乏信念与意志力，看不到希望，遇到困难容易放弃，坚持下来的概率不大。因此，教师需要学会删除此类事项。

（五）合并性质相同工作

1. 合并工作任务相同的工作

任务决定了工作开展的大体走向，任务相同的工作在总体走向上是相同的。合并后共同开展，同时完成几个工作任务。生活中其实有很多任务相同的工作，有时候，是因为重复做才能加深印象而达到炉火纯青的地步；有时候，是因为接到的任务，不得不反复做；有时候，是因为偶然，刚好同时遇到几个任务相同的工作。还可能有其他原因，比如，教师必须写教学设计，可以同时写不同课题的教学设计，教学设计的步骤都是相同的，准备步骤包括对教材的了解与熟悉、明确授课对象的特点、明确授课内容，程序步骤包括教学目标、教法学法、设计意图、教学过程、板书的设计等。

2. 合并工作手段相同的工作

手段也等于方法，工作手段相同的工作，即使工作内容不同，也可以通过相同手段完成，节约时间成本。合并还有另一个好处，更多时间加深巩固、提高工作手段的质量，余下时间进行反思与总结，促进再提高。用相同手段完成工作，可以概括为几种形式：其一是万变不离其宗，工作手段呈现为一些工作与工作之间存在一定联系；其二是在已有的模板上、套路上更改内容，还有一些工作可能是在开展中才合并，没开展前不能确定工作手段是否相同或者是真正开展后更换手段，又恰巧与另外的工作手段重复。不管采用何种方式，合并之前必先明确工作需要采用什么手段，这是合并的前提，与工作前就明确的工作任务有别，工作手段可以在实践后再进行修改。

3. 合并工作过程相同的工作

过程是真真实实做的事情，过程相同的工作是最应该被合并的，因为过程相同的工作，意味着重复做。在工作前，合并过程相同工作的前提也需要预判，大概猜测工作过程将是什么样的。在工作中，合并过程相同的工作，更加直观，相比于工作手段更容易判断，更容易下定义。例如，家访几个学生，一般都需要准备学生在校表现、优点、缺点等材料，家访交流内容是差不多的。

4. 合并工作结果相同的工作

工作结果不等同于任务，结果是工作的产出。任务是工作前制订的计划，有时候当工作过程大致符合制定的目标，结果等于任务，有时候工作过程出现偏差，结果没有达到任务。结果具有未知性，没有完成之前谁也不知道结果会怎样，因此只能根据个体的已有经验，预判工作结果，再根据预判结果合并工作。

（六）发挥一事多用功能

1. 目的相近的事项一事多用

目的相近的事项理应一事多用，目的影响着事项的开展，目的相近的事项可以总结在一起，然后将已经完成了的事项可以通用的部分运用到其他事项。例如，同样制作微课视频，制作语文类微课视频与制作数学类微课视频，其中有一些是通用部分，片头、片尾、背景音乐等，通用部分是可以用在多个微课视频上的。

2. 过程相似的事项一事多用

过程相似的事项理应一事多用，在不同场合，选择的内容不一样，过程相似的事项可以采用相似的部分，将这一部分在多个场合使用，将会取得不错的效益。例如，制作教学设计的模板，同一学科的模板更便于一事多用，教学设计过程很多是相似的，导入、新授、巩固、总结，模板可以用于多种场合。

3. 方法相同的事项一事多用

方法相同的事项理应一事多用，方法相同，意味着采用同样方法能使其他事项开展。例如，教师必不可少的论文撰写，论文撰写的方法其实是相同的，只要会写第一篇，接下来的论文都不是难事，不管是学位论文、职称论文、教改论文都可以采用同样的方法去做。

4. 内容相关的事项一事多用

内容相关的事项理应一事多用，工作内容相关的事项是最应当被一事多用的，内容是工作的呈现，二者或多者内容有关联，一事多用时选择内容相关的部分即可，内容相关的事项一事多用类似合并同类项，已经是现成的内容。例如，小学生心理问题的研究成果可以运用在与之相关的很多事项中，小学生转学对学习动机的影响、教师教学的问题与对策、课堂管理与学校管理等都可以运用到小学生心理研究中。

（七）不在网络世界耗时太多

1. 制订网络工作耗时计划

网络世界，信息纷纷扰扰、五花八门。教师在使用网络前，必须制订网络工作耗时计划，详细到总体耗时多少，各个活动耗时多少，并且根据经验、难度预测设置波动范围，严格执行计划。比如，陈老师今天需要与同事李老师、于老师分别在网络上进行通信，讨论教学改革项目的相关事项，一共需要花费 3 小时，与李老师、于老师分别花费 90 分钟，允许波动范围在 10 分钟左右，最多不能超出 10 分钟，再进行细化。张老师搜查课堂领导力的相关网络资源，设置总体耗时 30 分钟，"课堂领导力的定义"搜查花费 10 分钟，"课堂领导力不足"搜查花费 10 分钟，"增强途径"搜查花费 10 分钟，波动范围在 2 分钟。网络通信时，专注于与原计划相关的事项，其他无关事项的信息提示会造成干扰。

2. 明确使用网络的目标

在使用网络前应当明确目标，使用网络是为了完成什么任务，使用网络为了达到什么目的。有目标，意志力才会更加坚定，意志力不够坚定的教师容易被繁杂的信息攻击，湮没在花花世界中，被牵着鼻子走。查找信息时，搜索浏览器和搜索引擎会根据之前的搜索信息设置"个性化推荐""猜你喜欢"等在首页或者内容页，推荐相关文章及广告，即使有时候推荐的文章已经看过，也会不自觉地点进去看，更有甚者，自欺欺人：看一篇小文章只需要几分钟，几分钟之后继续原有任务，不会影响进程，或者看一篇文章是放松自己，殊不知，看一篇文章容易联想到其他内容——文字、图片、音频、视频等，缺乏自制力克制不住无止境的欲望时，时间稍纵即逝而任务仍旧没完成。使用网络进行通信也是同样道理，以为多聊几句也不影响原计划，如果聊上瘾，很难把控自己。例如：一直喜欢并研究《红楼梦》的蒋老师，打算使用网络查找小学语文课程与教学论的相关内容，在点进浏览器后在首页的显眼位置看到著名红学家蔡元培的讲解，控制不住地点进去看，看完又想起鲁迅、胡适等人的书籍，开始搜索《红楼梦》的信息。

3. 提高使用网络的效率

效率是指投入时间与成果之比，高效率是指完成任务使用较少的时间，或在指定时间内，完成较多的任务。卓越教师在使用网络时应当提高效率，即在短时间内获取最多的有用信息，时间和成果质量同样重要。比较搜索引擎，总结各个搜索引擎的特点，以及各个搜索引擎在哪些工作、场合、内容上更适用，根据个人需求寻找最适合自己的，用得舒服的搜索引擎使心情愉悦，无形中提高效率。专注于使用网络的目标，排除干扰事项，延迟回应网络通信中的其他事项，忽视查找信息过程中的无关信息。

（八）合理利用碎片化时间

碎片化时间是指排队、乘坐交通工具、会议间歇、饭前饭后等时间较短的零散时间，日常生活中有很多碎片时间。或许有人瞧不起碎片化时间，认为几分钟、十来分钟，做不成什么事，况且在碎片化时间里如果有好的构思、想法，因为来不及记录、保存、展开，思路容易被忘记或被打断，但妥善利用碎片化时间，碎片时间的长期累加，能迸发出惊人的力量，将是一笔财富。

1. 乘坐交通工具的时间

在乘坐交通工具时，尤其是长途出行，乘坐长途交通工具如动车、火车、飞机、汽车等，几个小时到几天不等，狭隘环境里人的活动范围被迫缩小，相应减少大空间活动。在大型交通工具中通常不得不与陌生人相邻，大部分人在身边有陌生人情况下，可能变得小心翼翼、拘谨，更少进行活动，只开展个体活动或者小群体活动，活动量会减少，呈现为无所事事的状态。大多数人想要打发时间，做一些平时来不及处理的事，或者自知正常生活中不应该浪费时间做的事情，如无止境地看电视、电影、小说，刷视频，听音乐等。看电视、电影等是非常好的休闲方式，但过多休闲则是浪费时间。适当的休息、休闲外的时间可以用来处理一些短时间内即可完成的事项，如学习英语单词、构思方案、阅读必读书籍等，或者处理拆分步骤里的某一步骤、环节。

2. 会议培训的间歇时间

不论在何种群体集会上，精心安排好休息时间都是非常重要的。定期的休息将使人们下降的注意力得以恢复。安排会议的间歇，使人们不会因为去洗手间之类的事而分散注意力，并且使他们始终保持对会议内容的高度热情。① 考虑到参会人员与培训者、受培训者的精力、健康与注意力，在较长时间的会议培训中途通常会有间歇时间，方便参会人员的精力恢复，高效开展会议培训。间歇时间有长有短，长达 30 分钟，短至 5 分钟，间歇时间也是休息时间。提到休息，很多人会想到睡觉，或者听音乐、看电视等仅次于睡觉——传统意义上的休息，是全身心完全休息，间歇不一定需要全身心地完全休息。近年来，斜杠青年渐渐走进人们的视野，斜杠生活逐渐成为受追捧的生活方式，每一个人一天的时间都是同样的 24 小时，科学利用休息时间的人会不自觉地"延长时间"。最好的休息是换个环境，换一种思维，当看书累了后，练一会儿书法，练字累了以后，听一会儿音乐，如果还是疲惫，那就去跑步。会议培训的间歇时间可能由于场地问题，无法进行身体运动，但仍可以换成做其他事，以换一种思维。

3. 各类活动的预备时间

在各类活动中，主办方为了活动的有序开展，通常会要求参与活动者提前到场。提前时间一般为 15 分钟、10 分钟、20 分钟、30 分钟等也有，越是重要的活动越是要求早到。参与活动者的早到，有利于主办方确认到场人员，提醒、催促还没有到场的人员。有时个别人员会出现忘记活动的现象，人员的不足可能导致活动无法开展，迟到现象会很影响活动的整体情况。预留预备时间是约定俗成的规矩。在预备时间里，参与活动者是空闲的，教师充分利用好这段时间，也能发挥作用。

4. 就餐前后的间隙时间

就餐前时间包括排队等候、前往就餐地点等的时候，排队等候的过程中一味地等候，是比较乏味的。其实可以充分利用这段时间。排队等候过程中从事其他事项可能导致注意力不集中，发生一系列意外。比如，因为低头看

---

① 佚名. 如何安排会议中的休息时间［EB/OL］. https：//www. 12reads. cn/33477. html，2015-11-29.

电子版书籍，没有注意身边与同样在低头阅读材料的人发生碰撞；阅读入迷后没有及时点餐，影响排队秩序甚至遭到他人的指责。手机是合理利用碎片时间的最好工具，手机是智能移动终端，方便携带，但使用手机容易变成低头族，过多使用会伤害颈椎，对此，解决措施是合理利用，适当使用，找到一个合适的点。就餐后时间一般指就餐结束后，坐在原地休息，因为就餐后胃部大量吸收食物，需要稍作休息让胃部消化食物，坐着为宜，站着可能使胃部因为食物的重量而下垂。在休息时间里可以利用短暂时间提升自己，做一些简单的事情。

5. 早到单位的机动时间

机动时间指由个人自由支配的时间。早到单位有两个方面的原因：一方面是为了避免因为交通突发状况导致迟到，迟到不仅影响个人情况，而且与薪资、职位挂钩，大多数单位都有规章制度，不得迟到一定位列其中，并且加上附加条件，如迟到3次，扣除一定薪资。再者，迟到次数多了，在上司、同事的眼中印象不佳，对职位升迁很不利，甚至职位不保。教师更强调示范作用，教师必须做好本分才能影响学生，更加重视教师形象。另一方面，早到单位保障有充裕的时间准备新一天的工作，回忆昨天的工作、整理思绪、打扫保持清洁等。早到单位的时间有些是比较灵活的，可供自己支配。

6. 休息前的闲暇时间

在休息前，通常会有一段闲暇时间。休息，尤其是指午睡和晚睡，在两个较长的睡眠时间之前，有很多琐碎的事项，比如需要整理下午和第二天出门所需物品，检查上午、今天全天是否完成了所有的事项，长期积累下的经验促使我们形成在睡前留一点闲暇时间。根据认知心理学中的遗忘抑制现象，有前摄抑制和后摄抑制，休息前时间学习的知识只受到来自前面学习过的知识的干扰（也称前摄抑制），没有后面学习知识的干扰（也称后摄抑制）。在此时识记材料是非常高效的，这段闲暇时间应当被合理运用。但是很多人不知道这个道理或者知道后无动于衷，在休息前抓住最后的时间玩手机，不舍得放下手机。

第十二讲　成果意识

一、凝练成果的准备

（一）强化教育成果的彰显意识

1. 彰显教育成果的认同意识

教育成果的认同意识是指不同对象对教师本身所取得的教育成就表示满意与接纳的反映。

教师对自身教育成果的认同。一名卓越教师，必定要有自己独特的成长路径，能够静下心钻研教育教学，时刻关注自身专业成长；有目标有行动，在教育成果上有思路有突破。教师对自己的成果要有认同感，能够细心、深入地发掘成果中的实践或理论价值，敢于肯定自己成果的鲜明特色和创新之处。就教育成果而言，如果已具备成功特质，当教师受到外界的否定或干扰，要坚定自己创造成果的信念。比如，在教学实践成果的总结上，由于教师个体的独特性，即使教师所教课程相同，但所得的教育感悟与教学经验也有别于其他教师，这时先不要急于否定自己，而是反观自身成果是否有可取之处。

同行教师对教育成果的认同。卓越教师应该具备鉴别与欣赏他人成果的能力，抱有对教育成果的正确认识以及虚心向他人学习的良好态度。部分教师对教育成果认同意识不强的原因在于片面地认为备课、参加各种竞赛和成果展示活动只是流于形式、浪费时间；认为教师发表论文与撰写专著只是拼拼凑凑、投机取巧，表现出对成果的不认同甚至产生抵触心理；过于追求提升学生成绩来满足自己的成果欲望，证明自己的教育教学水平和业务能力等。① 不可否认，提升学生学习成绩也是对自己成果认同的表现，但作为一名卓越的教师，更应具备教学质量好、教研能力强的高水平素质。卓越教师善于正确看待别人的教育成果，挖掘教育成果中适合自己的部分，并加以修改与整合，形成自己的教育理论。

学生对教育成果的认同。教育成果的诞生，最离不开的就是学生。教师根据学生的特点，可以凝练出独特、与众不同的教育成果。反之，将教育成果运用于学生，又能获得学生的欢迎与认同。当学生对教育成果表现出认同的时候，本就枯燥的知识变得生动，使他们接纳知识的程度得到加深，教师和学生共同努力，创造一个充满活力的课堂，教育教学效果也会随之提高。比如，随着互联网信息技术的发展以及各种教育教学软件的开发，学生获取知识的渠道变得多样化，卓越教师可以就此现象及时进行反思，研究出如何在课堂上吸引学生的课题，创造出解决该现象的教育成果，并运用于实际教学中。

2. 彰显教育成果的创新意识

教育成果的创新意识是指教师根据教育发展的需要，创造前所未有的教育理论或教育实践，并在创造性活动中表现出积极而富有成效的思想和意图的动机。

卓越教师善于挖掘创新素材。卓越教师相较于普通教师更具有发现信息、捕捉素材、加工素材、完善成果的创新能力。卓越教师对创新素材表现出主动性，发现和观察身边可用于凝练成果的创新素材，大胆开拓自己的知识视野，活跃思维，利用自身已经具备的教育经验、教育规律、教育主张对此进行筛选、融会，形成初步成果，再对初步研究的成果进行查漏补缺，不断发展完善。例如，教师在日常的教育教学中，将获得的经验与领悟记录下来，撰写成教育日志，这不仅为课题研究提供了素材，还能够提高自己的思考能力，使教育研究与教育行动、教育理论与教育实践有效地结合起来帮助教师探索创新成果。

---

① 张善芬. 激活青年教师的成果意识 [EB/OL]. http://www.jyb.cn/rmtzgjyb/202004/t20200423_ 319638. html, 2020-04-23.

创新成果反作用于教师本身。教师在长期的教育教学实践中不断地发展、研究、探索与提炼，最终取得具有自身特色的教育成果。不少教师具有成果意识，并且有着丰硕的教育教学成果，但许多教师却将这些成果束之高阁。如此，教育理论思想和教学经验的价值便无法得到充分体现，被白白浪费。教师应该将精心创造出来的教育成果公之于世，将其融入教育成果研究的洪流中，这不仅让学生和其他教师汲取其中的营养成分，也能使自己的思想更加丰厚和成熟，教师个人的价值也能够得到社会与同仁的充分认可，这种成果价值可以反作用于教师本身，形成促进教师凝练更多创新成果的推力。

3. 彰显教育成果的辐射意识

教育成果的辐射意识是指教师本身以教育成果为中心，向多个领域进行延伸与运用，也指他人受到该教育成果的影响，将教育成果换化为自己可利用的理论。

教育成果呈现出多样化功能，并不仅仅适用于单个学科或者单个专业领域，也可以向多个领域进行延伸与运用。教师在创造教育成果的同时，综合运用多领域的理论与实践成果，进而形成的教育成果显示出跨领域的知识特点，其能够被其他领域所运用。例如，教育技术成果不仅可以在教师课堂教学中运用，也可以将其运用于计算机远程教学或者其他组织机构的远程培训。

教育成果对他人的知识成长有促进作用。教师所处的领域不同，所受到的教育也就不同，教育的不同又影响着知识积累、教育思维、综合素养，这就呈现出了每位教师的独特性。优秀的教育成果都是教师个性与学科、个性与专业相结合的产物，它不仅反映了学科、专业的规律，也彰显着教师的独特性。一项成功的教育成果一旦被确认并传播，就会引来大批学习者的追捧与效仿，成果的意义与价值也就得以体现。当学习者根据实际情况与个人特点有效内化教育成果时，个人的教育素质也就得到提升：在成果中发现自己尚且缺乏的教育理论；在成果中发现异于自己的教育思想，反思不同思想的区别与联系，丰满自己的教育思想；在成果中提炼出可利用的理论，并将其作为自己进行教育实践的依据；在成果中发现教育实践尚未有具体的教育理论作为支撑，通过自主研究，挖掘一条新的发现教育理论之路。

(二)认识教育成果产生的过程

1. 从实践中积累教育经验

教育经验是以教育实践为基础,依靠不断积累形成的产物,在一定程度上从教育实践中分化出来。但是,经历多次教育实践并非意味着积累了相应的教育经验,还取决于教师个体是否在教育实践上投入心血,是否能够在教育教学过程中不断反思、改进教育教学行为。实践作为教育经验的基础,要求重视教育教学的过程,通过不断试错与反思总结,强化对具体事物的了解,更新自身的知识系统。教师的教育经验源于教育实践过程,并能作为结果指向未来的教育实践活动。① 教育经验作为教育实践活动的直接产物,具有潜在的教育价值,对教师的教育教学实践行为具有指导性作用。通过教师主体的利用与开发,教育经验又可服务于教学,从实践中来又可以应用到实践中去,便捷了教师的教学行为。在面临教育问题时,教师便可简便地利用教育经验进行调控,从而做出适宜的教育行动。教育经验具有情境性、生动性等特点,故而在实践中也极易成为教师主体实施教育行动的依据。

2. 把经验升华为教育规律

教育规律是由教育经验经过一段时间的推移升华而成的,对教育活动具有约束作用。教师虽积累了许多宝贵的教育经验,但若没有及时将其升华成教育规律,随着时间的推移,经验就会开始慢慢消逝,难以凝练成可以分享的教育成果。教育规律的形成过程实际上是外部的经验或经验形式转化为教师内部意识的过程。教师在观察、亲历或者间接经验知识学习的过程中,通过视、听等感官活动收集有关经验的信息,但这种初步感知层面上的经验是浅显的、模糊的,若教师未对教育经验进行思维加工,感知得到的经验就无法进入教师的意识观念中,并且将会在教师感官体验结束后被终止。教育经验升华成教育规律的过程也是教师对专业技能的一种锻炼,从经验出发,教师通过观察身边的教育现象去探寻规律,逐渐从感性的判断发展成为理性的分析,再依据探寻出来的规律去分析现象,进而在经验、现象、规律之间建

---

① 刘桂辉,侯德娟. 教师的教学经验及其理性升华 [J]. 中国教育学刊,2017 (3):89-94.

立关系，梳理并解释这种成功的教育经验，凝练出符合教育规律的原理。①

3. 从规律中生成教育主张

教育主张是指从教育规律中逐步形成对某种行为的见解与观点。教育主张是教育规律的集合，是教育行为的科学依据，能够促使教师有效审视教育经验。教育主张见证了教师个体素养及教学品质不断提升的过程，在某种程度上，它可以被看作教师的核心理念，是教师专业成长的助力器。教育主张不是一时所想，也不是主观断想和个人经验，而是在判断、筛选、反思、吸纳的基础上，形成了对教育教学的自我认识。教育主张对教师至关重要，它是教师长期积累知识的浓缩结果，是形成教育风格和教学思想的基石，也是教师具有教学深度的体现。教师对教育规律进行理论解读，将知识与实践相结合，不断探索，经过深思熟虑后生成自己的教育主张，逐步形成一种教育教学观念。无论是传授知识还是思想启蒙，没有教育思想和教育主张的教师都难以教出优秀的学生。②

（三）夯实凝练教育成果的基础

1. 教育理论基础

凝练教育成果需要扎实的教育理论基础。教师只有不断地学习基础的教育理论，拓宽自己的知识面，才能实现理论上的成熟。教育理论上的成熟意味着对教育研究对象进行全方位的考虑，而不是从某个现象，浅表地、武断地思考。部分教师学习教育理论常会出现以下问题：理论体系针对性不强；有理论基础，但理论素养薄弱，学习到的理论也只是蜻蜓点水，对教育意识的培养以及教育教学能力的提高无法起到推波助澜的作用；对教育理论基础缺乏重视。教师在教育教学实践中，能够切实感受到教育理论的存在，特别是在教育实践中遇到问题时，便会产生对教育理论的强烈需求。现代教育改革要求教师不断完善教育教学技能，更新知识。比如，教师只有在微观上了解教育理论，才能从知识的占有者转变成知识传递的引导者。再如，教师需要通过掌握教育心理理论，摸清学生的身心发展规律，了解不同学生的学习

① 卢杨. 骨干教师教研成果提炼的困境及其突破——以市级语文骨干教师培训中凝结式成果提炼为例 [J]. 北京教育学院学报, 2016, 30 (6)：5-10.
② 任勇. 师者步入新境的突破点 [J]. 中国教师, 2020 (1)：64-67.

特点。

2. 教育研究方法

凝练教育成果需要多样的教育研究方法。教育研究方法是指采用系统的方法对教育现象进行解释、研究的方式，教师一般通过活动步骤的实施以及方法、技术的运用研究教育现象，为教育领域的成就添砖加瓦。[①] 教育研究的目的在于获取新的知识，形成科学的教育理论，在此之前，教育研究需要运用科学的方法，即教师通过掌握教育研究方法，以便获取科学的教育理论。在教育教学中，教师最为常用的教育研究方法通常有调查法、观察法、访谈法、实践研究法等。教育发展至今，无数前辈在研究教育的过程中取得了不错的成就并总结出了许多卓有成效的教育研究方法，教师要想凝练出优秀的教育成果，必然会通过这些方法研究教育现象。此外，教育研究方法还作为教育规律其中的一个反映。运用教育研究方法做研究，实际上也是在遵循教育研究规律，依照客观规律进行实践。大量的事实证明，教师只有运用科学的教育研究方法，切实遵循客观的教育研究规律，才能更好地了解教育的规律，轻松自如地应对教育领域中出现的问题，与此同时提高了教师的水平，为凝练优秀的教育成果打下了坚实的基础。

3. 教育记录技术

教育记录指的是教师将教育教学活动中的所见所闻，通过一定手段进行保存，并能作为信息传递开来的行为方式。记录的方式是多样的，教师可根据具体情境选择合适的记录方法，提高工作效率。记录技术一般包括文字记录、拍照、录像、录音、文本批注等。在教师教学中，文字记录用于课堂记录教学经验和教训，即当堂课的上课情况、学生状态及听课情况，便于教师课后分析教学不当的症结；拍照一般是用于课堂整体情况的记录；录像用于记录整节课堂的上课过程，比如教师上课语言谈吐是否得当，知识点的讲解是否得当，学生是否有兴趣听讲并积极发言等情况，用于动态分析，总结教学；文本批注，即在作业和试卷旁批注学生产生的疑惑和问题，用于发现学生的学习问题，有针对性地给学生解答，改进教学方法。除此之外，这些记录技术还能运用到教师的个人学习中。例如，教师进行学术交流或参与名师

---

① 薛国凤. 教育人类学与教育研究 [J]. 民族高等教育研究，2016（4）：35-37.

讲座等教研活动时，能够运用文字记录、拍照等手段将所见所闻记录下来。记录手段能够帮助教师清晰审视自身的优点与缺点，对教师的反思行为起到一个提醒作用。

4. 教育灵感呵护

有了灵感的火花马上记录。人都是健忘的，教师也无一例外，有的时候灵光乍现各种创意迸发，但一转身可能就忘了个精光。教师需要及时地将灵感记录下来，否则随着时间的流逝，这个灵感就会杳无音信。记录是实用性的东西，不是形式主义的产物，其最大的用处是教师在学习时，通过做记录，加深印象，做到入脑入心，能够防止灵感的遗漏，为日后的教育活动提供借鉴，提高教育工作水平。卓越教师想要始终保持着创造力，就必须持有观察的眼光，善于记录身边的现象与经验。当灵光乍现时，应迅速将其记下，并加以分析研究，以便在日后创造教育成果的过程中能够运用到相关的灵感。同样，当教师把记录当成一种习惯，能够运用恰当的方法记录下有意义的事情，也能为未来开展教育活动积累灵感的源泉。

有了灵感的思路马上整理。就像是购置了新鲜的蔬菜，在尚还鲜嫩的时期里做成食物，那就完成了一份有营养、有价值的美味佳肴，但只是放着不用，蔬菜就不再是食材，过了保鲜期就会开始腐臭，慢慢变成垃圾。教师的灵感也是如此，单纯地记录下来却不加以整理，就起不到应有的作用，也不会变成相应的知识和能力。教师记录灵感的过程，同时是整理思路的过程，将头脑中一闪而过的念头随手记下，一些不完整的想法在纸张上也会逐渐清晰起来。一旦教师有了灵感的思路，就不要轻易放过，快速捕捉它，将粗略的、不成形的想法记录下来，之后再进一步发展和改进思路，有目的性、针对性地查找、阅读文献，通过不断做实验和模拟去完善自己的灵感思路。

有了灵感的疑惑马上查证。教师迸发灵感后，把新的想法和观点以文本形式表达出来，在表达过程中出现对某些概念处理不清或对某些词语的理解有困难时，就需要立即查证，检核自己的思路是否正确、表达是否有误，再根据自己的想法查找是否已有相关的文章发表，通过查阅文献，也许会发现他人研究的假设与优缺点，通过相关内容的对比，思考自己是否有需要改进的地方或者其他新的发现与突破。

（四）明确教育成果培育的保障

1. 宽裕的时间与空间

培育良好的教育成果，首先要保证教师拥有宽裕的时间与空间。随着现代教学的发展，起初学校旨在提高教育活动质与量，加强各个教师之间交流与学习的培养模式已悄然变味，反而更追求教师管理能力与业务能力的培养模式。

宽裕的时间有利于培育教育成果。现在教师的教育工作负担普遍变重，有的学校甚至出现一个教师任课多个学科的现象，教师既要备课、上课，管理班级事务，还要应付学校各种命令的传达、检查、考评，完成各种记录与工作汇报，导致正常用于培育教育成果的时间和精力被迫压缩。此外，培育教育成果计划的制订也都是由上级领导直接决定的，为了节省时间成本，鲜有考虑和倾听教师的需求和意见，作为培养教育成果主体的教师变成了行政工作的落实者、教育活动的配合者。① 现在人们往往比较关注的是如何给学生进行"减负"，其实同样该减负的还有教师。只有为教师创造宽松、舒适的氛围，给予教师身心关怀，才能使教师有时间、有精力去分享自己的智慧，勇于发表自己的观点与看法，有了时间的保障，教育成果的培育指日可待。

足够的空间有利于培育教育成果。独立自主的教育空间是教师展现才华的充分必要条件，也是教师完善独立人格的栖息地。足够的空间给足了教师创造成果的自由，教师能够尽可能地发挥自身优势去创造更多的教育成果。现在很多学校都崇尚创造教育模式，这是因为教育模式符合教育发展规律，但同时给教师带来了沉重的负担——教育模式固化。什么是教育模式固化？例如，部分学校固化课堂，课堂教学模式受到牵制，课堂的导入永远都是停留在创设情境，或回顾旧知，要求学生在规定的时间内完成教师布置的各种练习任务，为下一步的教学内容争取更多的时间，这种在方式、时间上的固化给教师带来束缚，教师失去了发展的空间。将足够而自由的空间还给教师，给其一定的发展空间，也许下一次换来的，将是教育的又一个奇迹。

---

① 操太圣，乔雪峰. 理想与现实：教研组作为专业学习社群的批判反思 [J]. 全球教育展望，2013，42（12）：51-59.

2. 较高的个体素养

较高的个体素养是教师凝练成果过程的支撑。卓越教师的个体核心素养包括师德素养、专业素养、教育教学能力及自我发展能力。教师欲凝练出优秀的教育成果，较高的个体素养不可或缺。首先，教师应该具备良好的文化素养，其中包括专业学科知识、文化知识及教育教学理论基础。卓越教师不仅要有丰富的知识及较强的业务能力，还要懂得站在学科前沿，关注学术动态，捕获新信息，产生新观点。除此之外，也要具备教育科学理论修养。好的教育需要科学的理论指导，教育学、心理学和学科教学法等基本知识的学习有助于教师更好地实施优良的素质教育。① 其次，教师应该具备较强的教学能力。口述能力要求教师语言表达清晰，富有逻辑性的同时又不失生动活泼。组织能力要求教师能够集中学生注意力，调动课堂气氛，引导学生思维，维护班级秩序等，有效开展教育教学活动。最后，教师应该具备较好的道德素质及心理素质。教师不仅要热爱自己的教育事业，秉持良好的职业操守，关心学生，为人师表，还要具有较高的心理素质，面对教育教学问题临危不惧，冷静处理。教师处在一个日新月异的时代，较高的个体素质能够帮助教师应对教育时代的变化。

3. 和谐的发展共同体

教师的专业成长离不开个人的努力，更离不开一个团队的支持和良好的平台。实践证明，和谐的发展共同体有助于促进教师成长。长期以来，教师在教育教学工作中通常都是各自为政，彼此之间缺乏沟通与交流，且每位教师之间又有不同的教学风格，对教学的认识和理解也不尽相同，教师能够彼此合作的机会少之又少。此外，教师缺乏对合作的理性认知，在各种教育教学机制下，教师之间存在着竞争关系，很少有教师愿意毫无保留地交流工作经验。② 为打破教师发展瓶颈，创造和谐的发展共同体显得格外重要。发展共同体，以自愿结队为原则，以教育实践为基点，以团队研修为载体，以成

---

① 陈振雄. 历史教学中实施主体教育的策略［J］. 现代教育科学：中学教师，2012（2）：67.
② 操太圣，李斐. 绩效工资制度下新任教师专业发展的困境与突破［J］. 教育发展研究，2011. 33（10）：1-5.

果汇报为平台，教师在自由的空间中共同研究，在智慧共享中协同发展。① 通过和谐的发展共同体，使不同风格特点、不同背景、不同专长的教师都能相互促进，相辅相成，有效弥补学校教育资源的短板。总之，和谐的教师发展共同体让每一位成员在对话、合作、互助的环境中促进专业成长，实现教师与学校之间的共赢。

二、教师表达成果的方式

（一）表达教育成果的不同取向

1. 坚持不懈，通过量变实现质变

坚持积累是实现量变转向质变的基础。教师作为知识桥梁的牵引者，肩负着"以文化人"的神圣使命，而要想在教育教学道路上实现质的飞跃，凝练出优秀的教育成果，理应坚持积累，集思广益。教师在教育之路上积累不同的知识经验，坚持不懈，以达到质变：积累专业知识，加快知识的更新，紧跟时代步伐；积累师生故事，教师将日常的课堂实录、教学案例、班级管理心得等及时记录，根据自己的理解、判断对这些文件进行批注，以便解决日后出现的教育教学问题；积累经验教训，教师以不同的方式处理多种教育教学情境，能够获得意想不到的课堂反馈，再根据自己工作上的具体表现来积累相关的经验教训；积累思想，教师参加各种教育教学会议时，能够接收到不同专家的评价与思想启迪，教师将收集到的信息加以思考，又能够产生新的思想，以此指导教育教学实践。② 实现从量变到质变的过程是漫长的，教师只有做到坚持不懈，才能像永不干瘪的海绵一样不断吸收甘甜玉露。

2. 厚积薄发，以质量为首要标准

积累成果的基础上保证质量。质量是教师专业发展的生命线，在实现量变转化为质变的过程中，要保证每一个积累的成果都有好的质量。部分教师在教育教学过程中总会产生错误的观念，认为成果的多少就代表了自己教育教学水平的高低。虽说若要看一个人成功与否，必先看其做出了多少成果贡

---

① 杨永霞. 构建教师发展共同体促进教师专业发展 [J]. 教育革新, 2020 (3)：64.

② 赵娟. 做一个善于积累的教师 [J]. 学周刊（中旬）, 2015 (12)：19.

献，但质量未能得到保证，其中的营养含量过低，作出的教育贡献也是微乎其微。将本事放在课前，气力放在课内，反思放在课后，严谨对待教育教学实践的每一个过程，精心钻研每一个问题现象，将质量放在首位，再朝着数量的方向进发。在教育教学的道路上，只有把职业责任扛在肩上，把学生放在心上，将名利放在后头，才能真正得到优秀成果的眷顾。

3. 有的放矢，通过阶段性探究产出成果

数量与质量兼顾的同时，通过阶段性探究产出成果。教师将探究成果的过程分成几个阶段，根据每个阶段的不同要求，有目的性地进行探索与研究。一般地，教师将研究成果的过程分为三个阶段，分别是学习模仿阶段、发展个人能力阶段、探究突破阶段。学习模仿阶段，教师通过观摩同行、专家的教育成果，对研究教育成果的基本框架有了大致了解，并且能够与前辈的思想经验相比较，反思自己与前人的差距，不断完善教育教学能力。发展个人能力阶段，单单靠学习模仿别人是不够的，在教师发展道路上拥有自己的教育教学特点才是长久之计，"青出于蓝而胜于蓝"，教师在熟悉掌握前人宝贵的实践经验之后就要开始提高自身的各项素质，发展独到的思维方式。探究突破阶段，教师各方面的优秀专长是探究高价值成果的必备条件，当教师自身的条件准备充足时，只需要将磨炼过程中出现的问题拿出来做研究，在疑难问题中有所突破，提出好的解决方案与策略，整合、凝练成一份优秀的教育成果。

(二) 教师表达成果的物化类型

1. 教育案例

教育案例指的是以现实情境中发生的事实为基础，对具有典型性、代表性的问题或疑难的情境事件进行详尽描述的故事。教育案例一般具有情境真实性、内容完整性、行为典型性、叙述生动性、思想启发性等特点。教师在教育教学道路上难免会遇到许多具有不确定性与不可预测性的事件，面对学生的学习行为特点无从下手，如不懂得如何处理学生学科发展不平衡、认知与情感发展等情况；在课内外教学团体中遇到困难便手足无措，如教育管理不当、同事之间缺乏交流合作等问题。诸如此类事件，教师能够通过思维加工，利用文字叙述的形式呈现出来，成为集体分享与讨论的对象。教师撰写案例的过程实际上就是重新审视整个事件、整理思维的过程，通过深入分析教育教学过程中发生的典型事件，探究教育活动的发展变化，摸索规律，提炼出有效解决案例问题的方法与措施。

2. 教育论文

教育论文是以教育为研究对象、教育科学理论为指导依据，对教育领域中常出现的问题、现象进行系统研究，提出新思想，得到新策略的文章。①教育论文一般具有科学性、探索性、规范性、专业性、应用性等特点。教师针对现存的教育问题进行反思，并对此做好充分的材料准备，运用准确无误的研究方法，使用专业术语、专门概念、教育原理、定律、数据等来严谨、清晰地表达观点，就问题现象制订出具有针对性与可行性的解决方案。教育论文是对教师智慧劳动成果的肯定，是对教育研究的提炼与升华。一篇优秀的教育论文，是教师由"经验型"授课者转向"研究型"专家的最好证明，其展现了教师教学业务水平、理论研究水平和写作水平的高超，而撰写出来的教育论文将使社会、学校、教师、学生受益。

3. 学生教材

教材指的是为教育教学活动提供的材料，如课本、活动册等。而这里所说的学生教材属于教材中的狭义部分，指的是教师针对观察到的某些教育现象、学生主体而设计或编写出的材料，常供教师与学生于课堂内外使用。教师以学生为主体编写教材，注重从学生的经验出发，并依据学生经验编写教材内容，了解学生的兴趣爱好、剖析学生尚还缺少的能力，兼顾学科与学生两个方面的需要和发展，以学生的学习情况设计教材与教学资源，根据不同的学习阶段对教学内容进行编排，不同板块之间又各有侧重。教师凭借设计出来的学生教材，对课程的把握程度更深了一层次，对教材的使用变得更加灵活，能够帮助学生加深理解课程正文的内容，使学生获取更加完整的系统知识，同时教师依据教材也能够合理分配教学任务，提高教学效率。

4. 教学软件与教育专利

教学软件是指根据相应的教学目标和教学内容设计的具有一定教学策略的应用程序，如教学PPT、教学音频、教学投影片等。教学软件一般具有教

① 桂建生. 论教育论文与教育科研的关系 [J]. 上海教育科研, 2008 (9)：33-37.

学性、科学性、交互性等特点。教师就日常教学活动出现的复杂情况，有意识地去创造教学软件，以此来简化教学流程、调节课堂氛围、丰富教学信息。教学软件的研发有效帮助教师储存、传递和处理教学信息；图文与声像相结合，吸引学生的注意；拥有多样的教育教学资源，拓宽师生学习渠道；拥有交互操作功能，调动学生积极性的同时培养其动手实践能力；能对学生的学习行为与学习情况做出合理评价。多样的教学软件不仅能产生生动活泼的教学效果，还能充分将知识传授给学生，使教师教得轻松，学生学得开心。

教育专利是指受法律保护的有关教育领域的发明创造，经国家审批机关依法审查合格后，专利申请人有权在规定时间内使用该项发明创造。① 教育专利一般具有独占性、时间性、地域性、实用性、创造性等特点。教师结合专业特点，开拓思维，创造出技术含量较高的作品，如教具或某项教育技术，都能向当地专利代理机构提出申请。教师的专利能够为己所用，同时他人在查找文献时也可阅读相关专利文件，创造出新的思路、新的理念。

5. 教育项目与课题

教育项目是指教师为教育事业创造出独特产品，提供独特服务，在一定时间和一定预算内达到独特效果的临时性工作，其侧重点在于过程，如职业培训、艺术培训、外语培训等活动皆属于教育项目。学校和教师通过创造教育项目，从认识方面与实践方面去解决现存的疑难问题或者将好的教育成果进行进一步的研究和分析，试图创造出有意义的教育项目。

教育课题是指教育领域中，教师在一定时间内对教育教学问题进行研究并提出解决方案的主题。课题的形成是由意识到问题，通过对问题根源与问题本质的分析，找到解决问题的有效途径，总结好的经验，记录自己在认识和总结经验过程中的心得体会。教师在教育教学实践中总会有些收获，经常会使用教育日记、教育随笔等多种形式去记录实践过程中涌现的点滴思考。② 然而，这些记录往往是分散和随机的，这时课题针对这些研究提供了一个相对集中的思路，将记录进行整合，形成一条主题路线，使教师有一个明确的

---

① 黄明. 什么是专利? 什么是专利权? [J]. 上海人大月刊, 1998 (8): 23.
② 光清. 教师如何做课题 [DB/OL]. http: //blog. sina. com. cn/s/blog_ 4ab9fe0d01
00fcfc. html, 2009-09-25.

方向和清晰的目标。教师通过制作课题，解决实际问题，形成严谨的科学研究意识，让教育教学质量上升一个台阶。此外，其他教师也能够从课题中挖掘到有效的教学模式或者更好的教学方法，以供自己使用。

6. 教育著作

教育著作是指由教育工作者或专家撰写的教育学专著，是教育领域中具有技术性、指导性、专业性的教育丛书。撰写著作是教师专业成长的重要表征，也是对实践反思、咀嚼、提升的形式，是锻炼写作的过程之一。教师依托经历、观察、学识和生活上的积累去谋篇布局整本书，表达自己的思想与情怀。如果说教师参加过有意义的专家讲座、上过一堂成功的课或运用成功的教育方式培养出了有才能的学生，那教师也可通过撰写著作将自己所悟出的教育思想或者教育教学方法提炼出具有普遍运用性的理论。在信息技术发达的今天，教师创造出来的教育著作成果不仅是惠及自己面对的三亩七分地，还能够通过网络快速地传播至学校、地区、省城，甚至国际。此外，随着教育著作里的文字与思想的传播与流转，又可促进教育学者对问题的深入研究与讨论，从而形成良性循环。

（三）教师表达成果的外显方式

1. 教学实践中自用

教师在教学实践中运用教育成果。教师通过日常教学过程中积累的经验与教学素材凝练出优秀的教学成果并将其落实到课堂中，运用到学生身上。实践教学实际上是一种理论或者物化成果，可以视为一种教学形式、教学手段，贯穿于整个教育教学活动过程，渗透于每一个教学设计环节。[①] 教师的这种教育成果来源于教学实践，并需要接受实践的检验，当教师将教学成果展现在课堂中时，寻求与学生交流的最佳方式，明确学生当前的认知水平，如教师根据学生喜好动画的特点，通过设计多媒体情景动画，再现现场情景，直观展示知识动态，用生动的语言进行描述情景，以此来吸引更多学生的注意力，便于向学生渗透课程知识，了解课本内容。教师将教学成果用于课堂，并反复实践、检验，根据课堂效果又可以课后记录新生成的素材，整

---

① 黄思贤. 再论实践教学的基本要素与其分类［J］. 海南师范大学学报（社会科学版），2018，31（2）：136-139.

理并将其汇总，将这些资源不断积累，凝练成一个自己可以运用于课堂的成果，在恰当的时候再次展现在课堂上，以达到表达教学效果的目的。

2. 教师团体内交流

在教师群体中分享教育成果。教师成果交流是综合实践活动中十分重要的环节，它既是对教师前一段时间研究的检验，又是对下一个的拓展延伸阶段的启蒙与思考。教师团体交流内容多样，一般围绕所学理论的系统认识，学习理论后的心得体会，运用理论改进实践的切身经历，自身实践的反思提升等内容展开交流活动。教师在群体中展示成果的方式一般有两种：一种是口头交流，如在备课小组集体展示、匿名评课、虚拟上课、教学研讨、师徒结对等活动中与其他教师进行面对面交流，评价教育成果的优缺点；另一种是书面交流，如采用读书报告、学习篇目等书面形式，在教师团体中相互阅览，全面交流展示教师的教育成果。教师团体之间相互交流、相互学习，引发二次教学的持续实践、研究、再实践、再研究的过程，教师集体的智慧发生碰撞，相互启迪，形成教育教学合力。

3. 教育会议上宣读

在教育会议上宣读教育成果。教育会议是进行学术交流的好机会，不仅给予教师展现自己的舞台，还能够汲取前辈的前沿权威经验，得到来自同行、专家的评价和建议，对教师的研究和教育成果大有裨益。从会议宣读上来看，教师通常会将自己的思想成果转化成文字，如论文、著作、PPT 演示等作为宣读材料，在教育会议上进行展示。一般来说，教师为抓住人的眼球，通过运用大量的图、表，以及核心文字来制作 PPT 演示，再运用自己的语言围绕幻灯片进行阐述，达到在教育会议上宣读教育成果的目的，既突出了重点，又能将自己的成果表达得清楚明确，让同行、专家明白自己的主意、想法及贡献，引起在场人的热烈讨论。

4. 教育报刊上发表

在教育报刊上发表教育成果。教育报刊具有时效性、细致性、内容专一性的特点，这为教师在近期内创造出来的教育成果提供了一个展示手段，教师能够以文字的形式编辑成文章，将其发表到教育报刊。教师针对近一段时间出现的教育教学问题现象进行分析，出于对教育信息的敏感，捕捉前沿的教育信息，对不同专题的信息进行收集、分类，并将收集到的信息在恰当的时间内合理地运用到研究中。此外，教育报刊价格实惠，阅读的文字数量适宜且能够随时随地阅读，并可以相互借阅，收获的读者颇多，所以教师将教育成果发表其中，就有可能得到宣传和推广，其效果是不可估量的，会让更多的人从中受益。

5. 出版社公开出版

通过出版社公开教育成果。出版社公开书刊不同于报刊，其展现成果是教师的理论见解与经验，内容广泛，且分成不同模块。教师通过总结自己在教学生涯中积累的经验与感悟，将不同的理论经验进行分类阐述，并撰写成论著，将论著成果投稿至相关出版社，当精心撰写的论著得到出版社的认同，即可进行公开出版。通过出版社公开出版教育成果，推广范围广，让更多的人阅读、了解到教育成果所要表达的思想理论。除此之外，教师还能够通过查看读者们的评论与建议，对教育成果进行改进与补充，让教育成果得到再提升。

6. 竞赛评比中获奖

在竞赛中展现教育成果。每一个行业都有自己行业内的竞争与比拼，教育这个行业也不例外。竞赛评比是教师教育教学水平的公开展示，教师的个人水平如何，通过竞赛便可见分晓。竞赛评比已然成为教师展现个人实力的平台，教师为力证自己的教育水平，努力在竞赛中为自己、为学校争取名次。教师在从业过程中能够有机会参加各种讲课竞赛，诸如教师基本功大赛、全国教师平台晒课、教师电教比赛等。教师参加竞赛，必定要经过精心准备，反复磨炼，保证自己讲述的成果内容具有科学性、准确性，才能在比赛中展示自己的教学理念；展现对教学中疑难问题的把握与突破；展现在平日积淀下来的学科素养；展现对课堂结构的把控。通过竞赛"比武"，能够激励教师拿出最高水平，不断提高自身的教育教学能力。

三、成果的推广与革新

（一）教育成果的推广策略

1. 将成果运用于不同班级、不同学科、不同年龄的学生

学生是教育成果推广应用的最终受益者。优秀教育成果的推广便于教师

改进教育教学实践活动，最终的实践结果将惠及学生。它的成功之处在于能够激发学生的学习热情，提高学生各方面的能力，促进学生的发展。教师根据教育规律，针对不同班级、不同学科、不同年龄学生的身心发展特点以及日常学习情况，经历观察、调查、研究和反思等一系列研究活动，将教育成果分为几个部分进行推广，创造性地选择成果中的教育教学方法与教学内容进行教育。例如，教师通过日常的班级管理，凝练出有关学生管理的教育成果，教师可以根据不同学生的特点选择合适的教学方法，巧妙地给学生布置学习任务，有效提升课堂效率。

2. 将成果辐射到同一学科组教师

同一学科组教师是教育成果的直接受益者。将教育成果推广至同一学科组教师身上，有着可观的借鉴效果，能够为同一学科组教师提供一个明确的研究方向。首先，能够为同一学科组的教师的实践活动提供理论依据。即使同一学科组教师的教育教学活动大体相同，但在活动过程中教师处理事情的能力还存在一定的差距。一些理论基础比较薄弱的教师没有科学的理论依据作为支撑，在开展教育实践活动时就会显得有些力不从心，这时就可以通过借鉴有关教育成果中所提到的符合该教育实践活动发展规律的教育教学理论来开展教育教学活动，同时还能为理论基础薄弱的教师累积一些理论研究经验，逐步奠定理论基础。由于学科性相同，相较于其他学科的教师，同一学科组的教师会更容易对该教育成果产生认同感，并且能够深刻地理解信息，精准地抓住教育成果中的核心内容，将教育成果充分利用起来。

3. 将成果推广到校内其他学科教师及教育管理实践

教育成果对其他学科教师及教育管理实践起到启迪作用。将教育成果推广至校内其他学科教师及教育管理实践，能够加强各学科教师的合作，最大限度地利用教学资源，整体优化教学策略，提高教育管理效率。各个学科的教育教学性质虽然不同，但在新课改的发展之下，各个学科之间实际上已经日趋融合，各个学科之间也有了相通性。其他学科的教师可通过观摩教育成果的研究背景与研究方法，反思自己的学科领域是否也存在有关问题现象，若出现了类似的教育问题，又能否运用该研究方法去解决，是否可以应用同种理论填补学科研究空白。此外，教育成果也能够推广到教育管理实践中，学校管理者能够根据教育成果中的某项教育制度去改进教育管理实践，不断完善校园管理制度，提高工作效能。

4. 将成果推广到校外教育组织、团体

将教育成果推广到校外教育组织、团体，形成教育协同发展体系。校外教育组织、团体具有规范性，通常会组织开展一系列针对教育研究成果的观摩活动，如教育学会、教育会议、成果研究会议等，并能够邀请到资深专家对成果进行分析，以及就教育成果推广的可行性进行研讨和交流。同时，校外教育组织、团体都具有一定的权威性，教师将教育成果进行展示、推广，不仅能获得权威教师或专家对教育成果的评价，还能为其他教育工作者提出一些新的思想与观念，为教育领域创造出更加完善、更加创新的教育成果。除此之外，教育成果的推广也能够为从事教育行业的教育组织、团体提供反思的机会，回顾整个教育行业，针对教育制度与技术尚存在的缺陷，合力研究解决方法，为教育领域贡献一份力量。

5. 将成果推广到教育学科外

将教育成果推广到教育学科外，促进社会发展。现代发展中，现今各个行业领域相互交融，教育成果不仅能够运用于教学改革中，还能够为企业社会提供服务，在各种社会服务中发挥重要作用。将教育成果推广到各个经济行业中，能够促进经济的发展。教师将教育成果的使用权授予各个经济行业，企业能够通过该项教育成果创造出更加优质的经济商品，例如学习APP、教育教学视频等，这不仅促进商业经济的发展，还能将教育成果推广到各个领域，形成一种教育推动力。此外，教育成果还能推广到教育行政部门中。教师精心凝练出来的教育成果经过多重的考核、查验后，能够被各级教育行政部门所采用，为教育决策、教育方针提供参考甚至是将教育成果的核心思想转化为教育部门的指导意见等。若教育成果被教育行政部门采用，那所推广的范围就会变得更加广泛，易形成较大的经济效益。

（二）教育成果的革新途径

1. 成果打上时代烙印

紧跟时代步伐，突出新时代特色。卓越教师区别于普通教师的根本原因是卓越教师拥有自己的独特风格，而独特风格的形成源于其拥有创新精神，具有紧跟时代教育发展的意识。不可否认，教育者们运用原有的成果，教书育人，传授知识，积累了丰富的经验，并取得了许多优秀成果。但随着我国新课程教学改革的深入发展和时代的变化，教学成果也需要适当地跟随时代革新、与时俱进。现在的教育已然发展到了智能化阶段，教师需要改变传统守旧的思想，发展新的个人教育教学素养，有效利用现代信息技术，对教育成果进行改进与革新。在将来，教师还会面对"未来教育"的冲击，那将是一个具有开放性、多元性、个性化的教育时代，教师各方面的技能应随着时代的发展而不断提高和更新，利用前沿信息、多种现代信息技术去探究教育成果。在新时代里，教师要敢于尝试，改变原有的思考方式与教育观念，在教育成果中添加新元素、新思想。

2. 成果凸显个人印记

结合自身特点，打造个人印记。每一个成功的教育成果背后都包含着教师的智慧和独特的思想，他们自信、开放、敢于突破，能够随着思想与知识的开放不断更新教育教学理念，通过多种途径获取前沿信息，积极参与时代竞争，不盲从，只务实，刻苦凝练出教育成果。

那么如何在教育成果上凸显个人的印记呢？首先，教师需要对自己的特长有一个明确的认知，瞄准自己的定位，匠心独运来确定自己进行教育教学研究的方向。例如，教师在课堂上用幽默风趣的方式进行授课，学生能够耳听心受、学以致用，那么就可以将这种授课方法记录下来，凝练成具有自己特色的成果。其次，教师要将"特色"做到极致，竭尽全力，不能半途而废。教育教学特色的形成并非一朝一夕，这就要求教师在个人发展中对理论基础和专业知识抓得牢、拿得稳，只有厚实的知识沉淀，才能在教育研究中厚积薄发，拥有充足的科学理论来支撑自己的观点、思想，逐步将"特色"发挥出来。同时，教师还要懂得谦虚学习，取他人之长，补自己之短。教育领域中，不同的教育工作者会凝练出不同的成果，成果中蕴含的教育理念与教学经验都具有一定的价值，教师取其精华，将学习到的东西融会贯通，将"特色"发扬光大。最后，教师要将自己的独特风格与教育教学实践相融合。只有将独特的风格贯穿整个教育教学实践环节，才能创造出有特色、应用性强的教育成果。

3. 成果实现再次创新

弥补成果原有的不足，实现成果的再次创新。成果的再次创新是指将原有的创新成果进行再一次的修正与改进，学习其他教育工作者的基础教育改革成果，以便于弥补自身成果中还存在的不足。一个新的时代，总会有其特定的时代特征，一些旧的教育成果已不再适合现在的时代发展阶段，需要教师将教育成果再次创新。除此之外，教师在凝练创新成果的过程中也不可能做到面面俱到，总会出现一些不足之处，教师可以先将其暂时搁置，保证成果核心内容不变，兼顾当前时代所需要的教育理念，通过阅读他人的教育成果，用自己独到的见解找到恰当的弥补方法，重新将教育成果拿出来进行修整。将教育成果再次创新，能够让教育成果更完善，永葆旺盛的教育生命力，将成果的作用最大化。

参考文献

一、工具书

1. 辞海编辑委员会. 辞海 [Z]. 上海：上海辞书出版社，2000.

2. 杨治良，郝兴昌. 心理学辞典 [Z]. 上海：上海辞书出版社，2016.

二、著作类

3. [希] 亚里士多德. 尼各马可伦理学 [M]. 北京：商务印书馆，2003.

4. [德] 赫尔巴特. 普通教育学·教育学讲授纲要 [M]. 李其龙，译. 北京：人民教育出版社，1989.

5. [日] 大桥正夫. 教育心理 [M]. 钟启泉，译. 上海：上海教育出版社，1980.

6. 张俊伟. 极简管理：中国式管理操作系统 [M]. 北京：机械工业出版社，2013.

7. 金生鈜. 理解与教育——走向哲学解释学的教育哲学导论 [M]. 北京：教育科学出版社，1997.

8. 洪汉鼎. 理解和解释：诠释学经典文选 [M]. 北京：东方出版社，2001.

9. 靳玉乐. 理解教学 [M]. 成都：四川教育出版社，2006.

10. 《教育学原理》编写组. 教育学原理 [M]. 北京：高等教育出版社，2019.

11. 刘佳，陈克宏. 普通心理学 ［M］. 西安：西安交通大学出版社，2014.

三、期刊类

12. 杜芳芳. 教师领导力：学校变革的重要力量 ［J］，教育发展研究，2010（18）.

13. 秦敬民，秦东华. 师德原则论衡 ［J］ 山东教育：中学刊，2003（26）.

14. 陈成文，喻名峰. 论社会保障与社会支持 ［J］. 湖南轻工业高等专科学校学报，2000（1）.

15. 夏玲. 加强小学教学教学的有效性 ［J］. 科教导刊，2009（14）.

16. 许鉴魁. 教师素养与课堂教学效果 ［J］. 闽西职业技术学院学报，2011，13（1）.

17. 何绍波，王秀杰. 教师有效阅读的实践策略探究 ［J］. 教师教育论坛，2016，29（8）.

18. 周淼泉，罗显克. 探讨高校教师"教育专长"及其对新课改的影响 ［J］. 教育与职业，2007（12）.

19. 戈冉舟. 学校发展的依托　教师成长的摇篮 ［J］. 教育界：综合教育研究（上），2016（9）.

20. 胡瑞峰. 教师校本培训网上行 ［J］. 上海教育科研，2011（6）.

21. 韩笑. 浅议情景剧在初中历史教学中的应用 ［J］. 知识文库，2016（13）.

22. 杜万平. 初中语文中如何让学生在自主中学习探索构架 ［J］. 文渊（中学版），2019（3）.

23. 李如密. 教学风格的内涵及载体 ［J］. 上海教育科研，2002（4）.

24. 李如密. 教学艺术的内涵及四个"一点"追求 ［J］. 上海教育科研，2011（7）.

25. 颜奕，杨鲁新. 教师教学专长研究：概念、方法及启示 ［J］. 外语教学理论与实践，2016（3）.

26. 石中英. 人文世界、人文知识与人文教育 ［J］. 教育理论与实践，

2001 (6).

27. 蔡永红, 孟静怡, 龚婧. 中小学教师教学专长的构成成分与领域特征研究 [J]. 教育研究与实验, 2017 (5).

28. 梁慧琳. 基础教育阶段农村教学资源整合面临的挑战 [J]. 教学与管理, 2018 (36).

29. 陈文博. 以教育创新推进教育事业发展 [J]. 中国高等教育, 2002 (19).

30. 陈林, 张树苗. 小学教师必备素质: 课堂管理能力 [J]. 黑龙江教育学院学报, 2019, 38 (5).

31. 陈红燕. 班级管理研究述评 [J]. 教学与管理, 2004 (31).

32. 马丽芳. 未来学校立体化教学管窥 [J]. 电脑知识与技术, 2020, 16 (21).

33. 吴艳茹. 教师 "自我管理" ——构建专业学习共同体的一个必要因素 [J]. 天津师范大学学报 (基础教育版), 2015, 16 (4).

34. 冯忠江, 葛京凤, 张军海. 浅析高等学校地理教师专业发展的内容和途径 [J]. 读与写 (教育教学刊), 2014, 11 (4).

35. 师帅. 提升学生管理工作精细化的方法分析 [J]. 就业与保障, 2020 (13).

36. 冷妹, 张祖庆. 法律适用中的归纳思维与演绎思维 [J]. 法制与社会, 2009 (34).

37. 丁玲玲. 试论英语写作教学的语言逻辑策略 [J]. 学理论, 2013 (14).

38. 汪向阳, 汪碧瀛. 论当代知识生产力的新发展 [J]. 西北大学学报 (哲学社会科学版), 2001 (3).

39. 杜萍. 高校创新创业教育资源整合问题探讨 [J]. 科技经济导刊, 2020, 28 (26).

40. 张新海, 李瑶瑶. 教育定量研究和定性研究: 对立与调和 [J]. 现代教育科学, 2020 (3).

41. 彭荣础. 思辨研究方法: 历史、困境与前景 [J]. 大学教育科学, 2011 (5).

42. 龙立荣，李晔. 论心理学中思辨研究与实证研究的关系 [J]. 华中师范大学学报（人文社会科学版），2000（5）.

43. 姚计海."文献法"是研究方法吗——兼谈研究整合法 [J]. 国家教育行政学院学报，2017（7）.

44. 侯玉兰，刘春丽. 坚持乐学教育，全面提高语文教学质量 [J]. 新课程（下），2013（11）.

45. 胡大白，杨雪梅，张锡侯，罗煜，李高申，樊继轩，汤保梅，王军胜，时会永，李艳杰，董黎丽，褚清源，冯玉荣，陶继新，刘万福. 民办本科高校培养目标定位与育人模式改革的研究与实践 [J]. 黄河科技大学学报，2009，11（6）.

46. 王敏. 论教师如何塑造形象、完善自我 [J]. 青少年日记（教育教学研究），2016（10）.

47. 庾婉婷，潘慧. 在拓展中提升沟通能力 [J]. 中国邮政，2013（9）.

48. 田玉明，肖翠芬，刘凤英. 语言表达与交流能力的培养研究 [J]. 教师教学能力发展研究. 2017（10）.

49. 王家梅，徐玲. 浅谈新时期教师职业道德缺失及对策 [J]. 新课程（小学），2013（4）.

50. 刘辉. 课堂教学中教师言语失当成因分析 [J]. 湖南教育，2008（1）.

51. 潘锋. 中职学校形势与政策教育策略探究 [J]. 中国校外教育，2012（26）.

52. 潘鹏飞. 浅析新媒体时代背景下班级管理的重要性 [J]. 信息记录材料，2018，19（11）.

53. 陈叶，陈文华. 新媒体社交网络对大学生人际交往的影响及对策 [J]. 考试周刊，2014（44）.

54. 张君燕."听过"是什么意思 [J]. 演讲与口才，2018（6）.

55. 薛雷雷. 重视教师礼仪塑造教师形象 [J]. 网友世界，2013（Z1）.

56. 朱瑞青. 谈学好数学的重要性 [J]. 中学课程辅导：教学研究，2011，5（5）.

57. 李凤华，李海玉. 当代大学生利用交往工具的情况分析 [J]. 商丘师范学院学报，2008（10）.

58. 何迪远. 开发课程资源的有益尝试——一次源于家长会的写作实践及思考［J］. 语文建设，2004（12）.

59. 黎兆和. 家访是教师工作的重要部分［J］. 小学教学参考：综合版，2011（9）.

60. 何军华. 教学方法纵横谈——公开课心得体会［J］. 新课程（下），2014（1）.

61. 陈士俊. 论广义技术的分类系统［J］. 科学技术与辩证法，1990（3）.

62. 李运林. 教育技术学科发展：走进信息化教育——五论信息化教育［J］. 电化教育研究，2015，36（2）.

63. 孙燕飞. 基于云模型的高校计算机类课程教学评价指标体系分析［J］. 信息系统工程，2017（3）.

64. 朱强，别立谦，姚晓霞，朱本军，刘兹恒. 面向泛在信息社会的国家战略及图书馆对策研究（上）［J］. 大学图书馆学报，2014，32（6）.

65. 欧阳鑫颖. 基于现代教育技术学基础理论创新研究［J］. 智库时代，2018（42）.

66. 何克抗. 中国特色教育技术理论的形成与发展［J］. 北京大学教育评论，2013，11（3）.

67. 林书兵，张倩苇. 我国信息化教学模式的 20 年研究述评：借鉴、变革与创新［J］. 中国电化教育，2015（9）.

68. 安涛，李艺. 教育技术理论的范畴体系与核心问题［J］. 现代远程教育研究，2014（2）.

69. 王忠政. 教育现象学视角下的高校信息化教学管理体系的构建［J］. 电化教育研究，2016，37（5）.

70. 夏巍. 教师教育理解力的内涵、价值与培育［J］. 教育导刊，2019（7）.

71. 苏志磊. 理解教育：解释学的视角［J］. 潍坊教育学院学报，2010，23（5）.

72. 熊川武. 教育理解论［J］. 教育研究，2005（8）.

73. 程玉梅. 教育理解: 一种本体论的分析 [J]. 全球教育展望, 2014, 43 (7).

74. 李丽丽. 作为一种文化现象的"学术资本主义" [J]. 文化研究, 2020 (1).

75. 刘冰. 文本过度解读面面观 [J]. 教学与管理, 2011 (20).

76. 余久久. 新型课堂教学环境下"照本宣科"现象思考 [J]. 电脑知识与技术, 2015, 11 (19).

77. 宁本涛. "五育融合"与中国基础教育生态重建 [J]. 中国电化教育, 2020 (5).

78. 岳梅, 张叶江. 互联网+在现代医学教学中的应用场景研究 [J]. 中国继续医学教育, 2020 (4).

79. 潘娟. 把幸福教育融入幼儿一日生活之中 [J]. 教育导刊 (下半月), 2017 (2).

80. 张凤燕, 邓涛. 初任教师职业生涯规划探析 [J]. 中小学教师培训, 2014 (1).

81. 杨泉良. 论教师的自主与自律 [J]. 湖南第一师范学院学报, 2016, 16 (4).

82. 赵艳. 师德建设大背景下教师自律的应用、困难及优化 [J]. 决策探索 (下), 2018 (7).

83. 池根生. 职业学校教师职业化的自我塑造——职业学校教师职业发展规划的设定 [J]. 当代教育实践与教学研究, 2018 (6).

84. 杨卫安. 教师"铁饭碗"能打破吗 [J]. 辽宁教育, 2016 (14).

85. 王金兰. 高校学生参与教学管理的思考 [J]. 教育理论与实践, 2016, 36 (15).

86. 王柳柳. 教师怎样进行有效的时间管理 [J]. 初中生世界, 2020 (8).

87. 王立珍. 教育资源库现状分析与建设策略 [J]. 中国现代教育装备, 2006 (4).

88. 刘桂辉, 侯德娟. 教师的教学经验及其理性升华 [J]. 中国教育学刊, 2017 (3).

89. 卢杨. 骨干教师教研成果提炼的困境及其突破——以市级语文骨干教师培训中凝结式成果提炼为例 [J]. 北京教育学院学报, 2016, 30 (6).

90. 任勇. 师者步入新境的突破点 [J]. 中国教师, 2020 (1).

91. 薛国凤. 教育人类学与教育研究 [J]. 民族高等教育研究, 2016 (4).

92. 操太圣, 乔雪峰. 理想与现实：教研组作为专业学习社群的批判反思 [J]. 全球教育展望, 2013, 42 (12).

93. 陈振雄. 历史教学中实施主体教育的策略 [J]. 现代教育科学：中学教师, 2012 (2).

94. 操太圣, 李斐. 绩效工资制度下新任教师专业发展的困境与突破 [J]. 教育发展研究, 2011 (10).

95. 杨永霞. 构建教师发展共同体促进教师专业发展 [J]. 教育革新, 2020 (3).

96. 赵娟. 做一个善于积累的教师 [J]. 学周刊, 2015 (35).

97. 桂建生. 论教育论文与教育科研的关系 [J]. 上海教育科研, 2008 (9).

98. 黄明. 什么是专利？什么是专利权？ [J]. 上海人大月刊, 1998 (8).

99. 黄思贤. 再论实践教学的基本要素与其分类 [J]. 海南师范大学学报（社会科学版）, 2018, 31 (2).

四、学位论文

100. 白雪杰. 从隐匿到彰显 [D]. 南京：南京师范大学, 2007.

101. 潘继芳. 反思性教学与历史思维能力的培养 [D]. 曲阜：曲阜师范大学, 2008.

102. 孙婧姝. 档案袋评价在高中英语课堂教学中的应用研究 [D]. 长春：东北师范大学, 2009.

103. 焦丽敏. 论教师的情绪管理 [D]. 长沙：湖南大学, 2008.

104. 商家鑫. 思想政治教育视域下高校学生人际交往障碍及调适 [D]. 长春：吉林建筑大学, 2016.

105. 张平丽. 当代大学生人际交往现状及对策研究 [D]. 贵阳：贵州大学, 2009.

106. 肖婕. 21 世纪教师形象设计 [D]. 武汉：华中师范大学, 2000.

107. 马丽娜. 混合式学习环境下学前教育专业师范生沟通能力培养的实践研究 [D]. 西安：陕西师范大学, 2019.

108. 史建生. 高校辅导员共情能力的现实状况及提升策略研究 [D]. 长春：东北师范大学, 2019.

109. 刘存芝. 新媒体对大学生政治社会化的影响及引导研究 [D]. 西安：西安石油大学, 2020.

110. 王瑞. 民办高中品牌美誉度提升策略研究 [D]. 天津：天津大学, 2018.

111. 张艺昆. 高校毕业生思想政治教育的理论与方法构建初探 [D]. 西安：西北大学, 2010.

112. 杨英. 社会工作介入初中生负面情绪管理研究 [D]. 合肥：安徽大学, 2020.

113. 周萱齐. 医患关系紧张的伦理反思 [D]. 株洲：湖南工业大学, 2014.

114. 蔡月桂. 中学教师自我管理能力的现状及培养对策研究 [D]. 漳州：闽南师范大学, 2016.

115. 陈贤艮. 教育智慧的形成机制研究 [D]. 重庆：西南大学, 2010.

116. 魏丹丹. 教育技术资源观研究 [D]. 南昌：江西师范大学, 2005.

117. 蔡聪杰. 现代教育媒体在中学物理教学中应用的现状及对策研究 [D]. 扬州：扬州大学, 2018.

118. 杨卉. 教育网站的教学服务功能建设研究 [D]. 西安：第四军医大学, 2009.

119. 刘嘉. 慕课在高校思想政治理论课的运用研究 [D]. 桂林：广西师范大学, 2015.

120. 谢娟. 现代教育技术应用的伦理审视 [D]. 济南：山东师范大学, 2013.

121. 邓友超. 论教育的理解性 [D]. 上海：华东师范大学, 2004.

122. 周险峰. 教育文本理解论 [D]. 上海：华东师范大学，2006.

123. 周福萍. BIM 协同设计模式下团队工作效率影响因素研究 [D]. 深圳：深圳大学，2019.

124. 汪丹丹. 民办高中英语教师专业发展现状及对策研究 [D]. 安庆：安庆师范大学，2020.

125. 侯佩文. 提高职业高中美术教师教学能力的有效途径研究 [D]. 武汉：华中师范大学，2018.

126. 那岚业. 基础教育学校品牌研究 [D]. 西安：陕西师范大学，2013.

127. 贺敬雯. 教师愿景与教师发展的关系研究 [D]. 长春：东北师范大学，2014.

128. 蔡政煦. 高中思想政治课教学目标预设与生成研究 [D]. 南京：南京师范大学，2012.

129. 李伟. 中小学教师职业生涯自我规划问题研究 [D]. 曲阜：曲阜师范大学，2010.

130. 范靖. 优秀教师教学反思的个案研究 [D]. 重庆：西南大学，2016.

131. 迟大庆. 小学教师职业生涯规划的策略研究 [D]. 沈阳：沈阳师范大学，2011.

五、网络文献

132. 佚名. 什么样的教师是卓越教师 [DB/OL]. https：//wenku. baidu. com/view/92f56674b04e852458fb770bf78a6529647d3596. html，2020-11-28.

133. 百度百科. 卓越 [DB/OL]. https：//baike. baidu. com/item/卓越/707？fr＝aladdin，2020-12-10.

134. 高长武. 建设一个新世界 [EB/OL]. http：//dangshi. people. com. cn/n1/2018/0103/c85037-29741687. html，2020-12-18.

135. 教师招聘网. 教师招聘考试教师职业道德十二：教师职业道德修养的任务 [EB/OL]. http：//www. zgjsks. com/html/2014/zhiye＿0820/69793. html，2020-12-18.

136. 佚名. 梁恕俭：如何打造属于自己的教学风格. [EB/OL]. http：//

blog. sina. com. cn/s/blog_ 418002e60102ym98. html, 2020-12-18.

137. 佚名. 人力资源开发与管理章节习题 [EB/OL]. https：//www. mzhiyin. cn/thinkphp/718. html. 2020-12-18.

138. 蔡永红. 教师的教学专长——研究缘起、争议与整合 [EB/OL]. http：//www. cssn. cn/jyx/jyx_ jxl/201411/t20141102_ 1386459. shtml, 2020-12-18.

139. 360 百科. 档案袋评价 [DB/OL]. https：//baike. so. com/doc/6096823-6309930. html, 2020-11-28.

140. e 时空资源导航. 管理 [DB/OL]. http：//www. esk365. com/cihai/chshow. asp? id=zvnkmvwd, 2020-11-27.

141. 百度百科. 简述常用的教育观察记录方法是什么 [DB/OL]. https：//zhidao. baidu. com/question/1305468389995243299. html, 2020-11-15.

142. 佚名. 评价观察 [DB/OL]. http：//www. docin. com/p-2097181164. html, 2020-11-15.

143. 百度百科. 教育理论学习的意义 [DB/OL]. https：//zhidao. baidu. com/question/107214701. html, 2020-11-15.

144. 佚名. 分析与综合 [DB/OL]. https：//wenku. baidu. com/view/a7e2901214791711cc7917f1. html, 2020-11-15.

145. 佚名. 教育案例研究及答案 [DB/OL]. https：//www. renrendoc. com/p-40418358. html, 2020-11-28.

146. 百度百科. 论文 [DB/OL]. https：//baike. baidu. com/item/论文/149478? fr=aladdin, 2020-11-21.

147. 百度百科. 专利 [DB/OL]. https：//baike. baidu. com/item/专利/927670? fr=aladdin, 2020-12-03.

148. 百度百科. 学术休假 [DB/OL]. https：//baike. baidu. com/item/学术休假/7404402? fr=Aladdin, 2020-12-03.

149. 百度百科. 委托培养 [DB/OL]. https：//zhidao. baidu. com/question/339316720. html, 2020-12-03.

150. 佚名. 从教师言语现象看教师职业道德的缺失 [EB/OL]. https：//www. xzbu. com/9/view-4338247. htm, 2020-12-18.

151. 360 百科. 社会公信力. ［DB/OL］. https：//baike. so. com/doc/9237881-9571218. html, 2020-11-28.

152. 李珂. 做一个优雅的老师 ［EB/OL］. https：//www. meipian. cn/1uqsqgbi. 2020-12-18.

153. 佚名. 著名运动员情绪失控导致失败的示例 ［DB/OL］. https：//wenwen. sogou. com/z/q798671089. htm, 2020-11-17.

154. 佚名. 教育管理 ［EB/OL］. http：//blog. sina. com. cn/s/blog_186a0bd1a0102xew8. html, 2018-05-25.

155. 中华人民共和国中央人民政府. 中共中央国务院印发《深化新时代教育评价改革总体方案》 ［EB/OL］. http：//www. gov. cn/zhengce/2020-10/13/content_ 5551032. htm, 2020-10-17.

156. 百度文库. 小学数学吴正宪经典案例 ［DB/OL］. https：//wenku. baidu. com/view/bdcfd4a86037ee06eff9aef8941ea76e59fa4a7f, 2020-11-30.

157. 百度百科. 微创新 ［DB/OL］. https：//baike. baidu. com/item/%E5%BE%AE%E5%88%9B%E6%96%B0/9982874, 2020-11-30.

158. 佚名. 自我认识 ［DB/OL］. https：//wenku. baidu. com/view/e-5204df284868762caaed5d1. html? fr＝search-1-aladdin-income2, 2020-11-28.

159. 佚名. 教师职业规划之个人成长与学校发展及计划 ［DB/OL］. https：//www. wenku365. com/s-57910160. html, 2020-11-28.

160. 蒋上树. 工作计划目标怎么写 ［DB/OL］. https：//wenku. baidu. com/view/f381012e2079168884868762caaedd3383c4b5c1. html, 2020-11-28.

161. 佚名. 短期目标, 长期目标, 中期目标的定义 ［DB/OL］. https：//wenwen. sogou. com/z/q753078569. htm, 2020-11-28.

162. 佚名. 如何安排会议中的休息时间 ［EB/OL］. https：//www. 12reads. cn/33477. html, 2015-11-29.

163. 张善芬. 激活青年教师的成果意识 ［EB/OL］. http：//www. jyb. cn/rmtzgjyb/202004/t20200423_ 319638. html, 2020-04-23.

164. 光清. 教师如何做课题 ［DB/OL］. http：//blog. sina. com. cn/s/blog_ 4ab9fe0d0100fcfc. html, 2009-09-25.

附录一　关于卓越的格言

1. 生当作人杰，死亦为鬼雄。

——李清照

2. 夫君子之行，静以修身，俭以养德。非淡泊无以明志，非宁静无以致远。

——诸葛亮

3. 丈夫志四海，万里犹比邻。

——曹植

4. 多畏者必无卓越之见。

——曾国藩

5. 业精于勤，荒于嬉；行成于思，毁于随。

——韩愈

6. 天机信卓越，学等何足蹑。

——王安石

7. 家声终卓越，上意益恭虔。

——蔡襄

8. 曷卓越以不顾兮，弃性命其如遗。

——秦观

9. 惟梅气禀超卓越，首送春风入书幄。

——陈鉴之

10. 我游石门称胜地，未信此湫真卓越。

　　　　　　　　　　　　——楼钥

11. 论事匪卓越，动意皆真率。

　　　　　　　　　　　　——李复

12. 仙风侠气愈卓越，锦袍玉局当朋俦。

　　　　　　　　　　　　——张镃

13. 公乎何卓越，性乃独纯全。

　　　　　　　　　　　　——强至

14. 侍郎忧国秉卓越识，始谋肯使轻伤农。

　　　　　　　　　　　　——程公许

15. 大人不华，君子务实。

　　　　　　　　　　　　——王符

16. 老骥伏枥，志在千里；烈士暮年，壮心不已。

　　　　　　　　　　　　——曹操

17. 古之立大事者，不惟有超世之才，亦必有坚忍不拔之志。

　　　　　　　　　　　　——苏轼

18. 夫唯大雅，卓尔不群。

　　　　　　　　　　　　——班固

19. 欲穷千里目，更上一层楼。

　　　　　　　　　　　　——王之涣

20. 俱怀逸兴壮思飞，欲上青天揽明月。

　　　　　　　　　　　　——李白

21. 燕雀戏藩柴，安识鸿鹄游！

　　　　　　　　　　　　——曹植

22. 大成若缺，其用不弊。大盈若冲，其用不穷。大直若屈，大巧若拙，大辩若讷。

——《道德经》

23. 英才卓越,超逾伦匹。

——《三国志·吴志·孙登传》

24. 穷且益坚,不坠青云之志。

——王勃

25. 窃以为天地之所以不息,国之所以立,贤人之德业之所以可大可久,皆诚为之也。

——曾国藩

26. 只有那些有勇气正视现实,有勇气迎接挑战的人才能真正实现超越自我的目标,达到卓越的境界。

——李开复

27. 如果拼了命,什么问题都没解决,就说不上卓越。

——张瑞敏

28. 美妙与卓越、诗学与教育性、饱富想象力与知识性的。

——林静

29. 如果你有行动力,你就会成功;如果你有创造力,你就会卓越;如果你有影响力,你就会有成就。

——牛根生

30. 卓越的人生,由自己来创造。

——兰欣

31. 教育是打造灵魂的事业,追求卓越是教师体现教师职业幸福的过程。

——《做卓越的教师》

32. 人,就像钉子一样,一旦失去了方向,开始向阻力屈身,那么就失去了他们存在的价值。

——(德国)兰道

33. 我们日复一日做的事情，决定了我们是怎样的人。因此所谓卓越，并非指行为，而是习惯。

——（古希腊）亚里士多德

34. 真正的人生，只有在经过艰难卓绝的斗争之后才能实现。

——（古罗马）塞涅卡

35. 成为卓越的代名词，很多人并不能适合需要杰出素质的环境。

——（美国）史蒂夫·乔布斯

36. 卓越的天才不屑走一条人家走过的路。他寻找迄今没有开拓过的地区。

——（美国）亚伯拉罕·林肯

37. 我不说我是卓越的，但是我与众不同。上帝是用模型造人的，塑造了我以后他就把那个模型捣碎了。

——（法国）让-雅克·卢梭

38. 要有坚强的意志、卓越的能力以及坚持要达到目标的恒心，此外都是细节。

——（德国）约翰·沃尔夫冈·冯·歌德

39. 卓越的人，都是喜欢在逆风中飞翔的人，在逆境中成长自己。

——（德国）路德维希·凡·贝多芬

40. 生命的全部的意义在于无穷地探索尚未知道的东西。

——（法国）爱弥尔·爱德华·夏尔·安东尼·左拉

41. 我们要追求那真实的功业，要追求对宇宙人生更深远的了解；要追求永远超过狭小生活圈子之外的更有用的东西。

——（法国）罗曼·罗兰

42. 只要有坚强的持久心，一个庸俗平凡的人也会有成功的一天，否则即使是一个才识卓越的人，也只能遭遇失败的命运。

——（美国）威廉·亨利·盖茨

43. 在人生的丰富多彩的表演中，我觉得真正可贵的，不是政治上的国家，而是有创造性的、有感情的个人，是人格；只有个人才能创造出高尚的和卓越的东西，而群众本身在思想上总是迟钝的，在感觉上也总是迟钝的。

——（美国）阿尔伯特·爱因斯坦

44. 世上任何卓越的成就都缺不了热情。

——（德国）格奥尔格·威廉·弗里德里希·黑格尔

45. 我深信卓越的创意作品，永远是一个成功代理商前进巨轮的中轴。过去是，现在是，未来亦如是。

——（美国）李奥·贝纳

46. 生使一切人站在一条水平线上，死使卓越的人露出头角来。

——（英国）乔治·伯纳德·萧

47. 任何卓越的胜利总多少是大胆的成果。

——（法国）维克多·雨果

48. 既然我已经踏上这条道路，那么，任何东西都不应妨碍我沿着这条路走下去。

——（德国）伊曼努尔·康德

49. 世界上任何卓越的成就都缺不了热情。

——（德国）格奥尔格·威廉·弗里德里希·黑格尔

50. 卓越的才能，如果没有机会就将失去价值。

——（法国）拿破仑·波拿巴

51. 要做一个质量标杆，有些人还不习惯面对一个卓越的环境。

——（美国）史蒂夫·乔布斯

52. 你必须把卓越转变成你身上的一个特质。最大限度地发挥你的天赋、才能、技巧，把其他所有人甩在你后面。

——（美国）史蒂夫·乔布斯

53. 如果人仅仅为自己劳动，也许他能够成为著名的学者，伟大的智者，卓越的诗人，但是他永远也不能成为真正完善和真正伟大的人。

——（德国）卡尔·马克思

54. 卓越的人的一大优点是：在不利与艰难的遭遇里百折不挠。

——（英国）路德维希·凡·贝多芬

55. 假如没有热爱，世界上一切伟大的事业都不会成功。嫉妒便是平庸的情调对于卓越的才能的反感。

——（德国）格奥尔格·威廉·弗里德里希·黑格尔

56. 有卓越智力作用指导的胆量是英雄的标志。

——（普鲁士）卡尔·菲利普·戈特弗里德·冯·克劳塞维茨

57. 高尚的竞争是一切卓越才能的源泉。

——（英国）大卫·休谟

58. 唯有对自己卓越的才能和独特的价值有坚定、不可动摇之确信的人才被称为骄傲。

——（德国）叔本华

59. 如果我们过于爽快地承认失败，就可能使自己发觉不了我们非常接近于正确。

——（英国）卡尔·波普尔

60. 不断力求做得更好，就能逐渐达到卓越。

——（美国）帕特·莱利

61. 如果你想在大事上达到卓越，你就得从小事中养成习惯。卓越并不是一种例外，而是一种普遍的心态。

——（美国）科林·卢瑟·鲍威尔

62. 尊重个人，优质服务，追求卓越。

——IBM（国际商用机器公司）

63. 只有在美、知识和其他理想的善，以及一切外界的物质的事物有助于人生的幸福或人生的完满、卓越的情况下，人们追求它们才是合理的。

——《伦理学原理》

64. 人生在世，俯仰之间，自当追求卓越，但有尽其所能。

——《圣经》

65. 卓越的人，便是在思想上或在行为上最能追求、最能冒险的人，这种卓越性，出自一个较大的内在力宝库，他有更多的力量，也因此，他有一个高级的义务。

——《无义务无制裁的道德概论》

附录二 关于教师专业成长的格言

1. 师必胜理行义，然后尊。

    ——吕不韦

2. 身教重于言传。

    ——王夫之

3. 师者，所以传道受业解惑也。

    ——韩愈

4. 春蚕到死丝方尽，蜡炬成灰泪始干。

    ——李商隐

5. 师严道尊，教乃可施。

    ——王守仁

6. 学高为师，身正为范。

    ——陶行知

7. 事师之犹事父也。

    ——《吕氏春秋·劝学》

8. 疾学在于尊师。

    ——《吕氏春秋·劝学》

9. 善之本在教，教之本在师。

    ——《广潜书》

10. 师也者，教之以事而喻诸德也。

　　　　　　　　　　　　　　　　　——《礼记·文王世子》

11. 古之学者必严其师，师严然后道尊。

　　　　　　　　　　　　　　　——《答祖择之书》

12. 其身正，不令而行；其身不正，虽令不从。

　　　　　　　　　　　　　　　——《论语·子路篇》

13. 已方昏昏，而欲人之相从受学而昭昭，岂非一极不正当之教师耶。

　　　　　　　　　　　　　　　——《政治·哲理》

14. 兴学之本，惟有师范。

　　　　　　　　　　　　　　　　　　——张謇

15. 动人以言者，其感不深；动人以行者，其应必速。

　　　　　　　　　　　　　　　　　　——陆贽

16. 先生不应该专教书，他的责任是教人做人；学生不应该专读书，他的责任是学习人生之道。

　　　　　　　　　　　　　　　　　　——陶行知

17. 教师的职务是"千教万教，教人求真"；学生的职务是"千学万学，学做真人"。

　　　　　　　　　　　　　　　　　　——陶行知

18. 教师之为教，不在全盘授予，而在相机诱导。

　　　　　　　　　　　　　　　　　　——叶圣陶

19. 教师必须具有健康的体魄，农人的身手，科学的头脑，艺术的兴味，改革社会的精神。

　　　　　　　　　　　　　　　　　　——陶行知

20. 教师学习是新世纪、新时代的要求，是履行育人使命的需要，是更新观念、完善自我、提高人生品位的需要。

　　　　　　　　　　　　　　　　　　——罗树华

21. 我进课堂就像找到了根基，能够及时汲取营养，品尝增长本领的快乐。就像跳舞的愿意进舞厅，踢球的愿意进球场一样。

——魏书生

22. 捧着一颗心，不带半根草去。

——陶行知

23. 在教师手里操着幼年人的命运，便操着民族和人类的命运。

——陶行知

24. 我愿做人梯让年轻人踏着我的肩膀攀登科学高峰。

——华罗庚

25. 我们要以生活为中心的教学做指导，不要以文字为中心的教科书。

——陶行知

26. 教师专业成长贵在有心，贵在坚持。

——林美红

27. 在教育方面，什么学制、备课、训导纲要、教科书籍，比起教师来，都居于次要地位。

——叶圣陶

28. 教师工作的最终目的，无非是培养学生具有各种良好的习惯。

——叶圣陶

29. 教育是事业，事业的意义在于奉献；教育是科学，科学的价值在于求真；教育是艺术，艺术的生命在于创新。

——吕型伟

30. 师者，人之模范也。

——杨雄

31. 读书不仅是教师的前提，而且是整个教育的"源头活水"。

——朱永新

32. 成长是一种蜕变，失去了旧的，必然因为又来了新的，这就是公平。

——三毛

33. 好的先生不是教书，不是教学生，乃是教学生学。

——陶行知

34. 教师必须时刻充电，才能永恒地释放所需能量。

——龚康林

35. 要学生做的事，教职员躬亲共做；要学生学的知识，教职员躬亲共学；要学生守的规则，教职员躬亲共守。

——陶行知

36. 财富或美貌赢得的赞誉是脆弱的、短暂的，卓越的才智才是光彩夺目、经久不灭的财富。

——（古罗马）萨卢斯特

37. 从我手里经过的学生成千上万，奇怪的是，留给我印象最深的并不是无可挑剔的模范生，而是别具特点、与众不同的孩子。

——（苏联）瓦·阿·苏霍姆林斯基

38. 教师的人格就是教育工作者的一切，只有健康的心灵才有健康的行为。

——（俄罗斯）康斯坦丁·德米特里耶维奇·乌申斯基

39. 使学生对教师尊敬的唯一源泉在于教师的德和才。

——（美国）阿尔伯特·爱因斯坦

40. 一个好的教师，是一个懂得心理学和教育学的人。

　　　　　　　　　——（苏联）瓦·阿·苏霍姆林斯基

41. 一个无任何特色的教师，他教育的学生不会有任何特色。

　　　　　　　　　——（苏联）瓦·阿·苏霍姆林斯基

42. 教师个人的范例，对于青年人的心灵，是任何东西都不可能代替的最有用的阳光。

　　　　　　　　　——（苏联）瓦·阿·苏霍姆林斯基

43. 真正的教师必是读书爱好者。

　　　　　　　　　——（苏联）瓦·阿·苏霍姆林斯基

44. 培养人，就是培养他获得未来，快乐的前景的道路。

　　　　　　　　——（苏联）安东·谢苗诺维奇·马卡连柯

45. 把一切知识教给一切人。

　　　　　　　　　——（捷克）扬·阿姆斯·夸美纽斯

46. 教育者应当深刻了解正在成长的人的心灵，只有在自己整个教育生涯中不断地研究学生的心理，才能够成为教育工作的真正的能手。

　　　　　　　　　——（苏联）瓦·阿·苏霍姆林斯基

47. 教师的威信首先建立在责任心上。

　　　　　　　　——（苏联）安东·谢苗诺维奇·马卡连柯

48. 学校要求教师在他的本职工作上成为一种艺术家。

　　　　　　　　　——（美国）阿尔伯特·爱因斯坦

49. 教师是克服人类无知和恶习的大机构中的一个活跃而积极的成员，是过去历史所有高尚而伟大的人物跟新一代人之间的中介人，是那些争取真理和幸福的人的神圣遗训的保存者。

　　　　　——（俄罗斯）康斯坦丁·德米特里耶维奇·乌申斯基

50. 人类被赋予了一种工作，那就是精神的成长。

　　　　　　　　　——（俄罗斯）列夫·托尔斯泰

51. 要记住，你不仅是教课的教师，也是学生的教育者，生活的导师和道德的引路人。

——（苏联）瓦·阿·苏霍姆林斯基

52. 教师进行劳动和创造的时间好比一条大河，要靠许多小的溪流来滋养它。教师时常要读书，平时积累的知识越多，上课就越轻松。

——（苏联）瓦·阿·苏霍姆林斯基

53. 对于我们来说，很重要的一点，就是要使教师成为国家中最博学的和最优秀的人。

——（苏联）卢那察尔斯基

54. 不学无术的教师，消极地指导别人的人是没有躯体的人影，是无雨之云，无水之源，无光之灯，因而是空洞无物的。

——（捷克）扬·阿姆斯·夸美纽斯

55. 教师站在人们未来专业的摇篮边，因为他应当是第一个能够看出和发展学生能力的人，他应当首先看清楚学生当中未来的设计师、飞行家、农学家、工程师、医师、工业和农业的劳动者或科学和文化的活动家。

——（苏联）伊·安·凯洛夫

56. 对于新生来说，教师具有无可怀疑的威信。教师是一切美好的化身和可资仿效的楷样。然而决定着儿童对教师的进一步关系的建立的还是教师的工作作风和他的人格品质。

——（苏联）伊·安·凯洛夫

57. 凡是教师缺乏爱的地方，无论品格还是智慧都不能充分地或自由地发展。

——（法国）让-雅克·卢梭

58. 为别人照亮道路，自己必须放出光芒——这就是人的最大幸福。

　　——（苏联）费利克斯·埃德蒙多维奇·捷尔任斯基

59. 教师不仅是知识的传播者，而且是模范。

　　　　　　　　　　——（美国）杰罗姆·布鲁纳

60. 谁要是自己还没有发展、培养和教育好，他就不能发展、培养和教育别人。

　　　　　　　　——（德国）阿道尔夫·第斯多惠

61. 要把学生造就成一种什么人，自己就应当是什么人。

　　——（俄罗斯）尼古拉·加夫里诺维奇·车尔尼雪夫斯基

62. 要尊重儿童，不要急于对他做出或好或坏的评判。

　　　　　　　　　——（法国）让-雅克·卢梭

63. 做老师的只要有一次向学生撒谎撒漏了底，就可能使他的全部教育成果从此为之毁灭。

　　　　　　　　　——（法国）让-雅克·卢梭

64. 如果学生没有学习的积极要求，教师越是把注意局限在知识上，学生对自己学习上的成绩就越冷淡，学习愿望就越低落。

　　　　　　　　　　——《给教师的建议》

后　记

多年以前，听到医生越老越香，教师越老越臭这样的论述，心中不禁惶然。是什么让教师在岁月的沧桑中失去了自我？是什么让教师这一职业的专业性随着从教年限增加而减弱？无论如何，这是不正常的现象。

卓越与专业可视为同一命题的两面。卓越或许更倾向于作为外在的社会化评价符号，专业或许更倾向于作为内在的职业化水平结构。专业的高级阶段以专长的形式表现出来，并逐步稳固，可从自我认知、职业评价、社会认同多层面来衡量，即专长要自己能感受到，工作中可体现出，社会上有美誉度。

教师之卓越，主要以教育专长的形式沉淀和外化。教育专长的突出程度，决定了教师卓越的内在限度与外显程度。卓越教师绝非短期可以修炼而成，其必须经历憧憬期、成熟期、高原期、稳固期、风格期等不同阶段。在前进与迂回、肯定与否定、认识与改造、模仿与独创等进阶之中，教师之教育专长逐渐生发、成形、独特化。由此，我们明晰卓越教师与教育专长之关系；梳理教学专长、管理专长、人际专长、研究专长、技术专长并使之可视化、尺度化；聚焦以专长通达卓越的教育理解、创新勇气、发展规划、时间管理、成果意识五种关键素养。这是本书的逻辑导图。

本书各章节的撰写分工如下。前言，后记：李健；第一讲：李健、凌钊兰；第二讲：李健、江新桃；第三讲：李健、党焱馨；第四讲：李健、林绿；第五讲：李健、姚冰雁；第六讲：李健、黎裕明、凌宏红；第七讲：李健、黄秋霞；第八讲：李健、原旭辉；第九讲：李健、宁海燕；第十讲：李健、庞依曼；第十一讲：李健、陈琳琳、第十二讲：李健、黄小洋。全书由李健整体设计框架并统稿，黎裕明、姚冰雁、原旭辉、黄小洋、庞依曼、党焱馨、黄秋霞、陈琳琳，江新桃、林绿、凌宏红、宁海燕、凌钊兰等参与了审稿、编辑、校对、文献核对、后期教学协同等工作。向参与本书工作的各位致以诚挚的感谢！

本书是笔者领衔的教育协同创新工作坊的物化成果，也是广西教育科学"十四五"规划 2022 年度专项课题"广西边境地区县市教研共同体构建策略研究"（2022ZJY753）成果之一。在此，感谢我的工作单位——玉林师范学院，它为我提供了良好的物质支持和宽松的精神环境。感谢玉林师范学院教育科学学院，近几年学院处于创业上升期，我个人的发展与学院的发展始终和谐地交融在一起。感谢我的领导和同事们，你们的关心和关照，让我觉得教师这个职业是可以托付的。感谢我的学生们，你们是我得以幸福工作、生活最根本的动力源泉。至于我的家人——爱我的人和我爱的人，感谢、感恩、感动早已不可分辨。最后，要感谢新华出版社的张谦、樊文睿老师，她们为此书的出版提供了莫大的支持与帮助，这是此书能与读者见面的重要原因之一。

本书撰写过程中，我们参考了相关文献资料，引用了部分专家学者的思想观点，均已经严格按照学术规范予以著录，在此向他们表示无限的谢意！限于笔者的水平和学识，本书错讹之处在所难免，衷心希望本书使用者给予我们宝贵建议和意见。本书作者联系邮箱为 lij510@163. com。

李 健